全国职业教育“十三五”规划教材

城市轨道交通
车辆电工实训教程

主　编　阳　东
副主编　段　慧　袁　野
主　审　甄东生　张寒星

北京交通大学出版社
·北京·

内容简介

本书紧扣职业教育的特点，采用项目化编写方式，每个项目包含若干个任务。全书共设置了7个项目，包含29个任务，通过任务要点、任务准备、任务实施等模块的学习与实践，掌握各个任务的内容、操作要求，并指导学生进行技能的训练。主要内容有电气安全与保护、常用仪器仪表及工具的使用、常用电子元器件的测量与测试、导线的常用连接方法、电机控制电路设计、电子产品的制作、车载电器的检查与维护。在实际项目引入之后，结合项目任务，导入基本知识和技能，由浅入深、由简单到复杂地解决给定的任务。本书可作为高等及中等职业院校相关专业的实训教材或实训教学参考书。

图书在版编目（CIP）数据

城市轨道交通车辆电工实训教程 / 阳东主编. —北京：北京交通大学出版社，2018.11
ISBN 978-7-5121-3621-2

Ⅰ.①城… Ⅱ.①阳… Ⅲ.①轻轨车辆-电工-职业教育-教材 Ⅳ.①U270.9

中国版本图书馆CIP数据核字（2018）第162385号

城市轨道交通车辆电工实训教程
CHENGSHI GUIDAO JIAOTONG CHELIANG DIANGONG SHIXUN JIAOCHENG

策划编辑：陈跃琴 刘建明　　责任编辑：陈可亮
出版发行：北京交通大学出版社　　电话：010-51686414　　http://www.bjtup.com.cn
地　　址：北京市海淀区高梁桥斜街44号　　邮编：100044
印 刷 者：北京鑫海金澳胶印有限公司
经　　销：全国新华书店
开　　本：185 mm×260 mm　　印张：10.25　　字数：253千字
版　　次：2018年11月第1版　　2018年11月第1次印刷
书　　号：ISBN 978-7-5121-3621-2/U·331
印　　数：1~2000册　　定价：28.00元

本书如有质量问题，请向北京交通大学出版社质监组反映。对您的意见和批评，我们表示欢迎和感谢。
投诉电话：010-51686043，51686008；传真：010-62225406；E-mail：press@bjtu.edu.cn。

前　言

本书按照高等职业学校的培养目标和人才规格，对交通运输、机电类专业的知识结构及企业相关专业对本课程的知识需求做了深入的调研，将理论与实践、知识与技能、任务与驱动有机地融为一体。

鉴于此，在基于工作过程的教学改革模式探索中，负责人聘请多位企业生产一线的管理及技术人员参加编写，将其按照工作情境转化为学生的学习情境，改变原来理论性太强、学生没机会动手实践的不足。因此，开发出这本工学结合的、以项目化教学为主体的教改教材。在此，对给本书的编写提供大量素材和技术资料的专家们表示衷心的感谢！

本书由天津铁道职业技术学院阳东主编，并负责全书的统稿工作。

具体分工：阳东负责编写项目4，袁野、孟毅负责编写项目1~3，段慧、阳东、陈俊负责编写项目5~7。

本书在初期审核过程中得到了天津轨道交通集团有限公司专业技术人员孟毅、陈俊，以及天津中德应用技术大学陈宽教授的指导，在此表示感谢。本书由天津铁道职业技术学院副教授甄东生、中国铁路北京局集团有限公司北京动车段张寒星主审。专家们给我们提出了许多宝贵的意见，再次表示衷心的感谢。在本书编写过程中参考了大量的文献，在此对其作者一并表示感谢。

鉴于编者水平有限，书中有不妥之处在所难免，恳切希望广大读者批评指正，以便不断改进和提高。

编　者

目　录

项目1 电气安全与保护

任务1.1 安全用电基本常识

【任务要点】

（1）熟知触电的危害。

（2）了解几种常见触电类型的原理。

（3）了解导致触电危害的主要因素。

【任务准备】

（1）所需设备：多媒体演示设备。

（2）所需物品：触电伤害多媒体展示资料。

【任务实施】

1.1.1 触电基本知识

1. 触电的概念

触电是指电流流过人体或电流产生的各种效应而对人体产生病理和生理上的伤害。按触电电流通不通过人体，触电分电击和电伤两大类。一般来讲，电击比电伤对人体危害要大一些，不仅因为电击时电流直接流过人体，对心脏、大脑、神经系统造成伤害，还因为电击时往往伴随着电伤，使人在既遭受内伤的同时，又遭受外伤。而电伤相对而言对触电者造成的危害较轻，但严重的电伤也会对人的身体与精神造成极大的伤害。所以无论是电击还是电伤都必须认真防范。

1）电击

电击是指电流直接流过人体而造成的内部器官在生理上的反应或病变，如刺痛、灼热感、痉挛、昏迷、心室颤动、心脏停搏、呼吸困难或停止。电击后，触电者身上往往会出现电标、电纹、电流斑等标记。

（1）电标：在电流流入和流出口处产生的革状或炭化的标记。

（2）电纹：电流流过皮肤表面，在皮肤表面电流出、入口之间产生不规则树枝状发红的线条。

(3) 电流斑：在皮肤表面电流出、入口处产生的大小溃疡。

可以通过观察触电者身上的这些标记来判断触电者触电的严重性，当患者出现电纹或电流斑时，一般来讲触电的电流较大，应以最快的速度将患者送往医院，与此同时还必须进行必要的现场救护。

2）电伤

电伤的特点是电流不直接流过人体，它是由电流的热效应、化学效应、机械效应，以及在电流作用下，使融化和蒸发的金属微粒等侵入人体皮肤，引起的皮肤局部创伤。电伤有灼伤、电烙伤、皮肤金属化三种。其中皮肤金属化较常见。

(1) 灼伤：灼伤是由电流热效应引起的。经常进行倒闸操作，特别是在短路故障时，合闸的开关会产生严重的电弧，一般电弧温度可达到 3 000 ℃以上，使人体皮肤发红、起泡、烧焦和组织破坏。灼伤对人的眼睛有较重的伤害，严重时会使人眼致盲。经常进行倒闸操作的工作人员应佩戴护目镜或眼镜，操作时眼睛要侧视闸刀，有条件的最好用绝缘拉杆操作。

(2) 电烙伤：电烙伤在人体和导电体有良好的接触时才发生。它会在皮肤表面留下灰色或淡黄色的肿块，肿块大小与接触导电体面积有关。肿块往往会使皮肤硬化，但不会有很痛的感觉。防止电烙伤的方法是养成不倚靠、不乱坐、不乱摸的良好习惯。

(3) 皮肤金属化：皮肤金属化是在电流作用下，融化和蒸发的金属微粒渗入皮肤表层引起的。皮肤的伤害部位形成坚硬粗糙的表面，并出现特殊的颜色。颜色与金属种类有关，如灰黄色是有铅金属渗入，绿色是有紫铜金属渗入，蓝绿色是有青铜金属渗入。在大多数情况下，金属化皮肤会自动褪色。为防止皮肤金属化，工作时应尽量不使皮肤外露，养成戴护目镜，穿长裤、长褂、工作鞋的习惯。

2. 触电的类型

1）单相触电

由于电线绝缘破损、导线金属部分外露、导线或电气设备受潮等原因使其绝缘部分的能力降低，导致站在地上的人体直接或间接地与火线接触，这时电流就通过人体流入大地而造成单相触电事故，如图 1－1－1 所示。

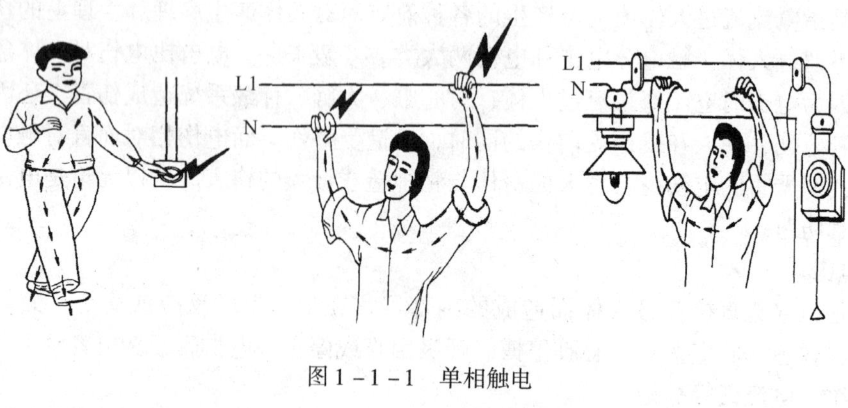

图 1－1－1　单相触电

2）两相触电

两相触电是指人体两处同时触及同一电源的两相带电体，以及在高压系统中，人体距离高压带电体小于规定的安全距离而造成电弧放电，电流从一相导体流入另一相导体的触电方式，如图1－1－2所示。两相触电加在人体上的电压为线电压，因此不论电网的中性点接地与否，其触电的危险性都最大。

3）跨步电压触电

所谓跨步电压，就是指电气设备发生接地故障时，在接地电流入地点周围电位分布区行走的人，其两脚之间的电压。电气设备碰壳或电力系统一相接地短路时，电流从接地极四散流出，在地面上形成不同的电位分布，人在走近短路地点时，两脚之间的电位差叫跨步电压，如图1－1－3所示。

图1－1－2　两相触电

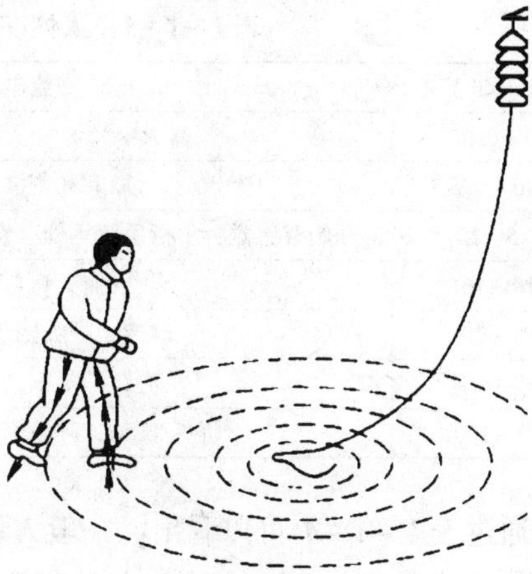
图1－1－3　跨步电压

当架空线路的一根带电导线断落在地上时，落地点与带电导线的电势相同，电流就会从导线的落地点向大地流散，于是地面上以导线落地点为中心，形成了一个电势分布区域，离落地点越远，电流越分散，地面电势也越低。如果人或牲畜站在距离电线落地点8～10 m以内，就可能发生触电事故，这种触电叫作跨步电压触电。人受到跨步电压作用时，电流虽然是沿着人的下身，从脚经腿、胯部又到脚与大地形成通路，没有经过人体的重要器官，好像比较安全，但是实际并非如此。因为人受到较高的跨步电压作用时，双脚会抽筋，使身体倒在地上。这不仅使作用于身体上的电流增加，而且使电流经过人体的路径改变，完全可能流经人体重要器官，如从头到手或脚。经验证明，人倒地后电流在体内持续作用2 s，这种触电就会致命。特别是在发生高压接地故障或雷击时，会产生很高的跨步电压，如图1－1－4所示。跨步电压触电也是危险性较大的一种触电方式。

图1－1－4　跨步电压触电

除以上三种触电方式外，还有感应电压触电、剩余电荷触电等，此处不做介绍。

1.1.2 影响触电轻重的主要因素

通过触电事故的调查资料表明，触电对人体的伤害程度与通过人体的电流大小、电流通过人体的持续时间、电流流过人体的路径、电流的频率、人体电阻、人体健康状态有关。

1. 通过人体的电流大小

触电时，通过人体的电流大小是决定人体受伤害程度的最主要原因。在频率一定的条件下，通过人体的电流越大，人体的生理反应越强烈，对人体伤害越大。表 1－1－1 是人体在不同电流数值下的生理与病理反应。

表 1－1－1 人体在不同电流数值下的生理与病理反应

电流/mA	交流电（50 Hz）	直流电
0～0.6	无感觉	无感觉
0.6～1.5	微麻和刺痛，称感知电流	无感觉
1.5～10	开始有感觉，手指手腕等处有麻感，没有痉挛，可以摆脱带电体	开始有感觉
10～16	剧痛、痉挛但可摆脱电源	有针痛、压迫及灼热感
16～30	麻痹，呼吸困难，不能摆脱电源	刺痛，灼热强烈，有抽筋
30～50	心跳不规则，昏迷，强烈抽筋	感觉强烈，有剧痛、痉挛
50～100	心室颤动，呼吸麻痹，心脏麻痹而停搏	强烈痉挛，呼吸困难

通过表 1－1－1 可以看出，一般人体在电流值为 0.6～1.5 mA 便有感知，此值称感知电流。电流值为 10～16 mA 时人体能够摆脱电流，此值称摆脱电流。达到 30 mA 时人体器官开始出现病变，称安全电流。达到 50 mA 时心脏麻痹而停搏，此值称死亡电流。

男性较女性和儿童对电流承受能力均大一些，直流电流较交流电流危险性要小一些。

2. 电流通过人体的持续时间

在其他条件相同的条件下，电流通过人体的持续时间越长，对人体伤害程度越严重，这是因为在心脏搏动周期中约有 0.1 s 的间隙，这 0.1 s 内对电流最为敏感。如果电流在这一瞬间通过心脏，便会引起心室颤动或麻痹。通电时间越长，这种可能性就越大。通电时间越长，人体皮肤角质层越容易遭损坏，同时电流的热效应和化学效应会使人体出汗和组织炭化。这样会使人体的电阻值下降，通过人体的电流值增大。通电时间越长，体内能量积累越多，因此引起心室颤动所需的电流值越小。

3. 电流流过人体的路径

电流流过人体任何部位，如心脏、中枢神经、呼吸系统，都会造成死亡。其中以流过心脏电流过大而造成的死亡人数最多，表 1－1－2 是电流流过人体的路径与流过心脏的电流占人体总电流的比例。

表 1－1－2 电流流过人体的路径与流过心脏的电流占人体总电流的比例

电流流过人体的路径	流过心脏的电流占人体总电流的比例
从左手到脚	6.4%
从右手到脚	3.7%
从一只手到另一只手	3.3%
从一只脚到另一只脚	0.4%

从表 1-1-2 中可看出，最危险的电流流过人体的路径是从左手到脚，其次是从右手到脚。所以从事电工作业的人员要养成右手单手操作、穿绝缘鞋的良好习惯。

4. 电流的频率

电流的频率不同，触电者伤害程度也不相同。直流电对人体伤害较交流电要轻；30～300 Hz 的交流电危害最大，超过 1 000 Hz，其危险程度会明显减小。频率在 20 kHz 以上的交流电对人体无伤害，但电压过高的高频电流仍会对人体产生危害。

5. 人体电阻

人体电阻的大小是影响触电后果的主要物理因素，在触电电压一定的情况下，人体电阻越小，流过人体的电流就越大，触电后果越严重。人体电阻可认为是皮肤电阻和体内电阻之和。体内电阻基本稳定，且人与人之间差别不大，约为 500～800 Ω。皮肤电阻受接触电压、接触面积、接触压力、皮肤表面状况等多种因素影响，变化范围从几百欧姆到几万欧姆。在正常情况下，皮肤电阻为 1 000 Ω 左右。所以人体电阻可按 1 500 Ω 考虑。

人体电阻是非线性电阻，其值随接触电压的升高而明显降低，人体电阻随接触电压变化如图 1-1-5 所示。

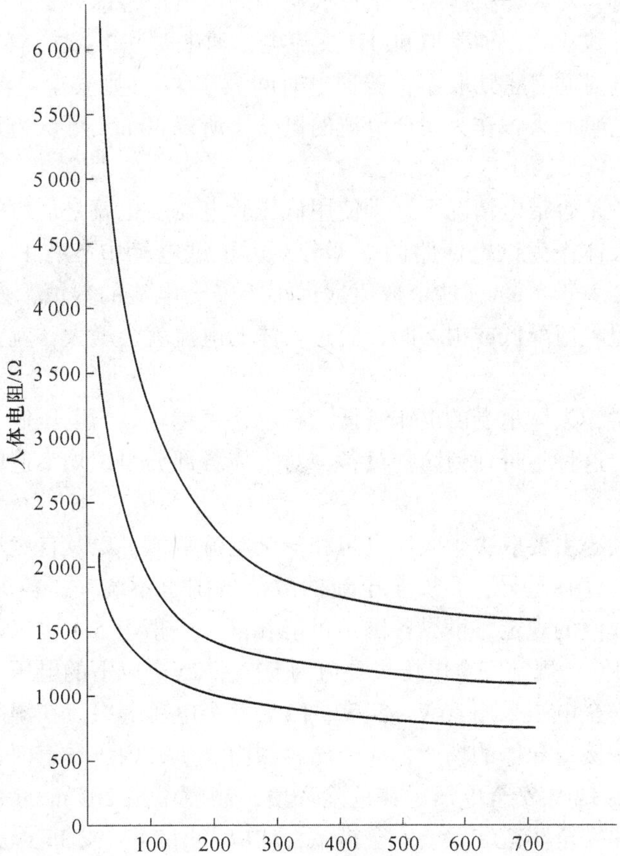

图 1-1-5　人体电阻随接触电压变化

当电压为 36 V 时，人体电阻超过 2 000 Ω；电压为 220 V 时，人体电阻约为 1 700 Ω；当电压为 380 V 时，人体电阻约为 1 200 Ω；当电压超过 1 000 V 时，人体电阻可认为是 0 Ω。所以当人体接触高压电时，人体就相当于导线，对高压电没有任何限流作用。

人体电阻的大小主要由皮肤电阻决定，若皮肤破损、多汗、潮湿、粘有导电粉尘等都会降低人体电阻。同时人体与带电体接触面积与接触压力越大，人体电阻越小，触电后果越严重。

6. 人体健康状态

触电者的年龄、性别、健康状况、精神状况都会对触电后果产生影响。例如患有心脏病、结核病、精神系统疾病、内分泌器官疾病的人，由于自身抵抗力低下，触电后果更为严重。精神状态不良，心情忧郁或酗酒的人，由于注意力不集中，容易触电且后果较严重。身体强壮的人，触电后的危害相对较轻。一般来讲，人体健康状态良好的比人体健康状态稍差的，触电后的危害相对较轻；青壮年男子比妇女、儿童、老年人触电后的危害相对较轻。

1.1.3 安全电流、安全电压、安全距离

1. 安全电流

电流通过人体时，对人体机能组织不造成伤害的电流值，即为安全电流值。对于安全电流值，各国规定不一致，我国通常取 50 Hz 交流电，通电时间 1 s 时，安全电流值为 30 mA。

安全电流与通电时间有密切联系，若通电时间大于 1 s，则安全电流应降低。国际上通常用电流数值与通电时间乘积作为安全电流的概念。所以 30 mA 可认为是安全电流较通用的取值。

在校验低压设备是否带电情况下，常使用低压验电器，也就是俗称的试电笔。试电笔在试电过程中，要求人体作为试电回路的一部分。由于试电笔中装有 1 ~ 3 MΩ 的限流电阻，流过人体的电流不会大于 2 μA。这个数值远远小于安全电流的数值，人体没有任何感觉和危险。可当限流电阻阻值降低或损坏时，流过人体的电流就会增大，就会发生触电事故。

2. 安全电压

电流通过人体时，人体承受的电压越低，触电伤害越轻。当电压低于某一数值后，就不会对人体造成伤害。这种不带任何防护设备，对人体各部分组织均不造成伤害的电压值，称为安全电压。

安全电压数值大小主要取决于人体电阻和安全电流数值，以及自然环境。由于人种和人种之间，人体电阻值存在差异，且安全电流的数值各国也不统一，各国的自然环境也不相同，所以安全电压数值的规定，世界各国不可能相同。一般有 50 V、36 V、25 V、24 V 等。国际电工委员会（IEC）规定安全电压最高值为 50 V，25 V 以下的电压可不采取防电击的安全措施。我国规定安全电压采用 36 V、24 V、12 V 三个电压等级。在湿度较大、狭窄、行动不便、周围有大面积接地导体的场所，如金属容器内、矿井内、隧道内、游泳池等，在使用手提照明时，应采用 12 V 安全电压。在危险环境，高度不足 2.5 m 的一般照明灯，携带式电动工具若无特殊的安全防范装置或安全措施，均应采用 24 V 或 36 V 安全电压。

安全电压的数值是从总体上考虑的，对于某些特殊场合、特殊的人也不一定绝对安全。所以在安全电压下工作，也不可以粗心大意。我国曾有在 36 V 电压作用下，发生触电身亡的事例。在使用变压器降压得到安全电压过程中，绝对不允许使用自耦变压器。这是因为自耦变压器一、二次侧共用一个线圈，没有安全隔离作用。如线圈绝缘损坏，一次侧的高压就

会窜入二次侧，形成危险。同时若将相线与零线接反，原低压36 V侧两个出线头，对地电压分别是220 V和184 V，人体触及后，会产生严重的触电事故。

3. 安全距离

为了防止人体触及或过分接近带电体，避免发生人体触电、电气短路、火灾和爆炸事故，在人体与带电体之间、带电体与地面之间、带电体与带电体之间、带电体与其他设备之间，均需保持一定的距离。这种距离称为安全距离。

（1）在低压操作中，人体或携带的工具等与带电体的距离不应小于0.1 m。

（2）在高压无遮拦操作中，人体或携带的工具等与带电体的最小距离不应小于：

10 kV及以下为0.7 m；27.5 kV（接触网）为2 m；35 kV为1 m；110 kV为1.5 m；220 kV为3 m 。当不满足上述距离时，应装设临时遮拦或停电。

（3）在线路上工作时，人体或携带的工具等与带电体的最小距离不应小于：

10 kV及以下为1 m；35 kV为2.5 m。当不满足上述距离时，临时线路应停电。

（4）用水冲洗时，小型喷嘴与带电体最小距离不应小于：

10 kV及以下为0.4 m；35 kV为0.6 m。

（5）使用喷灯和气焊时，火焰不得喷向带电体，火焰与带电体最小距离不应小于：

10 kV及以下为1.5 m；35 kV为3 m。

（6）在架空线附近进行起重工作时，其中机具与线路导线之间的最小距离不得小于：

1 kV及以下为1.5 m；10 kV为2 m；35 kV为4 m。

任务1.2　触电急救及电气火灾处理措施

【任务要点】

（1）熟知触电急救和电气火灾扑救的原理。

（2）熟练掌握触电急救和电气火灾扑救操作的程序。

（3）熟练掌握心肺复苏法和各种灭火器的操作。

【任务准备】

（1）所需设备：心肺复苏演练假人、各型灭火器。

（2）所需物品：卫生手套、防火服。

【任务实施】

1.2.1　触电急救基本知识

1. 触电急救常识

众多的触电抢救实例表明，触电急救对于减少触电伤亡是行之有效的。人触电后，往往会失去知觉或者出现假死。此时，触电者能否被救治的关键，是在于救护者是否能及时采取正确的救护方法。实际生活中发生触电事故后能够实行正确救护者为数不多，其中多数事故都具备触电急救的条件和成功的机会，但大都因抢救无效而使触电者死亡。这除了有发现过晚的因素之外，救护者不懂得触电急救方法和缺乏救护技术，不能进行及时、正确的抢救，是未能使触电者生还的主要原因，这充分说明掌握触电急救知识的重要性。当发生人身触电事故时，应该首先采取以下措施。

（1）尽快使触电者脱离电源。

使触电者脱离电源，具体做法可以用以下五个字来概括：

① 拉：立即拉下开关或拔掉电源插头。

② 切：迅速用绝缘良好的钢丝钳或断线钳剪断电线。

③ 挑：用绝缘工具、干燥的木棒等将电线挑开。

④ 拽：可戴手套或在手套上包裹衣物等绝缘物拖拽触电者，也可在绝缘物上用一只手将触电者拽开。

⑤ 垫：如果带电导体缠绕在触电者身上，救护人员可先用木板塞进触电者身下，使其与地绝缘来隔断电源通路，然后采取其他办法把电源迅速切断。

如距离事故现场较远，应立即通知相关部门停电，从而使触电者脱离电源。如果触电者身处高处，应考虑到其脱离电源后有坠落、摔跌的可能，所以应同时做好防止人员摔伤的安全措施。如果事故发生在夜间，应准备好临时照明工具。

（2）采取相应的急救措施。

当触电者脱离电源后，将触电者移至通风干燥的地方，在通知医务人员前来救护的同时，还应现场就地检查和抢救。首先使触电者仰天平卧，松开其衣服和裤带；检查瞳孔是否放大，呼吸和心跳是否存在；再根据触电者的具体情况而采取相应的急救措施。对于没有失去知觉的触电者，应对其进行安抚，使其保持安静；对触电后精神失常的，应防止其发生突然狂奔的现象。

2. 急救方法

（1）对失去知觉的触电者，若呼吸不齐、微弱，或呼吸停止而有心跳的，应采用口对口（鼻）人工呼吸法进行抢救，如图1－2－1所示。

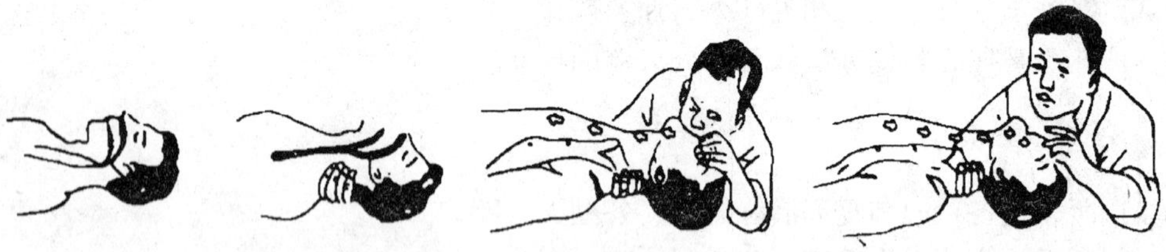

图1－2－1　口对口（鼻）人工呼吸法

① 呼吸道要通畅：要在保持呼吸道通畅的情况下进行。如患者口鼻内有呕吐物、泥沙、血块、假齿等异物时，抢救者用纱布包住食指伸入患者口腔进行清除，后松开衣领、裤带、内衣等。

② 先吹两口气：清除患者口鼻异物后，口对口呼吸前先向患者口中吹两口气，以扩张已萎缩的肺，利于气体交换。

③ 姿势：患者置于仰卧位，头后仰，颈部用枕头或衣物垫起，口盖两层纱布。急救者

用一手抬起下颌，另一手拇指、食指捏紧患者鼻翼，以防吹进的气体从鼻孔漏出。

④ 患者口张开：抢救者吸一口气后，张大口将患者的口全包住。

⑤ 接着做捏鼻动作：快而深地向患者口内吹气，并观察患者胸廓有无上抬下陷活动。一次吹完后，脱离患者之口，捏鼻翼的手同时松开，慢慢抬头再吸一口新鲜空气，准备下次口对口呼吸。

⑥ 吹入量：每次吹气量成人约 1 200 mL，量过大易造成胃扩张。无法衡量时，急救者不要吸入过多的气体。

⑦ 呼吸频率：口对口呼吸的次数，成人 16 ~ 20 次/min。

（2）对有呼吸而心脏跳动微弱、不规则，或心跳已停的触电者，应采用胸外心脏按压法进行抢救。操作方法如图 1 – 2 – 2 所示。

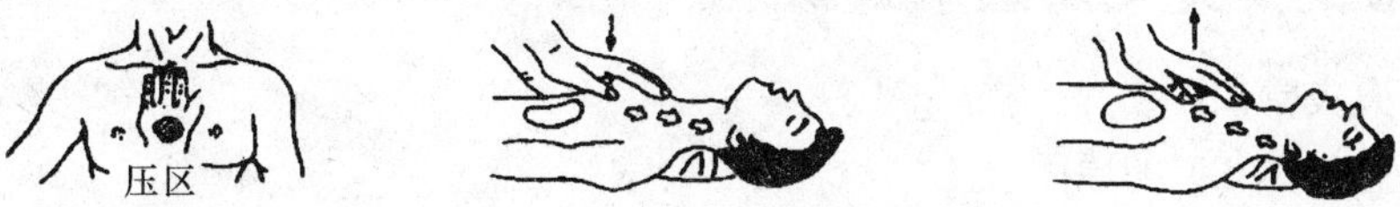

(a)放掌　　(b)按压　　(c)放松

图 1 – 2 – 2　胸外心脏按压法

① 患者体位：患者仰卧于硬板床或地上，如为软床，身下应放一木板，以保证按压有效，但不要为了找木板而延误抢救时间。

② 抢救者体位：抢救者应紧靠患者胸部一侧，为保证按压时力量垂直作用于胸骨，抢救者可根据患者所处位置的高低采用跪式或用脚凳等不同体位。

③ 确定按压部位：正确的按压部位是胸骨中、下 1/3 处。

④ 具体定位方法：抢救者以左手食指和中指沿肋弓向中间滑移至两侧肋弓交点处，即胸骨下切迹，然后将食指和中指横放在胸骨下切迹的上方，食指上方的胸骨正中部即为按压区，将另一手的掌根紧挨食指放在患者胸骨上，再将定位之手取下，将掌根重叠放于另一手手背上，使手指翘起脱离胸壁，也可采用两手手指交叉抬手指。抢救者双肘关节伸直，双肩在患者胸骨上方正中，肩手保持垂直用力向下按压，下压深度为 4 ~ 5 cm，按压频率为 80 ~ 100 次/min，按压与放松时间大致相等。对儿童进行施救时，按压部位与按压频率与成人相同，但按压深度为 3 cm，动作要平稳，不可用力过猛。

如胸外心脏按压的对象是婴儿，其操作与成人及儿童有一定区别。婴儿的按压部位在胸骨上两乳头连线与胸骨正中线交界点下一横指，抢救者用中指和无名指按压，按压深度为 2 cm，按压频率 100 次/min 以上，不可用力过猛。

（3）对心跳、呼吸都已停止的触电者，甚至瞳孔放大者，切不可认为已经死亡而放弃抢救。此时触电者处于“假死”状态，应迅速进行口对口人工呼吸和胸外心脏按压。

触电者既无呼吸又无心跳时，应采用人工呼吸和胸外心脏按压同时进行，如图 1 – 2 – 3 所示。救护方法有单人操作和双人操作，方法同上。如急救者只有一人，应先对触电者吹气 3 ~ 4 次，然后再按压 7 次，如此交替重复进行至触电者苏醒为止。如果是两人合作抢救，则一人进行口对口人工呼吸，另一人进行胸外按压，吹气时应使触电者胸部放松，只可在换气时进行按压。

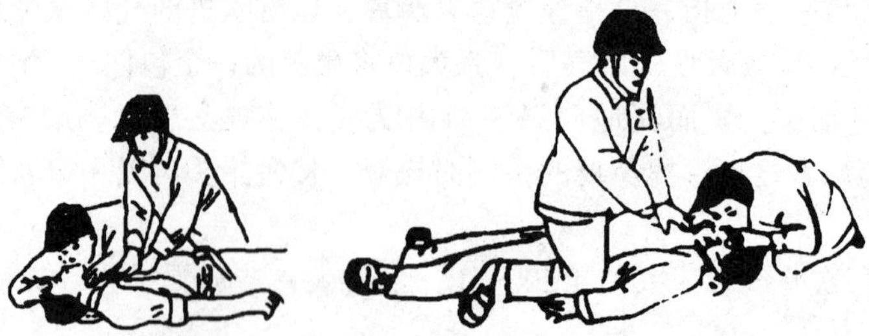

(a) 单人操作　　(b) 双人操作

图 1-2-3　人工呼吸和胸外心脏按压同时进行

1.2.2　电气火灾处理基本知识

1. 电气火灾常识

(1) 发生电气火灾的原因。

在火灾事故中，电气火灾所占比重比较大，几乎所有的电气故障都可能导致电气火灾，特别是在可能存在石油液化气、煤气、天然气、汽油、柴油、酒精、棉、麻、化纤织物、木材、塑料等易燃易爆物的场所。另外，一些设备本身可能会产生易燃易爆物质，如设备的绝缘油在电弧作用下分解和汽化，喷出大量的油雾和可燃气体；酸性电池排出氢气并形成爆炸性混合物等。一旦这些环境遇到较高的温度和微小的电火花即有可能引起着火或爆炸。例如：短路时，短路电流为正常电流的几十甚至上百倍，可在短时间内使周边温度急剧升高，从而导致火灾；过载时，流经电路的电流将超过电路的安全载流量，电气设备长时间工作在此状态下，由于设备、电路过热而引起火灾；此外，漏电、照明及电热设备、开关动作、熔断器烧断、接触不良，以及雷击、静电等，都可能引起高温、高热或者产生电弧、放电火花，从而导致火灾或爆炸事故。

(2) 电气消防常识。

当发生电气设备火灾时，或邻近电气设备附近发生火灾时，应立即拨打 119 火警电话报警。扑救电气火灾时应注意触电危险，首先应立即切断电源，通知电力部门派人到现场指导扑救工作。灭火时，应注意运用正确的灭火知识，采取正确的方法灭火。

夜间断电救火应有临时照明措施。切断电源时应有选择，尽量局部断电，同时应该注意安全，防止触电，不得带负荷拉刀开关或隔离开关。火灾发生后，由于受潮或烟熏，使开关设备的绝缘能力降低，所以拉闸时最好使用绝缘工具。剪断导线时应使用带绝缘手柄的工具，并注意防止断落的导线伤人；不同相线应在不同部位剪断，以防造成短路；剪断空中电线时，剪断位置应选择在靠电源方向的支持物附近。带电灭火时，灭火人员应占据合理的位置，与带电部位保持安全距离。在救火过程中应同时注意防止发生触电事故或其他事故。用水枪带电灭火时，宜采用泄漏电流小的喷雾水枪，并将水枪喷嘴接地，灭火人员应戴绝缘手套、穿绝缘靴或穿均压服操作。喷嘴至带电体的距离应遵循以下规定：110 kV 及以下者不应小于 3 m，220 kV 及以上者不应小于 5 m 。使用不导电性的灭火剂灭火时，灭火器机体、喷嘴至带电体的距离应遵循以下规定：10 kV 及以下者不小于 0.4 m，35 kV 及以上者不小于 0.6 m。设备中如果充油，在救火时应该考虑油的安全排放，设法将油、火隔离；电机着火时，应防止轴和轴承由于冷热不均而变形，并不得使用干粉、沙子、泥土灭火，以防损伤设备的绝缘。

2. 灭火器的使用

（1）干粉灭火器。

干粉灭火器主要适用于扑救石油及其衍生产品、油漆、可燃气体和电气设备的火灾，但不可用于电机着火时的扑救。

使用干粉灭火器时先打开保险销，把喷口对准火源，另一手紧握导杆提环，将顶针下压干粉即喷出。干粉灭火器的日常维护需要每年检查一次干粉是否结块，每半年检查一次压力。发现结块应立即更换，压力少于规定值时应及时充气、检修。

干粉灭火器的结构及使用方法，如图1－2－4所示。

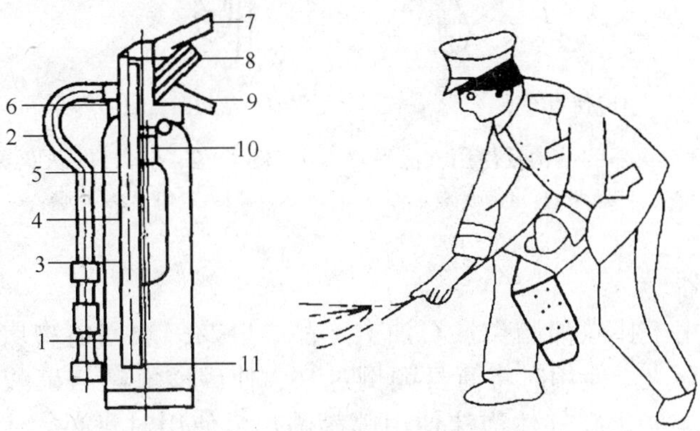

(a)结构图 (b)使用方法

图1－2－4 干粉灭火器的结构及使用方法

1—进气管；2—出粉管；3—钢瓶；4—粉筒；5—喷管；6—铜盖；7—后把；8—保险销；9—提把；10—钢字；11—防潮堵

（2）二氧化碳灭火器。

二氧化碳灭火器主要适用于扑救额定电压低于600 V的电气设备、仪器仪表、档案资料、油脂及酸类物质的初起火灾，但不适用于扑灭金属钾、钠、镁、铝的燃烧。

二氧化碳灭火器使用时，一手拿喷筒，喷口对准火源，一手握紧鸭舌，气体即可喷出。二氧化碳导电性差，当着火设备电压超过600 V时必须先停电后灭火；二氧化碳怕高温，存放点温度不得超过42℃。使用时不要用手摸金属导管，也不要把喷筒对着人，以防冻伤。喷射时应朝顺风方向进行。日常维护需要每月检查一次，发现二氧化碳不足时，应充气。发现结块应立即更换，压力少于规定值时应及时充气。二氧化碳灭火器的结构及使用方法，如图1－2－5所示。

（3）1211灭火器。

1211灭火器适用于扑救电气设备、仪表、电子仪器、油类、化工化纤原料、精密机械设备、文物、图书、档案等的初起火灾。

使用时，拔掉保险销，握紧压把开关，由压杆使密封阀开启，在氮气压力作用下，灭火剂喷出。松开压把开关，喷射即停止。1211灭火器的日常维护需要每年检查一次重量。

1211 灭火器的结构及使用方法，如图 1－2－6 所示。

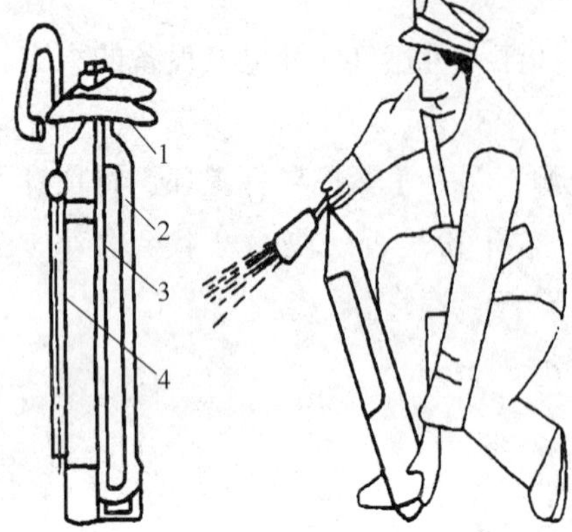

(a)结构图　　(b)使用方法

图 1－2－5　二氧化碳灭火器的结构及使用方法

1—启闭阀门；2—钢瓶；3—虹吸管；4—喷筒

(a)结构图　　(b)使用方法

图 1－2－6　1211 灭火器的结构及使用方法

1—筒身；2—喷嘴；3—压把；4—安全销

（4）泡沫灭火器。

泡沫灭火器适用于扑救油脂类、石油类产品，以及一般固体物质的初起火灾。但绝不可用于带电体的灭火。使用时将筒身颠倒过来，使碳酸氢钠与硫酸两溶液混合并发生化学作用，产生的二氧化碳气体泡沫便由喷嘴喷出。使用时，必须注意不要将筒盖、筒底对着人体，以防意外爆炸伤人。泡沫灭火器只能立着放置。泡沫灭火器需要每年检查一次泡沫发生倍数。若低于 4 倍时，应更换药剂。泡沫灭火器的结构及使用方法，如图 1－2－7所示。

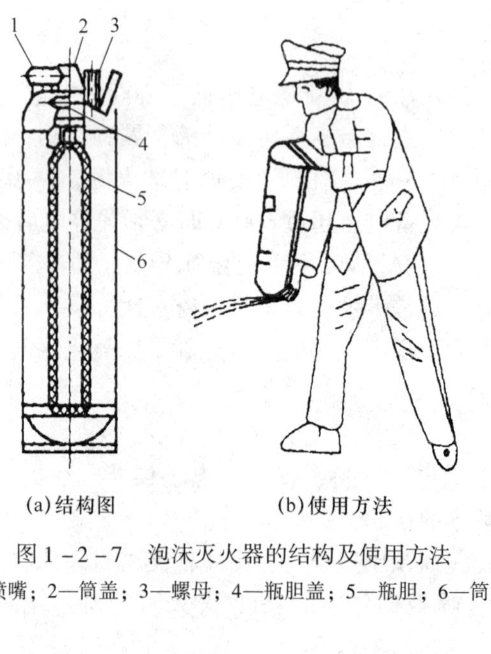

(a)结构图　　(b)使用方法

图 1－2－7　泡沫灭火器的结构及使用方法

1—喷嘴；2—筒盖；3—螺母；4—瓶胆盖；5—瓶胆；6—筒身

任务1.3　安全用电措施

【任务要点】

(1) 熟知带电作业各项规章。

(2) 熟练掌握几种工作票办理的程序。

(3) 熟练进行工作票办理的操作。

【任务准备】

(1) 所需设备：多媒体展示设备。

(2) 所需物品：带电作业规章、几种空白工作票。

【任务实施】

1.3.1　现场安全生产常识

当进行带电生产作业时，为了自身和他人生命财产安全，应该学会在工作中科学地、有效地保护自己。要做到这一点，首先必须树立自我保护意识并培养自己的职业素养。职业素养主要体现在以下几点。

1. 熟悉安全技术操作规程

安全技术操作规程一般有以下内容。

(1) 上岗前的检查和准备工作。

① 工作前必须按规定穿好工作服、工作鞋。女士应戴工作帽。

② 在安装或维修电气设备时，要清扫工作场地和工作台面，防止灰尘等杂物落入电气设备内造成故障。

③ 工作前不能饮酒，工作时应集中精力，不能做与本职工作无关的事。

④ 必须检查工具、测量仪表和防护用具是否完好。

(2) 工作中的规则。

① 检修电气设备时，应先切断电源，并用验电笔（低压验电器）测试是否带电。在确定不带电后，才能进行检查修理。对于高压电气设备在确定停电后，除了验电还要挂地线。

② 在断开电源开关检修电气设备时，应在电源开关处挂上“有人工作，严禁合闸!”的标牌。

③ 电气设备拆除送修后，对可能带电的线头应用绝缘胶布包好，线头必须有短路接地保护装置。

④ 严禁非电气作业人员装修电气设备和线路。

⑤ 严禁在工作场地，特别是易燃、易爆物品的生产场所吸烟及明火作业，防止火灾发生。

⑥ 使用起重设备吊运电动机、变压器时，要仔细检查被吊重物是否牢固，并有专人指挥，不准歪拉斜吊，吊物下或旁边严禁站人。

⑦ 在检修电气设备内部故障时，应选用36 V的安全电压灯泡作为照明。

⑧ 电动机通电试验前，应先检查绝缘是否良好，机壳是否接地。试运转时，应注意观察转向，听声音，测温度。工作人员要避开联轴节旋转方向，非操作人员不准靠近电动机和试验设备，防止高压触电。

⑨ 拆卸和装配电气设备时，操作要平稳，用力应均匀，不要强拉硬敲，防止损坏电气设备。

⑩ 工作前要把湿手擦干净，不要在雨天移动和修理室外带电的电气设备。

（3）工作后的收尾工作。

① 工作后清理好现场，擦净仪器和工具上的油污和灰尘，并放入规定位置或归还至工具室。

② 工作后要断开电源总开关，防止电气设备起火造成事故。

③ 修理后的电气设备应放在干燥、干净的工作场地，并摆放整齐。

④ 做好检修设备后的故障记录，积累修理经验。

2. 了解电工行规

（1）对电气生产场地的工具和材料摆放的要求。

对电气生产场地的工具、材料应存放在干燥通风的处所，电气安全用具与其他工具不许混放在一起，并符合下列要求：

① 绝缘杆应悬挂或架在支架上，不应与墙接触。

② 绝缘手套应存放在密闭的橱内，并与其他工具、仪表分别存放。绝缘靴应放在橱内，不应代替普通靴鞋使用。

③ 绝缘垫和绝缘台应经常保持清洁，无损伤。

④ 高压验电笔应存放在防潮的匣内，并放在干燥的地方。

⑤ 安全用具和防护用具不许当其他用具使用。

另外，还应考虑操作、维护、检修、试验、搬运的方便和安全，各个电气设备之间的尺寸应满足安全净距的要求。为了防止电火花或危险温度引起火灾，开关、插头、熔断器、电热器具、照明器具、电焊设备、电动机等均应根据需要，适当避开易燃易爆建筑构件。

（2）对电气生产场地和环境卫生的要求。

① 按维护周期对设备进行清扫检查。保持设备的清洁，做到无油污、无积灰；油、气、水管道阀门无渗漏；瓷件无裂纹；电缆沟无积水、积油和杂物，盖板齐全；现场照明完好。

② 每班对值班室、控制室的家具、地面、继电器、电话机等清扫一次，并整理记录本、图纸、书籍，经常保持整齐、清洁。

③ 建立卫生责任区，落实到人。每月进行1～2次大清扫，清扫场地、道路，保持无积水、油污，无垃圾和散落器材。安全用具和消防设施应齐全合格。

（3）遵守安全操作规程。

① 在电气设备上工作至少应有两名经过电气安全培训并考试合格的电工进行，低级别电工在电气设备上工作时应由高级别电工负责监护。

② 电气工作人员必须认真学习和严格遵守《电业安全工作规程》和工厂、企业制定的现场安全规程补充规定。

③ 在电气设备上工作一般应停电后进行。只有经过特殊培训并考核合格的电工方可进行批准的某些带电作业项目。停电的设备是指与供电网电源已隔离，已采取防止突然通电的安全措施，并与其他任何带电设备有足够的安全距离。

④ 在任何已投入运行的电气设备或高压室内工作，都应采取两项基本安全措施，即技术措施和组织措施。技术措施是保证电气设备在停电作业时断开电源，防止接近带电设备，防止工作区域有突然来电的可能；在带电作业时能有完善的技术装备和安全的作业条件。组织措施是保证整个作业的各个安全环节在明确的有关人员安全责任制下组织作业。

⑤ 为了保证电气作业安全，所有使用的电气安全用具都应符合安全要求，并经过试验合格，在规定的安全有效期内使用。

⑥ 要认真执行工作票制度。电气设备相关工作都要按工作票或口头命令执行。

1.3.2　现场工作票制度

在电气设备上工作，应填用工作票或按命令执行，其方式有下列三种。

1. 第一种工作票

填用第一种工作票的工作为：高压设备上工作需要全部停电或部分停电的；高压室内的二次接线和照明等回路上的工作，需要将高压设备停电或采取安全措施的。第一种工作票的格式见图1－3－1。

发电厂（变电所）第一种工作票________________

1. 工作负责人（监护人）：________________班组：________________
2. 工作班人员：________________共________________人
3. 工作内容和工作地点：________________
4. 计划工作时间：自____年____月____日____时____分
   至____年____月____日____时____分
5. 安全措施：

下列由工作票签发人填写　　　　下列由工作许可人（值班员）填写

应拉断路器和隔离开关，包括填写前已拉断路器和隔离开关（注明编号）	已拉断路器和隔离开关（注明编号）
应装接地线（注明确实地点）	已装接地线（注明接地线编号和装设地点）
应装遮栏、应挂标示牌	已设遮栏、已挂标示牌（注明地点）
	工作地点保留带电部分和补充安全措施
工作票签发人签名： 收到工作票时间：____年____月____日____时____分 值班负责人签名：	工作许可人签名： 值班负责人签名：

（发电厂值班长签名：　　　　）

6. 许可开始工作时间：____年____月____日____时____分
   工作许可人签名：________________　工作负责人签名：________________
7. 工作负责人变动：
   工作负责人________________离去，变更________________为工作负责人。
   变动时间：____年____月____日____时____分
   工作票签发人签名：
8. 工作票延期，有效期延长到：____年____月____日____时____分
   工作负责人签名：________________　值班长或值班负责人签名：________________
9. 工作终结：
   工作班人员已全部撤离，现场已清理完毕。
   全部工作于____年____月____日____时____分____结束。
   工作负责人签名：________________　工作负责人签名：________________
   接地线共________________组已拆除。
   值班负责人签名：________________
10. 备注：________________

图1－3－1　第一种工作票的格式

2. 第二种工作票

填用第二种工作票的工作为：带电作业和在带电设备外壳上的工作；在控制盘和低压配电盘、配电箱、电源干线上的工作；在二次接线回路上的工作；无须将高压设备停电的工作；在转动中的发电机、同期调相机的励磁回路或高压电动机转子电阻回路上的工作；非当值值班人员用绝缘棒和电压互感器定相或用钳形电流表测量高压回路的电流。第二种工作票的格式见图 1－3－2。

发电厂（变电所）第二种工作票

1. 工作负责人（监护人）：____________ 班组：____________

工作班人员：________________________

2. 工作任务：________________________

3. 计划工作时间：自_____年_____月_____日_____时_____分

至_____年_____月_____日_____时_____分

4. 工作条件（停电或不停电）：

____

5. 注意事项（安全措施）：________________________

工作票签发人签名：____________

6. 许可开始工作时间：_____年_____月_____日_____时_____分

工作许可人（值班员）签名：____________ 工作负责人签名：____________

7. 工作结束时间：_____年_____月_____日_____时_____分

工作负责人签名：____________ 工作许可人（值班员）签名：____________

8. 备注：________________________

图 1－3－2 第二种工作票的格式

3. 口头或电话命令

用于第一种和第二种工作票以外的其他工作。口头或电话命令，必须清楚正确，值班员应将发令人、负责人及工作任务详细记入操作记录簿中，并向发令人复诵核对一遍。

工作票一式填写两份，一份必须经常保存在工作地点，由工作负责人收执；另一份由值班员收执，按班移交。在无人值班的设备上工作时，第二份工作票由工作许可人执收。

执行工作票的作业，必须有人监护。在工作间断、转移时，执行间断、转移制度。工作终结时，执行终结制度。

任务 1.4 低压配电保护

【任务要点】

（1）熟知低压配电保护原则。

（2）熟练掌握几种低压配电保护装置结构。

（3）熟练进行几种低压配电保护装置拆装操作。

【任务准备】

（1）所需设备：几种低压配电保护装置。

（2）所需物品：通用工具箱。

【任务实施】

1.4.1 低压配电系统认知

1. 低压配电系统的概念

传统上将电力系统划分为发电、输电和配电三大组成系统。发电系统发出的电能经由输电系统的输送，最后由配电系统分配给各个用户。一般地，将电力系统中从降压配电变电站（高压配电变电站）出口到用户端的这一段系统称为配电系统。配电系统是由多种配电设备（或元件）和配电设施所组成的变换电压和直接向终端用户分配电能的一个电力网络系统。

在我国，配电系统可划分为高压配电系统、中压配电系统和低压配电系统三部分。由于配电系统作为电力系统的最后一个环节直接面向终端用户，它的完善与否直接关系着广大用户的用电可靠性和用电质量，因而在电力系统中具有重要的地位。我国配电系统的电压等级，根据《城市电网规划设计导则》的规定，220 kV 及其以上电压为输变电系统，35 kV、63 kV、110 kV 为高压配电系统，10 kV、6 kV 为中压配电系统，380 V、220 V 为低压配电系统。

低压配电系统是电力系统与最终用户之间的最后连接，是与用户联系最密切、使用设备最多、线路最长、用电量最大的一个环节。在工厂、矿山、城市、农村到处都离不开低压配电系统。所以，低压配电系统的合理、安全、高效与稳定运行是非常重要的。

2. 低压配电系统保护的必要性

为了防护在发生故障（如过载、短路和接地故障）时危及人身安全（间接接触导致的电击），或是线路过热而导致损坏甚至引起电气火灾，配电线路应有必要的防护措施，以保护线路安全和用电安全。由于低压配电线路遍布各种建筑及户外各处，发生故障的概率大，而且有大量非专业人员可能接触，更显得这种防护特别重要。最主要的防护措施就是在各级配电线路装设保护电器，以保证在电路发生故障时，能有效地断开故障电路。这些保护应符合《低压配电设计规范》（GB 50054—2011）的有关规定。为此，各级线路不仅要设置保护电器，还必须要正确整定其参数，以保证在规定的时间内可靠切断故障；还要求应有选择地切断电路，即要求最靠近故障点的保护电器动作，而其上级的保护电器不动作，以使得切断电路的范围最小。

电气线路或设备绝缘损伤后，在一定的环境下，对靠近的物质（穿线金属管、电气装置金属外壳、潮湿木材等）会发生漏电，使局部物质带电，给人们造成严重的甚至致命的触电，产生火花、电弧、过热高温等而造成火灾。当电气设备发生漏电即碰壳短路时，电流将设备外壳、保护接零线（保护接地线）、零线（大地）形成闭合回路，通常漏电电流将很大，会使保护装置动作而切断电源。由于低压熔断器和低压断路器保护装置简单经济，而且操作方便灵活，所以广泛应用于用户低压配电系统中，对于低压配电系统的保护具有重要的意义。

1.4.2 低压配电保护装置认知

低压配电保护装置包括两种类型，即低压熔断器和低压断路器，现分别就其在配电线路中常用的类型、保护特性及其他性能简述如下。

1. 低压熔断器

熔断器应符合现行国家标准《低压熔断器 第1部分：基本要求》（GB 13539.1—2015）和《低压熔断器 第2部分：专职人员使用的熔断器的补充要求（主要用于工业的熔断器）标准化熔断器系统示例A至K》（GB/T 13539.2—2015），该系列国标是参照国际标准IEC 60269-1:2009、IEC 60269-2:2013而编制的。

熔断器主要用于设备过载和短路保护，原理是利用元件（即熔体）本身产生的热量将自己熔断，从而使电路断开，达到保护电网和电气设备的目的。熔断器由熔体和安装熔体用的绝缘器组成。常用型号有“RC”插入式熔断器、“RL”螺旋式熔断器、“RM”封闭管式熔断器及“RT”填料管式熔断器等。

1）熔断器的分类

（1）按结构分。

熔断器的结构型式与使用人员有关，主要分为以下几种。

① 专职人员使用的熔断器，如图1-4-1所示，其结构型式又有：

（a）刀型触头熔断器；

（b）螺栓连接熔断器；

（c）圆筒帽形熔断器。

(a)刀型触头熔断器 (b)螺栓连接熔断器 (c)圆筒帽形熔断器

图1-4-1 专职人员使用的熔断器

② 非熟练人员使用的熔断器。

（2）按分断范围分。

①“g”熔断体，能分断使熔体熔化电流至额定分断能力之间的所有电流的限流熔断体；

②“a”熔断体，能分断使熔体“熔断时间—电流特性曲线”上的最小电流至额定分断能力之间的所有电流的熔断体。

（3）按使用类别分。

①“G”类，一般用途的熔断体，即保护配电线路用；

②“M”类，保护电动机回路的熔断体；

③ 其他。

分断范围和使用类别组合用两个字母表示，即“gG”“gM”“aM”三类，“gG”是有全范围分断能力用作配电线路保护的熔断器。

2）熔断器的主要特点

（1）主要优点。

① 选择性好。上下级熔断器的熔断体额定电流只要符合国标和IEC标准规定的过电流选择比为1.6∶1的要求，即上级熔断体额定电流不小于下级的该值的1.6倍，就视为上下级能有选择性切断故障电流；

② 限流特性好，分断能力高；

③ 相对尺寸较小；

④ 价格较便宜。

（2）主要缺点。

① 故障熔断后必须更换熔断体；

② 保护功能单一，只有一段过电流反时限特性，过载、短路和接地故障都用此防护；

③ 发生一相熔断时，对三相电动机将导致两相运转的不良后果，当然可用带发报警信号的熔断器予以弥补，一相熔断可断开三相；

④ 不能实现遥控，需要与电动刀开关等组合才有可能。

3）熔断器的工作特性

熔断器包括熔断器支持件及熔断体，以下说明有关的几项主要特性。

（1）熔断时间—电流特性：是根据故障电流大小而决定断开电路时间的特性曲线。

（2）约定时间和约定电流：是反映熔断体过载的特性参数。

（3）过电流选择比：串联熔断体的额定电流比为1.6∶1，在规定电流值以下时具有选择性熔断，该比值即为过电流选择比。这是熔断器产品本身保证其选择性熔断，是产品标准的技术进步标志。

（4）I^2t 特性：熔断体允许通过的 I^2t（焦耳积分）值，用以衡量在故障时间内产生的热能。弧前 I^2t 是熔断器弧前时间内的焦耳积分；熔断 I^2t 是全熔断时间内的焦耳积分。此特性可用以考核过电流选择性，以及熔断器与断路器间的级间有选择性配合保护。

（5）分断能力：在规定电压下，能分断短路电流大小的能力；对交流电流，即指交流分量有效值。

2. 低压断路器

断路器应符合现行国家标准《低压开关设备和控制设备　第2部分：断路器》（GB 14048.2—2008），该国标是采用国际标准IEC 60947－2:2006而编制的。

现在广泛使用的自动空气断路器又称自动空气开关，如图1－4－2所示。主要在低压配电网路中作为开关设备和保护元件，也可以在电动机主电路作为短路、过载和失压保护用，还可以作为启动电器。

1）保护特性

断路器的特性很多，如型式（极数、通断方式等）、主电路的额定值和极限值（包括短路特性参数）、控制电路特性、辅助电路特性、脱扣器的特性等。这里只提及和保护关系密切的脱扣器特性。脱扣器型式包括过电流脱扣器、分励脱扣器和欠电压脱扣器等。

过电流脱扣器包括长延时、短延时、瞬时过电流脱扣器，还有接地故障保护脱扣器。非选择型断路器一般有长延时和瞬时过电流脱扣器，如果具有短延时过电流脱扣器，则构成选择型断路器。具有接地故障保护的断路器，则更能适应《低压配电设计规范》的要求，有

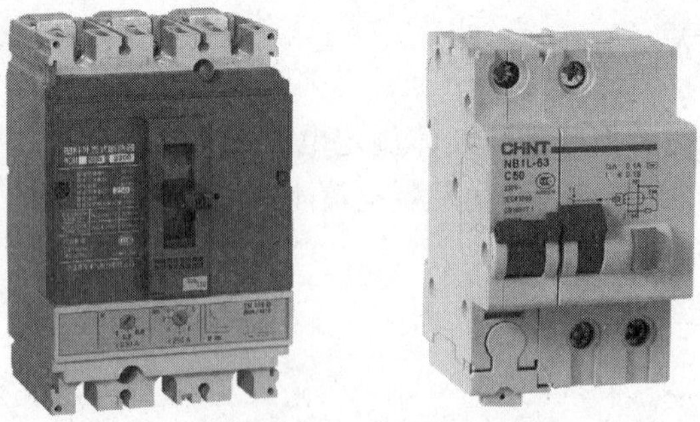

图 1－4－2　自动空气开关

更高的保护灵敏度。

长延时过电流脱扣器，通常具有反时限特性；瞬时过电流脱扣器一般是定时限的；短延时过电流脱扣器是定时限的，有的具有反时限加定时限特性；接地故障保护一般是定时限的。

由于微电子技术的快速发展，把单片机作为中央控制单元应用于脱扣器，使之具有所有过电流保护功能及其他多种功能，如电流显示、报警、记录、自诊断等，称之为智能脱扣器，更确切地说，应称为智能型控制器。配置这种控制器的智能型断路器于 20 世纪 80 年代后期进入国际市场，以其多功能、高可靠性而形成新一代产品。我国也已于 20 世纪 90 年代中由上海电器科研所等单位研制成功。

2）低压断路器的分类

（1）按使用类别分：① A 类，非选择型；② B 类，选择型。

（2）按用途分：① 配电用；② 保护电动机用。

（3）按结构型式分：① 万能式；② 塑料外壳式，或模压外壳式。

还有其他多种分类，如操作方式、灭弧介质、安装方式、极数、外壳防护等级等。

3）非选择型和选择型

（1）非选择型断路器。

① 主要优点和特点。

（a）故障断开后，可以手操复位，不必更换元件，除非切断大短路电流后需要维修。

（b）有反时限特性的长延时脱扣器和瞬时电流脱扣器两段保护功能，分别作为过载和短路防护用，各司其职。

（c）带有电操机构时可实现遥控。

② 主要缺点和弱点。

（a）上下级非选择型断路器间难以实现选择性切断，故障电流较大时，很容易导致上下级断路器均瞬时断开。

（b）相对价格略高。

（c）部分断路器分断能力较小，如额定电流较小的断路器装设在靠近大容量变压器位置时，会使分断能力不够。

（2）选择型断路器。

① 主要优点和特点。

（a）具有非选择型断路器上述各项优点。

（b）具有多种保护功能，有长延时、瞬时、短延时和接地故障保护（包括零序电流和剩余电流保护），分别实现过载、断路延时、短路电流瞬时动作及接地故障防护，保护灵敏度极高，调节各种参数方便，容易满足配电线路各种防护要求。另外，可有级联保护功能，具有更良好的选择性动作性能。

（c）现今产品多具有智能特点，除保护功能外，还有电量测量、故障记录，以及通信接口，实现配电装置及系统集中监控管理。

② 主要问题。

（a）价格很高，因此只宜在配电线路首端和特别重要场所的分干线使用。

（b）尺寸较大。

项目2　常用仪器仪表及工具的使用

任务2.1　万用表的使用

【任务要点】

（1）熟知两种万用表的基本功能。

（2）熟练掌握两种万用表的使用程序。

（3）熟练进行两种万用表的电压、电流、电阻测量操作。

【任务准备】

（1）所需设备：指针式万用表、数字式万用表。

（2）所需物品：低压电源电路、定值电阻。

【任务实施】

2.1.1　万用表基本知识

1. 万用表的功能

万用表又称为复用表、多用表、三用表、繁用表等，是电力电子等部门不可缺少的测量仪表，一般以测量电压、电流和电阻为主要目的。万用表按显示方式分为指针式万用表和数字式万用表。指针式万用表是以表头为核心部件的多功能测量仪表，测量值由表头指针指示读取。数字式万用表的测量值由液晶显示屏直接以数字的形式显示，读取方便，有些还带有语音提示功能。数字式万用表已成为主流，正在逐步取代指针式万用表。与指针式万用表相比，数字式万用表灵敏度高，精确度高，显示清晰，过载能力强，便于携带，使用也更方便简单。

万用表是一种多功能、多量程的测量仪表，一般万用表可测量直流电流、直流电压、交流电流、交流电压、电阻和音频电平等，有的还可以测量电容量、电感量及半导体的一些参数（如β）等。

万用表的直流电流挡是多量程的直流电流表。表头并联闭路式分流电阻即可扩大其电流量程。万用表的直流电压挡是多量程的直流电压表。表头串联分压电阻即可扩大其电压量程。分压电阻不同，相应的量程也不同。万用表的表头为磁电系测量机构，它只能通过直流，利用二极管将交流变为直流，从而实现交流电的测量。

2. 结构组成

万用表由表头、测量线路及转换开关等主要部分组成。

(1) 表头。

指针式万用表的表头是灵敏电流计。表头上的表盘印有多种符号、刻度线和数值。符号 A－V－Ω 表示这只电表是可以测量电流、电压和电阻的多用表。表盘上印有多条刻度线，其中右端标有“Ω”的是电阻刻度线，其右端为零，左端为∞，刻度值分布是不均匀的。符号“－”或“DC”表示直流，“～”或“AC”表示交流，“≂”表示交流和直流共用的刻度线。标有“dB”指示的是音频电平。刻度线下的几行数字是与选择开关的不同挡位相对应的刻度值。万用表的主要性能指标基本上取决于表头的性能。表头的灵敏度是指表头指针满刻度偏转时流过表头的直流电流值，这个值越小，表头的灵敏度越高。测电压时的内阻越大，其性能就越好。

表头上还设有机械零位调整旋钮，用以校正指针在左端零位。

数字式万用表的表头一般由一只 A/D（模拟/数字）转换芯片、外围元件、液晶显示器组成，万用表的精度受表头的影响，万用表由于 A/D 芯片转换出来的数字位数不同，一般也称为 3 位半数字万用表、4 位半数字万用表等。最常用的芯片是 ICL7106（3 位半 LCD 手动量程经典芯片，后续版本为 7106A、7106B、7206、7240 等），ICL7129（4 位半 LCD 手动量程经典芯片），ICL7107（3 位半 LED 手动量程经典芯片）。

(2) 测量线路。

测量线路是用来把各种被测量转换到适合表头测量的微小直流电流的电路，它由电阻、半导体元件及电池组成。

(3) 转换开关。

万用表的转换开关是一个多挡位的旋转开关，用来选择测量项目和量程，以满足不同种类和不同量程的测量要求。

转换开关一般是一个圆形拨盘，在其周围分别标有功能和量程。一般的万用表测量项目包括：“mA”直流电流、“V（－）”直流电压、“V（～）”交流电压、“Ω”电阻。每个测量项目又划分为几个不同的量程以供选择。

(4) 表笔和表笔插孔。

表笔分为红、黑二支。使用时应将红色表笔插入标有“＋”号的插孔，黑色表笔插入标有“－”号的插孔。它能将各种不同的被测量（如电流、电压、电阻等）、不同的量程经过一系列的处理（如整流、分流、分压等），统一变成一定量限的微小直流电流送入表头进行测量。

2.1.2　万用表的使用

1. 指针式万用表

指针式万用表主要由表头、转换开关、测量线路组成，如图 2－1－1 所示。其中表头和转换开关在万用表的面板上，测量线路在万用表的内部，而测量线路的输入端表笔则插接在万用表的面板上。

图 2－1－1　指针式万用表

指针式万用表的使用：通过转换开关的旋钮来改变测量项目和测量量程。机械调零旋钮用来保持指针位于静止处左零位。“Ω”调零旋钮用来测量电阻时使指针对准右零位，以保证测量数值准确。

（1）测量电阻：先将表笔搭在一起短路，使指针向右偏转，随即调整“Ω”调零旋钮，使指针恰好指到 0。然后将两根表笔分别接触被测电阻（或电路）两端，读出指针在欧姆刻度线（第一条线）上的读数，再乘以该挡标的数字，就是所测电阻的阻值。由于“Ω”刻度线左部读数较密，难于看准，所以测量时应选择适当的欧姆挡，使指针在刻度线的中部或右部，这样读数比较清楚准确。每次换挡，都应重新将两根表笔短接，重新调整指针到零位，才能测准。

（2）测量直流电压：先放到最大的量程或估计一下被测电压的大小，然后将转换开关拨至适当的直流电压量程，将正表笔接被测电压“＋”端，负表笔接被测电压“－”端。然后根据该挡量程数字与刻度线上的指针所指数字，来读出被测电压的大小。

（3）测量直流电流：先放到最大的量程或估计一下被测电流的大小，然后将转换开关拨至直流合适的量程，再把万用表串接在电路中，正表笔接高电位，负表笔接低电位，根据该挡量程数字与刻度线上的指针所指数字，来读出被测电流的大小。

（4）测量交流电流：先放到最大的量程或估计一下被测电流的大小，然后将转换开关拨至交流合适的量程，再把万用表串接在电路中。根据该挡量程数字与刻度线上的指针所指数字，来读出被测电流的大小。

（5）测量交流电压：测量交流电压的方法与测量直流电压相似，所不同的是选择合适的交流电压量程，交流电没有正、负之分。读数方法与上述的测量直流电压的读法一样，只是应看标有交流符号 V～的刻度线上的指针所指数字。

（6）注意事项：测量电流与电压不能旋错挡位。如果误用电阻挡或电流挡去测电压，就极易烧坏万用表。万用表不用时，最好将挡位旋至交流电压最高挡，避免因使用不当而损坏。测量直流电压和直流电流时，注意“＋”“－”极性，不要接错。如发现指针开始反转，应立即调换表笔，以免损坏指针及表头。如果不知道被测电压或电流的大小，应先用最高挡，而后再选用合适的挡位来测试，以免表针偏转过度而损坏表头。所选用的挡位越靠近被测值，测量的数值就越准确。测量电阻时，不要带电测量电阻，不要用手触及元件裸露的两端，这样会使测量结果不准确。测量电阻时，如将两支表笔短接，将调零旋钮旋至最大，指针仍然达不到0点，这种现象通常是由于表内电池电压不足造成的，应换上新电池方能准确测量。

2. 数字式万用表

数字式万用表，是把连续的被测模拟电参量自动地变成断续的，用数字编码方式并以十进制数字自动显示测量结果的一种电测量仪表，如图2－1－2所示。数字式万用表具有输入阻抗高、误差小、读数直观、功能齐全等优点。

图2－1－2　数字式万用表

普通的数字式万用表的测量范围：电阻测量、通断声响检测、二极管正向导通电压测量、电压测量（交流/直流）、电流测量（交流/直流）、三极管放大倍数及性能测量等。有些数字式万用表还增加了电容容量测量、温度测量等功能。

插孔和转换开关的使用：首先要根据测试项目选择插孔或转换开关的位置，由于使用时测量电压、电流和电阻等交替地进行，因此一定不要忘记换挡。切不可用测电阻、电流挡测电压，如果用直流电流或电阻挡去误测量交流220 V电源，则万用表会立刻烧毁。

测试表笔的使用：万用表有红、黑两根表笔，位置不能接反、接错，否则会带来测试错误或判断失误。一般万用表黑表笔插入COM插孔，红表笔插入VΩ插孔。

如何读数：数字式万用表采用数字直接显示，因此读数十分方便。

数字式万用表的使用具体如下。

（1）电压测量：将黑表笔插入COM插孔，红表笔插入VΩ插孔。测直流电压时，将功能开关置于V ⎓ 量程范围，测交流电压时则应置于V ~ 量程范围，并将测试表笔并接到被测负载两端或信号源上。在显示电压读数时，同时会指示出红表笔所接电源的极性。如果不知被测电压范围，则首先将功能开关置于最大量程后，视情况降至合适量程。如果显示“1”表示过量程，功能开关应置于更高量程。

（2）电阻测量：将黑表笔插入COM插孔，红表笔插入VΩ插孔（注意红表笔极性为“+”）。将功能开关置于Ω所需量程上，将测试表笔跨接在被测电阻上。当输入开路时，会显示过量程状态“1”。如果被测电阻超过所用量程，则会指示出过量程“1”，须用高挡量程。当被测电阻在1 MΩ以上时，该表需数秒后方能稳定读数，对于高电阻测量，这是正常的。检测在线电阻时，须确认被测电路已断电，方能进行测量。

（3）电流测量：将黑表笔插入COM插孔，红表笔插入20 A或mA插孔，将功能开关置于A ⎓ 直流量程范围或A ~ 交流量程范围，并将测试表笔串联到被测电流的电路中。如果不知道被测电流范围，则首先将功能开关置于最大量程后，视情况降至合适量程。如果显示“1”表示过量程，功能开关应置于更高量程。

（4）二极管测量：把转换开关拨到有二极管图形符号所指示的挡位上。红表笔接正极，黑表笔接负极，应有相应的测量数据显示。若把红表笔接负极，黑表笔接正极，表的读数应为“1”。若正反测量都不符合要求，则说明二极管已损坏。

（5）短路线的检查：将功能开关拨到短路测量的挡位上，将红黑表笔接入要检查的线路两端。如电阻小于 50 Ω，则万用表发出声音。

（6）电容测量：将红表笔插入 COM 插孔，黑表笔插入 mACx 插孔，将量程开关转至相应的电容量程上，表笔对应极性接入被测电容。如果不知道被测电容范围，则首先将功能开关置于最大量程后，视情况降至合适量程。

（7）温度测量：选用℃量程，将热电偶传感器的两端分别接入，正极接 COM 插孔，负极接 mA 插孔，从屏幕上直接读数。

（8）三极管测量：选用 hFE 量程，用专用附件测试，正极接 COM 插孔，负极接 mA 插孔。

（9）使用注意事项：在使用万用表测量前一定要先检查测量挡位和所选量程是否正确，如果不知道所测量的大致范围，应先把测量挡置于最高挡，通过测量其值后再换合适的挡测量，以得到比较精确的数值。换功能和量程时，表笔应离开测试点。在测量电阻时，应注意一定不要带电测量。在使用完毕后，将测量选择挡置于交流 750 V 以上，这样在下次测量时无论误测什么参数，都不会引起万用表损坏。

任务 2.2　电流表的使用

【任务要点】

（1）熟知电流表的结构原理。

（2）熟练掌握直流电流表、交流电流表的测量程序。

（3）熟练进行直流电流、交流电流的测量操作。

【任务准备】

（1）所需设备：直流电流表、交流电流表。

（2）所需物品：低压直流电路、低压交流电路。

【任务实施】

2.2.1　电流表基本知识

电流表是指用来测量交、直流电路中电流的仪表。在电路图中，电流表的符号为“Ⓐ”。电流值以“安”或“A”为标准单位。根据测量电路的不同，电流表又可以分为直流电流表和交流电流表。

1. 直流电流表

直流电流表主要采用磁电系或电动系测量机构，这些测量机构的测量基本量是电流，可用来直接测小电流。对于大量值的直流电流，磁电系测量机构要使用分流器，也就是并联电阻。它的作用是将大部分被测电流分流。对约 10 A 以下的电流多采用内附分流器；对更大的电流值，则使用专用分流器。它采取四端结构，具有两个电流端、两个电位端。其电阻值的选择条件为：当标称电流通过该分流器时，其电位端间的电压为45 mV或75 mV；以量程为45 mV或75 mV的磁电系毫伏表测此电压值，而表盘上则以电流值为刻度。对于电动系测量机构，扩大测量电流量程的方法是：① 加粗静圈的导线，同时减少匝数以保持安匝值不变；② 将两静圈由串联改为并联，可使量程扩大一倍。利用分流器和数字电压表可构成直流数字电流表。

磁电系电流表是根据通电导体在磁场中受磁场力的作用而制成的。电流表内部有一永磁体，在极间产生磁场，在磁场中有一个线圈，线圈两端各有一个游丝弹簧，弹簧各连接电流表的一个接线柱，在弹簧与线圈间由一个转轴连接，在转轴相对于电流表的前端，有一个指针。由于磁场力的大小随电流增大而增大，所以就可以通过指针的偏转角度来观察电流的大小。平时实验室里常见的电流表就是磁电系电流表，如图2-2-1所示。

电动系测量机构是利用两个通电线圈之间的电动力来产生转动力矩的，它有固定线圈和可动线圈两个线圈。固定线圈分为平行排列、互相对称的两部分，中间留有空隙，以便穿过转轴。改变固定线圈两部分之间的串并联关系可以得到不同的电流量程。可动线圈与转轴固定接在一起，转轴上装有指针和空气阻尼器的阻尼片。游丝用来产生反作用力矩，并起引导电流的作用。其组成如图2-2-2所示。

图2-2-1 磁电系电流表

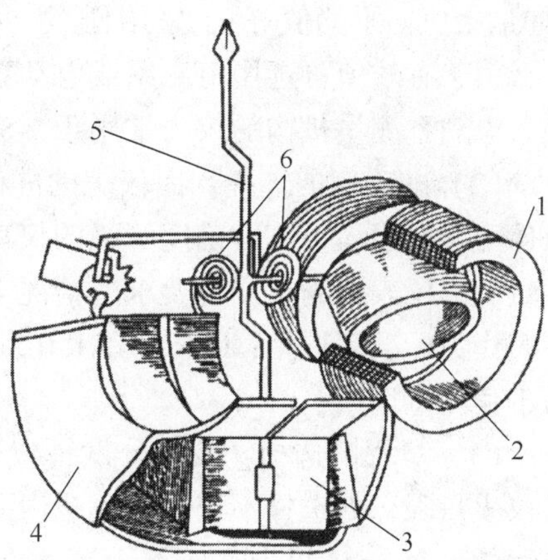

图2-2-2 电动系测量机构组成

1—固定线圈；2—可动线圈；3—阻尼片；4—阻尼盒；5—指针；6—游丝

电动系电流表的工作原理是：当固定线圈通过电流 I_1 时，将建立一个磁场，通过 I_2 电流的可动线圈处于固定线圈的磁场中，将受到磁场作用的电磁力，结果使仪表可动部分在转动力矩作用下发生偏转，直到与游丝产生的反作用力矩相平衡为止，指针停在某一刻度上，便可读出指示值。

电动系电流表的特点是：准确度高，测量中读数易受外磁场影响；过载能力小，本身功耗大；可以交、直两用，可以用来测量非正弦电流的有效值；适用于交流精密测量，可制成便携式交、直流两用的电流表。

2. 交流电流表

交流电流表可采用电磁系或电动系测量机构。为使电磁系测量机构也能用于测量交流电流，可利用整流器或热电偶等器件先将交流转换为直流；由它们组合而成的电流表分别称为整流式电流表、热电式电流表。为扩大量程以测量大电流，电磁系测量机构要按比例减少线圈匝数，并加粗导线。用电动系测量机构构成电流表时，动圈与静圈并联，其最低量程约为几十毫安。为提高量程，要减少静圈匝数，并加粗导线，或将两个静圈由串联改为并联，则电流表的量程将增大一倍。用整流式电流表测交流电流时，仅当交流电为正弦波形时，电流表读数才正确。为扩大量程也可利用分流器。通常可利用分流器和交流数字电压表构成交流数字电流表。此外，也可用热电式电流表测量机构测量高频电流。在电力系统中使用的大量程交流电流表多是用5 A或1 A的电磁系电流表，并配以适当电流变比的电流互感器。

波形非正弦对电磁系、电动系、热电式电流表影响较小。整流式电流表限定用于正弦波形下，数字电流表也有类似限制。电力系统中为了测量非正弦电流可采用内含变换器的电流表。测量大电流时，须配合专用分流器及电流互感器使用。

2.2.2 电流表的选择与使用

1. 电流表的选择

(1) 类型的选择：当被测量是直流时，应选直流表，即磁电系测量机构的仪表。当被测量是交流时，应注意其波形与频率。若为正弦波，只需测出有效值即可换算为其他值(如最大值、平均值等)，采用任意一种交流表即可；若为非正弦波，则应区分需测量的是什么值，有效值可选用电磁系或电动系测量机构的仪表，平均值则选用整流系测量机构的仪表。电动系测量机构的仪表常用于交流电流和电压的精密测量。

(2) 准确度的选择：因仪表的准确度越高，价格越贵，维修也较困难。而且，若其他条件配合不当，再高准确度等级的仪表，也未必能得到准确的测量结果。因此，在选用准确度较低的仪表可满足测量要求的情况下，就不要选用高准确度的仪表。通常0.1级和0.2级仪表作为标准表选用；0.5级和1.0级仪表作为实验室测量使用；1.5级以下的仪表一般作为工程测量选用。

(3) 量程的选择：要充分发挥仪表准确度的作用，还必须根据被测量的大小，合理选用仪表量限，如选择不当，其测量误差将会很大。一般使仪表对被测量的指示大于仪表最大量程的1/2～2/3以上，而不能超过其最大量程。

(4) 内阻的选择：选择仪表时，还应根据被测阻抗的大小来选择仪表的内阻，否则会带来较大的测量误差。因内阻的大小反映仪表本身功率的消耗，所以，测量电流时，应选用内阻尽可能小的电流表。

2. 直流电流表的使用

在使用直流电流表时应该注意：

(1) 电流表要与用电器串联在电路中（不能接在电池两端，否则短路就会烧坏电流表）。

(2) 电流要从“+”接线柱入，从“-”接线柱出（否则指针反转，容易把指针打弯）。

(3) 被测电流不要超过电流表的量程（可以采用试触的方法来看是否超过量程）。

(4) 绝对不允许不经过用电器而把电流表连到电源的两极上（电流表内阻很小，相当于一根导线。若将电流表连到电源的两极上，轻则指针打歪，重则烧坏电流表、电源、导线)。

使用步骤为：

(1) 校零，用平口改锥调整校零按钮。

(2) 选用量程（用经验估计或采用试触法)，先看清电流表的量程，一般在表盘上有标记，确认分度值（每格表示多少安培)。可以先试触一下，若指针摆动不明显，则换小量程的表。若指针摆动大角度，则换大量程的表。一般指针在表盘中间左右，读数比较合适。

(3) 读数：看清电流表的量程；计算电流表的分度值（一般而言，量程0～3 A分度值为0.1 A，量程0～0.6 A分度值为0.02 A)；看清指针停留位置（一定从正面观察)，读出此时电流值大小。

3. 钳形电流表的使用

结构及原理：钳形电流表（简称钳形表）实质上是由一只电流互感器、钳形扳手和一只整流式磁电系有反作用力仪表所组成。结构如图2－2－3所示。

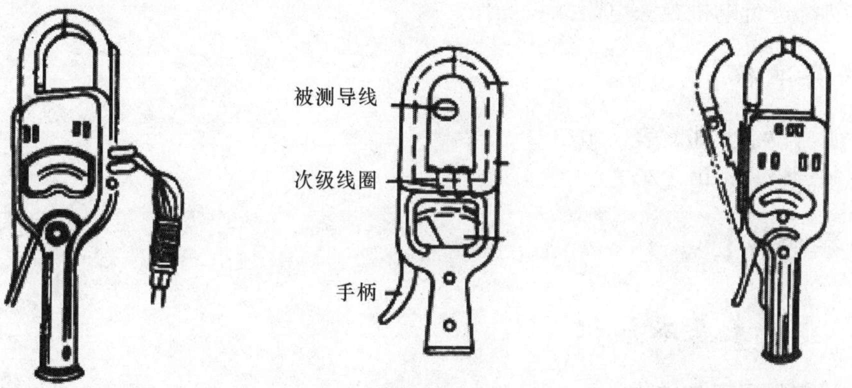

图2－2－3 钳形电流表结构

使用钳形表测量前，应先估计被测电流的大小以合理选择量程。使用钳形表时，被测载流导线应放在钳口内的中心位置，以减小误差；钳口的结合面应保持接触良好，若有明显噪声或表针振动厉害，可将钳口重新开合几次或转动手柄；在测量较大电流后，为减小剩磁对测量结果的影响，应立即测量较小电流，并把钳口开合数次；测量较小电流时，为使该数较准确，在条件允许的情况下，可将被测导线多绕几圈后再放进钳口进行测量（此时的实际电流值应为仪表的读数除以导线的圈数)。

使用时，将量程开关转到合适位置，手持胶木手柄，用食指勾紧铁芯开关，便于打开铁芯。将被测导线从铁芯缺口引入到铁芯中央，然后放松食指，铁芯即自动闭合。被测导线的电流在铁芯中产生交变磁通，表内感应出电流，即可直接读数。

在较小空间内（如配电箱等）测量时，要防止因钳口的张开而引起相间短路。

注意事项：

(1) 使用前应检查外观是否良好，绝缘有无破损，手柄是否清洁、干燥。

(2) 测量时应戴绝缘手套或干净的线手套，并注意保持安全间距。

(3) 测量过程中不得切换挡位。

(4) 钳形表只能用来测量低压系统的电流，被测线路的电压不能超过钳形表所规定的使用电压。

（5）每次测量只能钳入一根导线。

（6）若不是特别必要，一般不测量裸导线的电流。

（7）测量完毕应将量程开关置于最大挡位，以防下次使用时，因疏忽大意而造成仪表的意外损坏。

任务 2.3　兆欧表的使用

【任务要点】

（1）熟知兆欧表的结构原理。

（2）熟练掌握兆欧表的使用程序。

（3）熟练进行电机绝缘电阻测量操作。

【任务准备】

（1）所需设备：兆欧表、电机。

（2）所需物品：电工手套。

【任务实施】

2.3.1　兆欧表基本知识

1. 兆欧表的原理与结构

兆欧表俗称摇表、绝缘摇表或表格表，其外形与工作原理如图 2－3－1 所示。兆欧表主要用来测量电气设备的绝缘电阻，如电动机、电气线路的绝缘电阻，判断设备或电路有无漏电现象、绝缘损坏或短路。

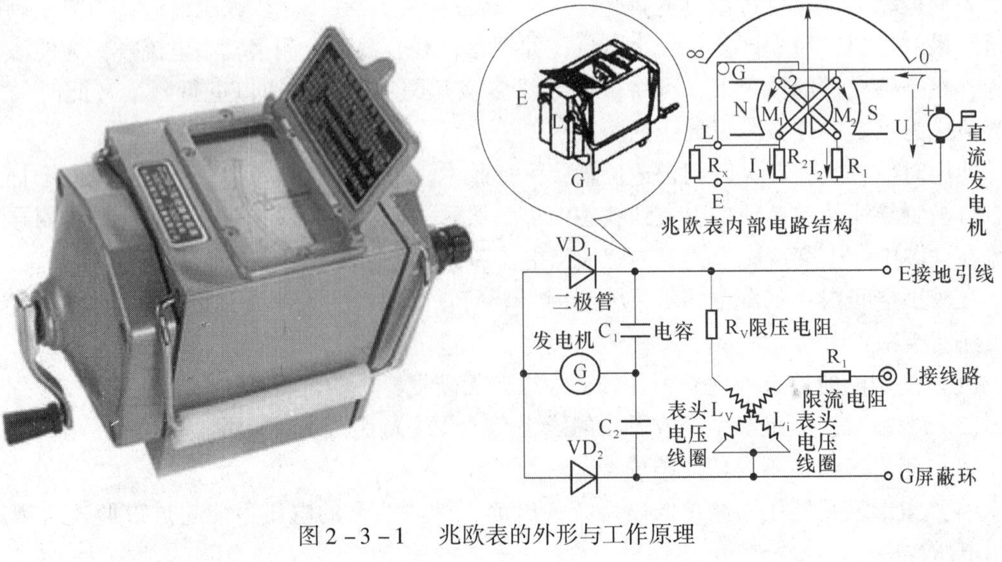

图 2－3－1　兆欧表的外形与工作原理

与兆欧表表针相连的有两个线圈，一个同表内的附加电阻 R_f 串联，另一个和被测电阻 R 串联，然后一起接到手摇发电机上。当摇动发电机时，两个线圈中同时有电流通过，在两个线圈上产生方向相反的转矩，表针就随着两个转矩的合成转矩的大小而偏转某一角度。

这个偏转角度决定于两个电流的比值，附加电阻是不变的，所以电流值仅取决于待测电阻的大小。

选择使用兆欧表时，一般规定测量额定电压在 500 V 以上的电气设备的绝缘电阻时，必须选用 1 000 ~ 2 000 V 兆欧表。测量 500 V 以下电压的电气设备，则以选用 500 V 兆欧表为宜。

兆欧表上有三个接线柱，两个较大的接线柱上分别标有 L（线路）、E（接地），另一个较小的接线柱上标有 G（屏蔽）。其中，L 接被测设备或线路的导体部分，E 接被测设备或线路的外壳或大地，G 接被测对象的屏蔽环（如电缆壳芯之间的绝缘层上）或不需测量的部分。兆欧表常见的接线方法如图 2-3-2 所示。

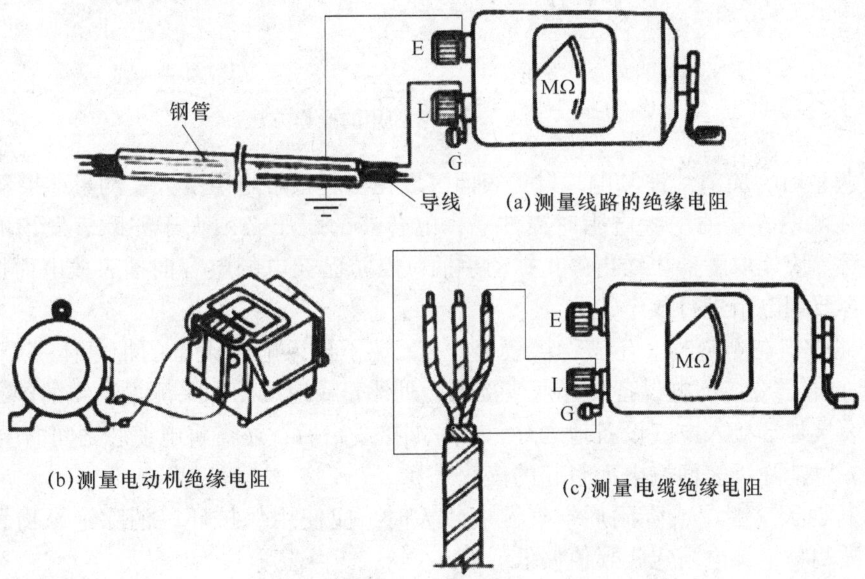

(a) 测量线路的绝缘电阻

(b) 测量电动机绝缘电阻

(c) 测量电缆绝缘电阻

图 2-3-2 兆欧表常见的接线方法

2. 兆欧表的使用方法与注意事项

1）使用方法

线路接好后，可按顺时针方向转动兆欧表的发电机手柄，使发电机转子发出的电压供测量使用。手柄的转速应由慢而快，当转速达到一定值时，要保持转速均匀稳定（一般普通兆欧表转速为 120 r/min 左右）。当兆欧表的发电机转速稳定后，表盘上的指针也稳定下来，这时表针指示的数值就是所测得的绝缘电阻值。

2）注意事项

（1）正确选择其电压和测量范围。50 ~ 380 V 的用电设备检查绝缘情况，可选用 500 V 兆欧表。500 V 以下的电气设备，兆欧表应选用读数从零开始的，否则不易测量。

（2）选用兆欧表外接导线时，应选用单根的多股铜导线，不能用双股绝缘线，绝缘强度要在 500 V 以上，否则会影响测量的精确度。

(3) 测量电气设备绝缘电阻时，测量前必须先断开设备的电源，并验明无电。如果是电容器或较长的电缆线路，应放电后再测量。

(4) 兆欧表在使用时必须远离强磁场，并且平放。摇动兆欧表时，切勿使表受震动。

(5) 在测量前，兆欧表应先做一次开路试验，然后再做一次短路试验，表针在开路试验中应指到“∞”(无穷大) 处；而在短路试验中能摆到“0”处，表明兆欧表工作状态正常，可测电气设备。兆欧表使用的操作方法如图 2－3－3 所示。

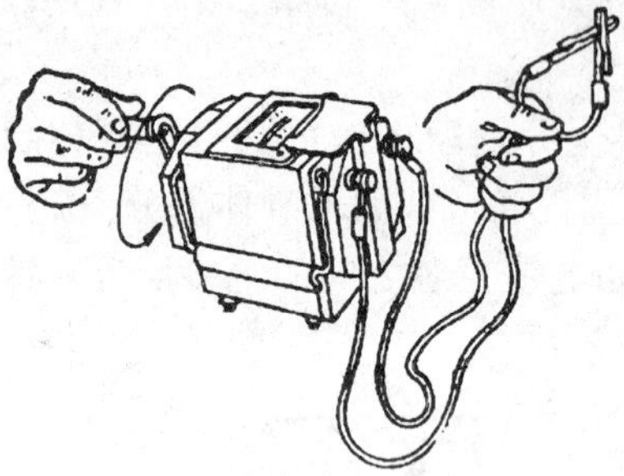

(a) 校试

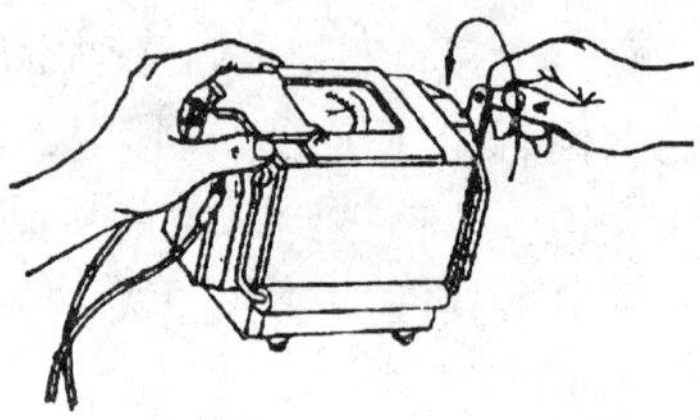

(b) 测量

图 2－3－3　兆欧表使用的操作方法

(6) 测量时，应清洁被测电气设备表面，以免引起接触电阻变大，测量结果不准。

(7) 在测电容器的绝缘电阻时需注意，电容器的耐压必须大于兆欧表发出的电压值。测完电容后，应先取下摇表线再停止摇动手柄，以防已充电的电容向摇表放电而损坏仪表。测完的电容要用电阻进行放电。

(8) 兆欧表在测量时，还需将摇表上“L”端子接入电气设备的带电体一端，而标有“E”接地的端子应接配电设备的外壳或接电动机外壳或地线。如果测量电缆的绝缘电阻时，除把兆欧表接地端接入电气设备地之外，另一端接线路后，还需将电缆芯之间的内层绝缘物接保护环，以消除因表面漏电而引起的读数误差。

(9) 若遇天气潮湿或降雨后空气湿度较大时，应使用保护环以消除绝缘物表面泄流，否则会使被测物绝缘电阻比实际值偏低。

(10) 使用兆欧表完毕后也应对电气设备进行一次放电。

(11) 使用兆欧表时，要保持一定的转速，按兆欧表的规定一般为 120 r/min，容许变动 ±20%，在 1 min 后取一稳定读数。测量时不要用手触摸被测物及兆欧表接线柱，以防触电。

(12) 摇动兆欧表手柄，应先慢再逐渐加快，待调速器发生滑动后应保持转速稳定不变。如果被测电气设备短路，表针摆动到“0”时，应停止摇动手柄，以免兆欧表过流发热烧坏。

(13) 兆欧表在不使用时应放于固定柜橱内，周围环境不宜太冷或太热，切忌放于污秽、潮湿的地面上，并避免置于含侵蚀作用的气体附近，以免兆欧表内部线圈、导流片等零件发生受潮、生锈、腐蚀等现象。

(14) 应尽量避免长期剧烈震动，而造成表头轴尖变秃或宝石破裂，影响指示。

(15) 禁止在雷电时或在附近有带高压导体的设备上用兆欧表进行测量，只有在设备不带电又不可能受其他电源感应而带电时才能进行测量。兆欧表在使用前应放置在平稳的地方，以免在摇动手柄的时候，因表身抖动和倾斜产生较大的测量误差。

2.3.2　几种兆欧表的使用方法

1. 使用兆欧表测量电动机绝缘电阻

拆开电动机绕组的Y形或△形连接。用兆欧表的两接线柱 E 和 L 分别接电动机的两相绕组，如图 2－3－4 所示。摇动兆欧表的发电机手柄并读数。此接法测出的是电动机绕组的相间绝缘电阻。电动机绕组对地绝缘电阻的测量接线方法为：接线柱 E 接电动机机壳（应清除机壳上接触处的漆或锈等），接线柱 L 接电动机绕组，然后进行摇测。兆欧表指针指向零时，证明电动机线圈或设备绝缘损坏；指针如指向“∞”值，表明线圈或设备与外壳绝缘良好。使用兆欧表时，用导线将兆欧表 L 端和 E 端分别连接在电动机两绕组的接线端上，然后进行摇测。兆欧表指针指向零时，证明电动机线圈通路；指针如指向“∞”值，表明线圈已断线。兆欧表在使用后应将 L、E 两导线短接，对兆欧表做放电工作，以免发生触电事故。

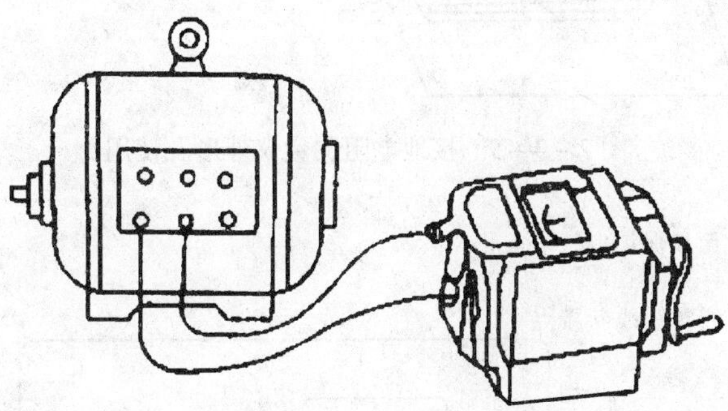

图 2－3－4　使用兆欧表测量电动机绕组相间绝缘电阻

2. 使用接地电阻测量仪测量接地电阻

1）接地电阻测量仪结构

接地电阻测量仪又称接地摇表，主要用于接地装置安装后，检验接地电阻是否符合要求。它的外形与兆欧表相似，主要由手摇发动机、电流互感器、滑线电阻器及检流计组成。全部机构装在铝合金铸造的便携式外壳中，常用的接地电阻测量仪有三端式和四端式之分，三端式用于一般测量，四端式用于测量小于 1 Ω 的电阻。接地电阻测量仪附件有两个探针、三根连接导线。其外形及使用如图 2－3－5 所示。其中 5 m 长导线用于连接被测接地体，20 m 长导线连接电位探针，40 m 长导线连接电流探针。

2）接地电阻测量方法

（1）探针埋设。把电位探针插在距被测体 20 m 处，电流探针插在距被测体 40 m 处，三者成直线布置，如图 2－3－6 所示。

（2）连接导线。将被测体、电位探针、电流探针分别接在接地电阻测量仪 E、P、C 三个端钮上。

（3）仪表校正。接地电阻测量仪安放在水平位置上，使检流计的指针位于中心线上。如不在中心线上，可用零位调整器进行校对。

（4）粗调平衡。将粗调旋钮盘置于最大倍率，然后摇动发电机的摇柄，同时逐渐旋转

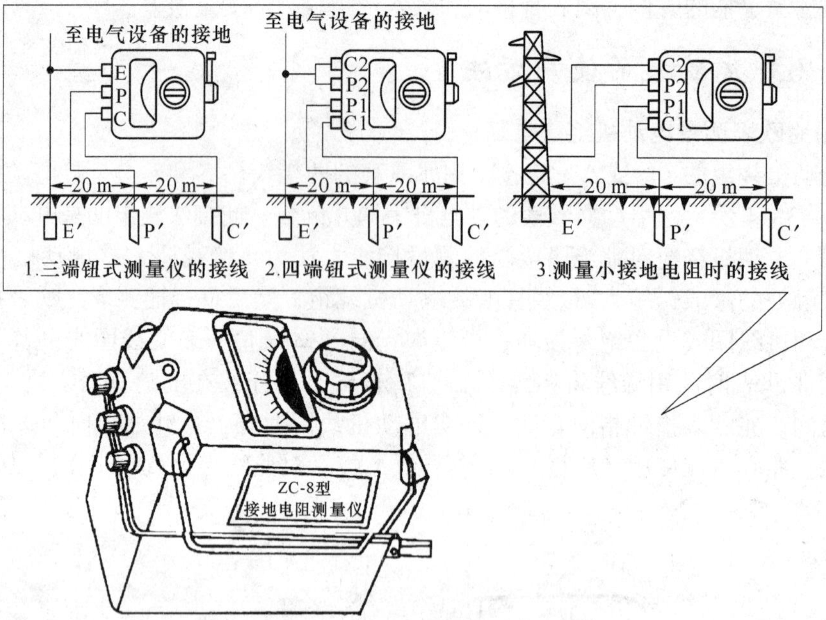

图 2-3-5　接地电阻测量仪外形及使用

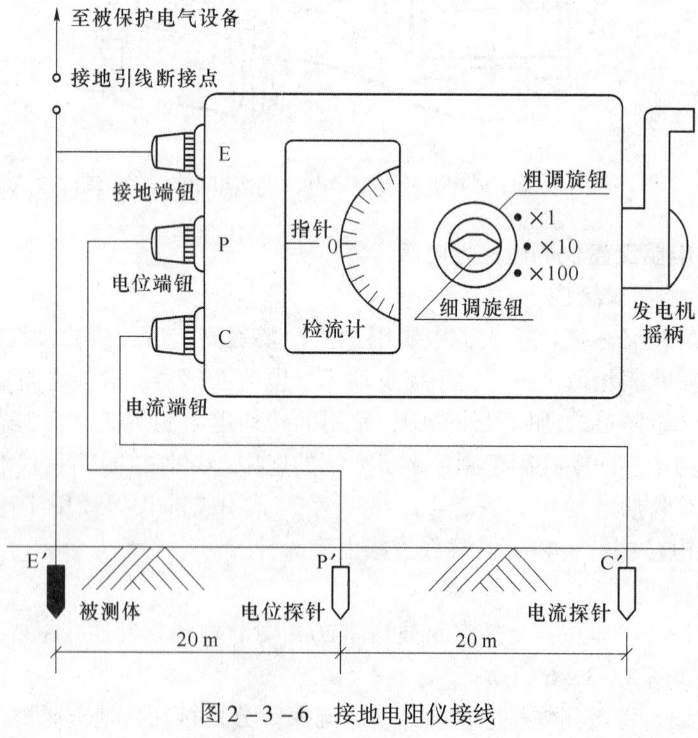

图 2-3-6　接地电阻仪接线

调整细调旋钮，即测量标度盘，使检流计的指针尽可能靠近中心。

（5）细调平衡。当检流计的指针接近平衡时，加快发电机摇柄的速度并稳定在 120 r/min，调整测量标度盘使检流计指针指于中心线。

（6）选择小倍率。如细调旋钮盘的指数小于1时，应将粗调旋钮盘置于较小倍率，再重新调整以获得较正确的读数。

（7）读取数据。用细调旋钮盘的读数乘以粗调旋钮盘的倍率，即为接地电阻的阻值。

任务2.4 信号发生器的使用

【任务要点】

（1）熟知信号发生器的种类与作用。

（2）熟练掌握几种信号发生器的使用程序。

（3）熟练进行固定信号输出操作。

【任务准备】

（1）所需设备：几种信号发生器、示波器。

（2）所需物品：实验手套。

【任务实施】

2.4.1 信号发生器基本知识

1. 信号发生器的作用

信号发生器是指产生所需参数的电测试信号的仪器。按信号波形可分为正弦信号、函数（波形）信号、脉冲信号和随机信号发生器等四大类。信号发生器又称信号源或振荡器，在生产实践和科技领域中有着广泛的应用。能够产生多种波形的信号发生器，如产生三角波、锯齿波、矩形波（含方波）、正弦波的信号发生器称为函数信号发生器。

信号发生器是用来产生振荡信号的一种仪器，为使用者提供需要的稳定、可信的参考信号，并且信号的特征参数完全可控。所谓可控信号特征，主要是指输出信号的频率、幅度、波形、占空比、调制形式等参数都可以人为地控制设定。随着科技的发展，实际应用到的信号形式越来越多，越来越复杂，频率也越来越高，所以信号发生器的种类也越来越多，同时信号发生器的电路结构形式也不断向着智能化、软件化、可编程化发展。

2. 信号发生器的分类

信号发生器所产生的信号在电路中常常用来代替前端电路的实际信号，为后端电路提供一个理想信号。由于信号源信号的特征参数均可人为设定，所以可以方便地模拟各种情况下不同特性的信号，对于产品研发和电路实验特别有用。在电路测试中，可以通过测量、对比输入和输出信号，来判断信号处理电路的功能和特性是否达到设计要求。例如，用信号发生器产生一个频率为1 kHz的正弦波信号，输入一个被测的信号处理电路（功能为正弦波输入、方波输出），在被测电路输出端可以用示波器检验是否有符合设计要求的方波输出。高精度的信号发生器在计量和校准领域也可以作为标准信号源（参考源），待校准仪器以参考源为标准进行调校。由此可看出，信号发生器可广泛应用在电子研发、维修、测量、校准等领域。

1）正弦信号发生器

正弦信号主要用于测量电路和系统的频率特性、非线性失真、增益及灵敏度等。按频率覆盖范围分为低频信号发生器、高频信号发生器和微波信号发生器；按输出电平可调节范围和稳定度分为简易信号发生器（即信号源）、标准信号发生器（输出功率能准确地衰减到 -100 dBm以下）和功率信号发生器（输出功率达数十毫瓦以上）；按频率改变的方式分为调谐式信号发生器、扫频式信号发生器、程控式信号发生器和频率合成式信号发生器等，如图2-4-1所示。

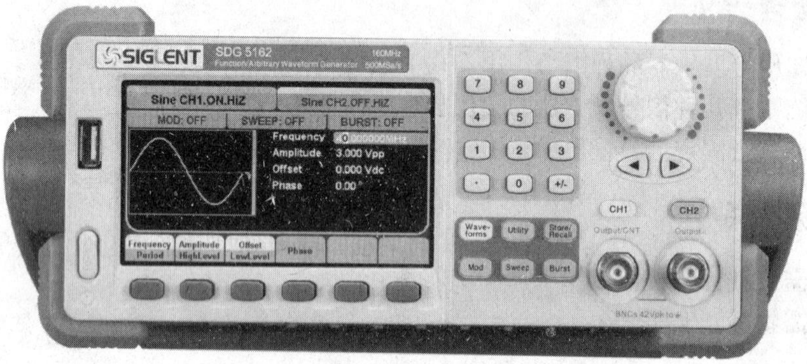

图2-4-1　正弦信号发生器

2）低频信号发生器

包括音频（200～20 000 Hz）和视频（1 Hz～10 MHz）正弦波发生器。主振级一般用RC式振荡器，也可用差频振荡器。为便于测试系统的频率特性，要求输出幅频特性平和，波形失真小。

3）高频信号发生器

包括频率为100 kHz～30 MHz的高频、30～300 MHz的甚高频信号发生器。一般采用LC调谐式振荡器，频率可由调谐电容器的度盘刻度读出。主要用途是测量各种接收机的技术指标。输出信号可用内部或外加的低频正弦信号调幅或调频，使输出载频电压能够衰减到1 μV以下。图2-4-2所示的高频信号发生器的输出信号电平能准确读数，所加的调幅度或频偏也能用电表读出。此外，仪器还有防止信号泄漏的良好屏蔽。

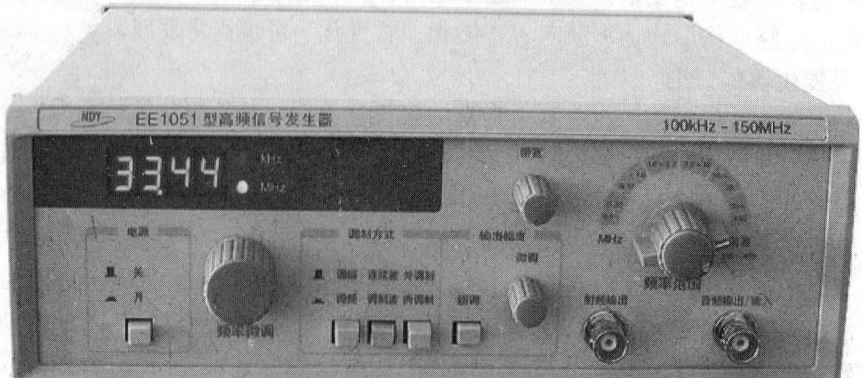

图2-4-2　高频信号发生器

4）微波信号发生器

此为从分米波直到毫米波波段的信号发生器。信号通常由带分布参数谐振腔的超高频三极管和反射速调管产生，但有逐渐被微波晶体管、场效应管和耿氏二极管等固体器件取代的趋势。仪器一般靠机械调谐腔体来改变频率，每台可覆盖一个倍频程左右，由腔体耦合出的信号功率一般可达 10 mW 以上。简易信号源只要求能加 1 000 Hz 方波调幅，而标准信号发生器则能将输出基准电平调节到 1 mW，再从后面的衰减器读出信号电平的分贝毫瓦值；还必须有内部或外加矩形脉冲调幅，以便测试雷达等接收机，如图 2-4-3 所示。

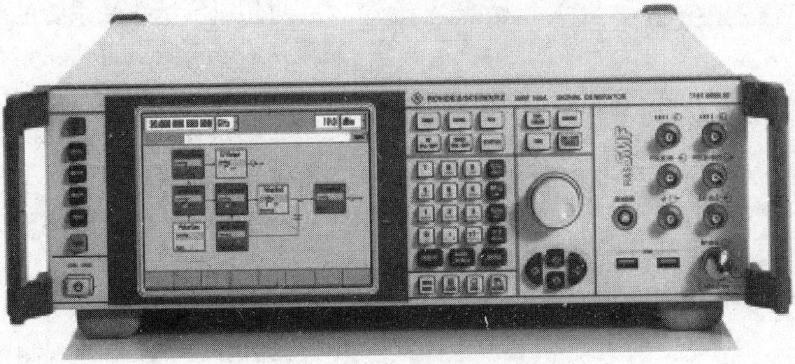

图 2-4-3 微波信号发生器

5）函数信号发生器

函数信号发生器又称波形发生器，如图 2-4-4 所示。它能产生某些特定的周期性时间函数波形（主要是正弦波、方波、三角波、锯齿波和脉冲波等）信号。频率范围可从几毫赫甚至几微赫的超低频直到几十兆赫。除供通信、仪表和自动控制系统测试用外，还广泛用于其他非电测量领域。

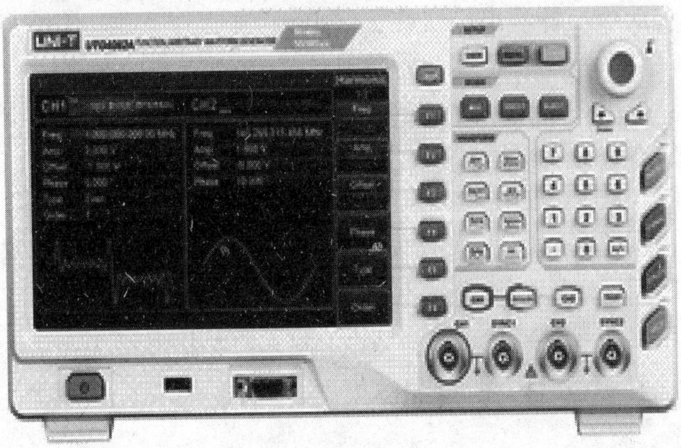

图 2-4-4 函数信号发生器

产生上述波形的方法之一，是将积分电路与某种带有回滞特性的阈值开关电路（如施密特触发器）相连成环路，积分器能将方波积分成三角波。施密特电路又能使三角波上升到某一阈值或下降到另一阈值时发生跃变而形成方波，频率除能随积分器中的 RC 值的变化而改变外，还能用外加电压控制两个阈值而改变。将三角波另行加到由很多不同偏置二极管组成的整形网络，形成许多不同斜度的折线段，便可形成正弦波。另一种构成方式是用频率合成器产生正弦波，再对它多次放大、削波而形成方波，再将方波积分成三角波和正、负斜率的锯齿波等。这些函数信号发生器的频率都可电控、程控、锁定和扫频，仪器除工作于连续波状态外，还能按键控、门控或触发等方式工作。

6）脉冲信号发生器

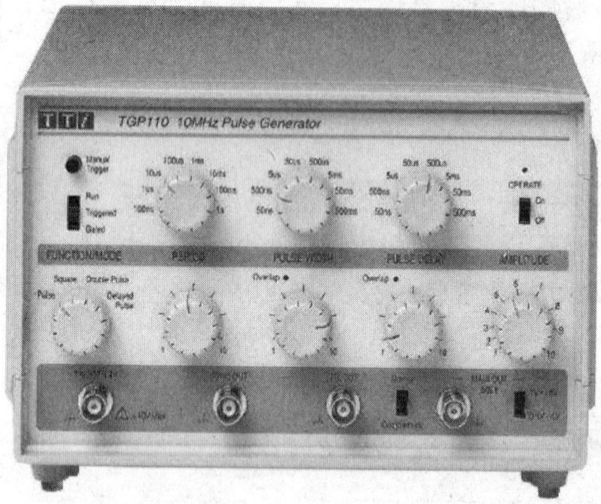

图 2－4－5　脉冲信号发生器

此为产生宽度、幅度和重复频率可调的矩形脉冲的发生器，如图 2－4－5 所示。可用以测试线性系统的瞬态响应，或用模拟信号来测试雷达、多路通信和其他脉冲数字系统的性能。脉冲信号发生器主要由主控振荡器、延时级、脉冲形成级、输出级和衰减器等组成。主控振荡器通常为多谐振荡器之类的电路，除能自激振荡外，主要按触发方式工作。通常在外加触发信号之后首先输出一个前置触发脉冲，以便提前触发示波器等观测仪器，然后再经过一段可调节的延迟时间才输出主信号脉冲，其宽度可以调节。有的能输出成对的主脉冲，有的能分两路分别输出不同延迟的主脉冲。

2.4.2　信号发生器基本操作

（1）将电源线接入 220 V/50 Hz 交流电源上。应注意三芯电源插座的地线脚应与大地妥善接好，避免干扰。

（2）开机前应把面板上各输出旋钮旋至最小。

（3）为了得到足够的频率稳定度，需预热。

（4）频率调节：按下相应的按键，然后再调节至所需要的频率。

（5）波形转换：根据需要波形种类，按下相应的波形键位。波形选择键是：正弦波、矩形波、尖脉冲、TTL 电平。

（6）幅度调节：正弦波与脉冲波幅度分别由正弦波幅度和脉冲波幅度调节。不要做人为的频繁短路实验。

（7）输出选择：根据需要选择“ON/OFF”键，否则没有输出。

2.4.3　信号发生器基本应用

1. 用信号发生器产生信号

（1）波形选择，例如选择“∽”键，输出信号即为正弦波信号。

（2）频率选择，例如选择“kHz”键，输出信号频率以 kHz 为单位，然后通过旋钮或按键进行输出信号频率调节。

必须说明的是：信号发生器的测频电路的调节，按键和旋钮要求缓慢调节；信号发生器本身能显示输出信号的值，当输出电压不符合要求时，需要另配交流毫伏表测量输出电压，选择不同的衰减再配合调节输出正弦信号的幅度，直到输出电压达到要求。

若要观察输出信号波形，可把信号输入示波器。需要输出其他信号，可参考上述步骤操作。

2. 用信号发生器测量电子电路的灵敏度

信号发生器发出与电子电路相同模式的信号，然后逐渐减小输出信号的幅度（强度），同时监测输出的水平。当电子电路输出有效信号与噪声的比例劣化到一定程度时（一般灵敏度测试信噪比标准 $S/N = 12$ dB），信号发生器输出的电平数值就等于所测电子电路的灵敏度。在此测试中，信号发生器模拟了信号，而且模拟的信号强度是可以人为控制调节的。

用信号发生器测量电子电路的灵敏度，其标准的连接方法是：信号发生器信号输出通过电缆接到电子电路输入端，电子电路输出端连接示波器输入端。

3. 用信号发生器测量电子电路的通道故障

信号发生器可以用来查找通道故障，其基本原理是：由前级往后级，逐一测量接收通路中每一级放大和滤波器，找出哪一级放大电路没有达到设计应有的放大量或者哪一级滤波电路衰减过大。信号发生器在此扮演的是标准信号源的角色。信号源在输入端输入一个已知幅度的信号，然后通过超电压表或者频率足够高的示波器，从输入端口逐级测量增益情况，找出增益异常的单元，再进一步细查，最后确诊存在故障的零部件。

任务2.5　示波器的使用

【任务要点】

（1）熟知两种示波器的结构原理。

（2）熟练掌握两种示波器的操作程序。

（3）熟练进行获取信号显示的操作。

【任务准备】

（1）所需设备：模拟示波器、数字示波器、信号发生器。

（2）所需物品：实验手套。

【任务实施】

2.5.1　示波器基本知识

1. 示波器概述

示波器，就是显示波形的机器，它还被称为电子工程师的眼睛。它的核心功能就是为了把被测信号的实际波形显示在屏幕上，以供操作者查找定位问题或评估系统性能等。它的发展经历了模拟和数字两个时代，具体如图2-5-1所示。

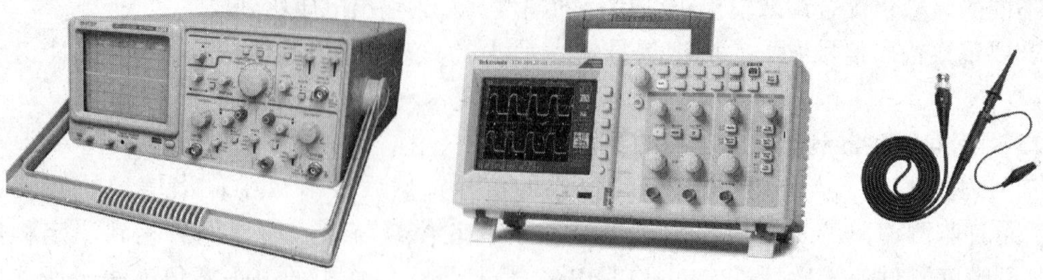

(a) 模拟示波器　　(b) 数字示波器　　(c) 示波器探头

图 2-5-1　示波器

2. 模拟示波器工作原理

模拟示波器是利用电子示波管的特性，将人眼无法直接观测的交变电信号转换成图像，显示在荧光屏上以便测量的电子测量仪器。它是观察数字电路实验现象、分析实验中的问题、测量实验结果必不可少的重要仪器。示波器由示波管和电源系统、同步系统、*X* 轴偏转系统、*Y* 轴偏转系统、延迟扫描系统、标准信号源组成。

1）示波管

阴极射线管（CRT）简称示波管，是示波器的核心。它将电信号转换为光信号。示波管的内部结构如图 2-5-2 所示。荧光屏、电子枪、偏转系统三部分密封在一个真空玻璃壳内，构成了一个完整的示波管。

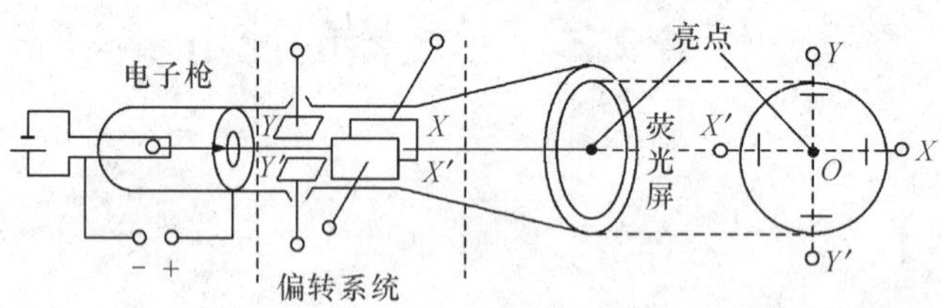

图 2-5-2　示波管的内部结构

2）荧光屏

现在的示波管荧光屏通常是矩形平面，内表面沉积一层磷光材料构成荧光膜。在荧光膜上常又增加一层蒸发铝膜。高速电子穿过铝膜，撞击荧光粉而发光形成亮点。铝膜具有内反射作用，有利于提高亮点的辉度。铝膜还有散热等其他作用。

当电子停止轰击后，亮点不能立即消失而要保留一段时间。亮点辉度下降到原始值的 10% 所经过的时间叫作“余辉时间”。余辉时间短于 10 μs 为极短余辉，10 μs ~ 1 ms 为短余辉，1 ms ~ 0.1 s 为中余辉，0.1 ~ 1 s 为长余辉，大于 1 s 为极长余辉。一般的示波器配备中余辉示波管，高频示波器选用短余辉示波管，低频示波器选用长余辉示波管。

由于所用磷光材料不同，荧光屏上能发出不同颜色的光。一般示波器多采用发绿光的示波管，以保护人的眼睛。

3）电子枪及聚焦

电子枪由灯丝（F）、阴极（K）、栅极（G1）、前加速极（G2）（或称第二栅极）、第一阳极（A1）和第二阳极（A2）组成。它的作用是发射电子并形成很细的高速电子束。灯丝通电加热阴极，阴极受热发射电子。栅极是一个顶部有小孔的金属圆筒，套在阴极外面。由于栅极电位比阴极低，对阴极发射的电子起控制作用，一般只有运动初速度大的少量电子，在阳极电压的作用下能穿过栅极小孔，奔向荧光屏。初速度小的电子仍返回阴极。如果栅极电位过低，则全部电子返回阴极，即管子截止。调节电路中的 W1 电位器，可以改变栅极电位，控制射向荧光屏的电子流密度，从而达到调节亮点的辉度。第一阳极、第二阳极和前加速极都是与阴极在同一条轴线上的三个金属圆筒。G2 与 A2 相连，所加电位比 A1 高。G2 的正电位对阴极电子奔向荧光屏起加速作用。

电子束从阴极奔向荧光屏的过程中，经过两次聚焦过程。第一次聚焦由 K、G1、G2 完成，K、G1、G2 叫作示波管的第一电子透镜。第二次聚焦发生在 G2、A1、A2 区域，调节 A2 的电位，能使电子束正好汇聚于荧光屏上的一点，这是第二次聚焦。A1 上的电压叫作聚焦电压，A1 又叫作聚焦极。有时调节 A1 电压仍不能满足良好聚焦，需微调 A2 的电压，因此 A2 又叫作辅助聚焦极。

4）偏转系统

偏转系统控制电子射线方向，使荧光屏上的光点随外加信号的变化描绘出被测信号的波形。图 2-5-2 中，Y、Y' 和 X、X' 两对互相垂直的偏转板组成偏转系统。Y 轴偏转板在前，X 轴偏转板在后，因此 Y 轴灵敏度高（被测信号经处理后加到 Y 轴）。两对偏转板分别加上电压，使两对偏转板间各自形成电场，分别控制电子束在垂直方向和水平方向偏转。

5）示波管的电源

为使示波管正常工作，对电源供给有一定要求。规定第二阳极与偏转板之间电位相近，偏转板的平均电位为零或接近为零。阴极必须工作在负电位上。栅极 G1 相对阴极为负电位（-30 ~ -100 V），而且可调，以实现辉度调节。第一阳极为正电位（约 100 ~ 600 V），也应可调，用作聚焦调节。第二阳极与前加速极相连，对阴极为正高压（约 1 000 V），相对于地电位的可调范围为 ±50 V。由于示波管各电极电流很小，可以用公共高压经电阻分压器供电。

被测信号① 接到 Y 输入端，经 Y 轴衰减器适当衰减后送至 Y 放大器（前置放大），推挽输出信号② 和③ 。经延迟级延迟 t_1 时间，到 Y' 放大器。放大后产生足够大的信号④ 和⑤，加到示波管的 Y 轴偏转板上。为了在屏幕上显示出完整的稳定波形，将 Y 轴的被测信号③引入 X 轴系统的触发电路，在引入信号的正（或者负）极性的某一电平值产生触发脉冲⑥，启动锯齿波扫描电路（时基发生器），产生扫描电压⑦。由于从触发到启动扫描有一时间延迟 t_2，为保证 Y 轴信号到达荧光屏之前 X 轴开始扫描，Y 轴的延迟时间 t_1 应稍大于 X 轴的延迟时间 t_2。扫描电压⑦经 X 轴放大器放大，产生推挽输出信号⑧和⑨，加到示波管的 X 轴偏转板上。Z 轴系统用于放大扫描电压正程，并且变成正向矩形波，送到示波管栅极。这使得在扫描正程显示的波形有某一固定辉度，而在扫描回程进行抹迹。

以上是示波器的基本工作原理。双踪显示则是利用电子开关将 Y 轴输入的两个不同的被测信号分别显示在荧光屏上。由于人眼的视觉暂留作用，当转换频率高到一定程度后，看到的是两个稳定的、清晰的信号波形。

模拟示波器中往往有一个精确稳定的方波信号发生器，供校验示波器用。

3. 数字示波器工作原理

目前，模拟示波器正在逐步被淘汰，数字示波器使用越来越广泛。下面对数字示波器进行简要介绍。

数字示波器，准确的名称是数字存储示波器，即 DSO（digital storage oscilloscope）。这里的“存储”不是指它可把波形存储到存储介质上，而是针对于模拟示波器的即时显示特性而言的。模拟示波器靠的是阴极射线管 CRT，即俗称的电子枪发射出电子束，而这束电子在根据被测信号所形成的磁场下发生偏转，从而在屏幕上显示出被测信号的波形，这个过程是即时的，中间没有任何的存储过程。而数字示波器的原理却不同。首先数字示波器利用前端 ADC 对被测信号进行快速的采样，采样速度通常可以达到每秒几百兆到几吉次，而示波器的后端显示部件是液晶屏，液晶屏的刷新速率一般只有几十到一百多赫兹。如此，前端采样的数据就可能实时地反映到屏幕上，于是就需要存储环节。示波器把前端采样来的数据暂时保存在内部的存储器，而显示刷新的时候再由存储器中提取数据，通过存储环节解决前端采样和后端显示之间的速度差异。

2.5.2 示波器的使用方法

1. 模拟示波器的使用

模拟示波器种类、型号很多，功能也不同。数字电路实验中使用较多的是 20 MHz 或者 40 MHz 的双踪示波器。这些示波器的用法大同小异。以下不针对某一型号的示波器，只是从概念上介绍模拟示波器在数字电路实验中的常用功能。

1）荧光屏

荧光屏是示波管的显示部分。屏上水平方向和垂直方向各有多条刻度线，指示出信号波形的电压和时间之间的关系。水平方向指示时间，垂直方向指示电压。水平方向分为 10 格，垂直方向分为 8 格，每格又分为 5 份。垂直方向标有 0%、10%、90%、100% 等标志，水平方向标有 10%、90% 标志，供测直流电平、交流信号幅度、延迟时间等参数使用。根据被测信号在屏幕上占的格数乘以适当的比例常数（V/DIV，TIME/DIV）能得出电压值与时间值。

2）示波管和电源系统

（1）电源（Power）：示波器主电源开关。当此开关按下时，电源指示灯亮，表示电源接通。

（2）辉度（Intensity）：旋转此旋钮能改变光点和扫描线的亮度。观察低频信号时可小些，高频信号时大些。一般不应太亮，以保护荧光屏。

（3）聚焦（Focus）：聚焦旋钮调节电子束截面大小，将扫描线聚焦成最清晰状态。

（4）标尺亮度（Illuminance）：此旋钮调节荧光屏后面的照明灯亮度。正常室内光线下，照明灯暗一些好。室内光线不足的环境中，可适当调亮照明灯。

3）垂直偏转因数和水平偏转因数

（1）垂直偏转因数选择（VOLTS/DIV）和微调。

在单位输入信号作用下，光点在屏幕上偏移的距离称为偏移灵敏度，这一定义对 X 轴和 Y 轴都适用。灵敏度的倒数称为偏转因数。垂直灵敏度的单位是为 cm/V、cm/mV 或者 DIV/mV、DIV/V，垂直偏转因数的单位是 V/cm、mV/cm 或者 mV/DIV、V/DIV。实际上因习惯用法和测量电压读数的方便，有时也把偏转因数当灵敏度。

双踪示波器中每个通道各有一个垂直偏转因数选择波段开关。一般按 1、2、5 方式从

5 mV/DIV 到5 V/DIV 分为10 挡。波段开关指示的值代表荧光屏上垂直方向一格的电压值。例如波段开关置于1 V/DIV 挡时，如果屏幕上信号光点移动一格，则代表输入信号电压变化1 V。

每个波段开关上往往还有一个小旋钮，可微调每挡垂直偏转因数。将它沿顺时针方向旋到底，处于“校准”位置，此时垂直偏转因数值与波段开关所指示的值一致。逆时针旋转此旋钮，能够微调垂直偏转因数。垂直偏转因数微调后，会造成与波段开关的指示值不一致，这点应引起注意。许多示波器具有垂直扩展功能，当微调旋钮被拉出时，垂直灵敏度扩大若干倍（偏转因数大幅缩小）。例如，如果波段开关指示的偏转因数是1 V/DIV，采用×5扩展状态时，垂直偏转因数是0. 2 V/DIV。在做数字电路实验时，在屏幕上被测信号的垂直移动距离与+5 V 信号的垂直移动距离之比常被用于判断被测信号的电压值。

（2）时基选择（TIME/DIV）和微调。

时基选择和微调的方法与垂直偏转因数选择和微调类似。时基选择也通过一个波段开关实现，按1、2、5 方式把时基分为若干挡。波段开关的指示值代表光点在水平方向移动一个格的时间值。例如在1 μs/DIV 挡，光点在屏上移动一格代表时间值1 μs。

“微调”旋钮用于时基校准和微调。沿顺时针方向旋到底处于校准位置时，屏幕上显示的时基值与波段开关所示的标称值一致。逆时针旋转旋钮，则对时基微调。旋钮被拉出后处于扫描扩展状态。通常为×10 扩展，即水平灵敏度扩大10 倍，时基缩小到1/10。例如在2 μs/DIV挡，扫描扩展状态下荧光屏上水平一格代表的时间值等于2 μs×（1/10）=0. 2μs。

示波器的标准信号源CAL，专门用于校准示波器的时基和垂直偏转因数。例如COS5041型示波器标准信号源提供一个$V_{p-p}=2$ V，$f=1$ kHz 的方波信号。

示波器前面板上的位移（Position）旋钮调节信号波形在荧光屏上的位置。旋转水平位移旋钮（标有水平双向箭头）左右移动信号波形，旋转垂直位移旋钮（标有垂直双向箭头）上下移动信号波形。

4）输入通道和输入耦合方式选择

（1）输入通道选择。

输入通道至少有三种选择方式：通道1（CH1）、通道2（CH2）、双通道（DUAL）。选择通道1 时，示波器仅显示通道1 的信号。选择通道2 时，示波器仅显示通道2 的信号。选择双通道时，示波器同时显示通道1 和通道2 的信号。测试信号时，首先要将示波器的地与被测电路的地连接在一起。根据输入通道的选择，将示波器探头插到相应通道插座上，示波器探头上的地与被测电路的地连接在一起，示波器探头接触被测点。示波器探头上有一双位开关。此开关拨到“×1”位置时，被测信号无衰减送到示波器，从荧光屏上读出的电压值是信号的实际电压值。此开关拨到“×10”位置时，被测信号衰减为1/10，然后送往示波器，从荧光屏上读出的电压值乘以10 才是信号的实际电压值。

（2）输入耦合方式。

输入耦合方式有三种选择：交流（AC）、地（GND）、直流（DC）。当选择“地”时，扫描线显示出“示波器地”在荧光屏上的位置。直流耦合用于测定信号直流绝对值和观测极低频信号。交流耦合用于观测交流和含有直流成分的交流信号。在数字电路实验中，一般选择“直流”方式，以便观测信号的绝对电压值。

5）触发

前文曾指出，被测信号从Y轴输入后，一部分送到示波管的Y轴偏转板上，驱动光点在荧光屏上按比例沿垂直方向移动；另一部分分流到 X 轴偏转系统产生触发脉冲，触发扫描发生器，产生重复的锯齿波电压加到示波管的 X 轴偏转板上，使光点沿水平方向移动。两者合一，光点在荧光屏上描绘出的图形就是被测信号图形。由此可知，正确的触发方式直接影响到示波器的有效操作。为了在荧光屏上得到稳定的、清晰的信号波形，掌握基本的触发功能及其操作方法是十分重要的。

（1）触发源（Source）选择。

要使屏幕上显示稳定的波形，则需将被测信号本身或者与被测信号有一定时间关系的触发信号加到触发电路。触发源选择确定触发信号由何处供给。通常有三种触发源：内触发（INT）、电源触发（LINE）、外触发（EXT）。

内触发使用被测信号作为触发信号，是经常使用的一种触发方式。由于触发信号本身是被测信号的一部分，在屏幕上可以显示出非常稳定的波形。双踪示波器中通道 1 或者通道 2 都可以选作触发信号。

电源触发使用交流电源频率信号作为触发信号。这种方法在测量与交流电源频率有关的信号时是有效的。特别在测量音频电路、闸流管的低电平交流噪声时更为有效。

外触发使用外加信号作为触发信号，外加信号从外触发输入端输入。外触发信号与被测信号间应具有周期性的关系。由于被测信号没有用作触发信号，所以何时开始扫描与被测信号无关。

正确选择触发信号对波形显示的稳定性、清晰度有很大影响。例如在数字电路的测量中，对一个简单的周期信号而言，选择内触发可能好一些；而对于一个具有复杂周期的信号，且存在一个与它有周期关系的信号时，选用外触发可能更好。

（2）触发耦合（Coupling）方式选择。

触发信号到触发电路的耦合方式有多种，目的是使触发信号稳定、可靠。这里介绍常用的几种。

电容耦合（AC）只允许用触发信号的交流分量触发，触发信号的直流分量被隔断。通常在不考虑直流分量时使用这种耦合方式，以形成稳定触发。但是如果触发信号的频率小于 10 Hz，会造成触发困难。

直流耦合（DC）不隔断触发信号的直流分量。当触发信号的频率较低或者触发信号的占空比很大时，使用直流耦合较好。

低频抑制（LFR）触发时，触发信号通过高通滤波器加到触发电路，触发信号的低频成分被抑制；高频抑制（HFR）触发时，触发信号通过低通滤波器加到触发电路，触发信号的高频成分被抑制。此外还有用于电视维修的电视同步（TV）触发。

（3）触发电平（Level）和触发极性（Slope）。

触发电平调节又叫同步调节，它使得扫描与被测信号同步。电平调节旋钮调节触发信号的触发电平。一旦触发信号超过由旋钮设定的触发电平时，扫描即被触发。顺时针旋转旋钮，触发电平上升；逆时针旋转旋钮，触发电平下降。当电平旋钮调到电平锁定位置时，触发电平自动保持在触发信号的幅度之内，不需要电平调节就能产生一个稳定的触发。当信号波形复杂，用电平旋钮不能稳定触发时，用释抑（Hold Off）旋钮调节波形的释抑时间（扫描暂停时间），能使扫描与波形稳定同步。

极性开关用来选择触发信号的极性。拨在“+”位置上时，在信号增加的方向上，当触发信号超过触发电平时就产生触发。拨在“-”位置上时，在信号减少的方向上，当触发信号超过触发电平时就产生触发。触发极性和触发电平共同决定触发信号的触发点。

6）扫描方式（Sweep Mode）

扫描有自动（Auto）、常态（Norm）和单次（Single）三种扫描方式。自动：当无触发信号输入，或者触发信号频率低于 50 Hz 时，扫描为自激方式。常态：当无触发信号输入时，扫描处于准备状态，没有扫描线。触发信号到来后，触发扫描。单次：单次按钮类似复位开关。单次扫描方式下，按单次按钮时扫描电路复位，此时准备（Ready）灯亮。触发信号到来后产生一次扫描。单次扫描结束后，准备灯灭。单次扫描用于观测非周期信号或者单次瞬变信号，往往需要对波形拍照。

上面简单介绍了模拟示波器的基本功能及操作。模拟示波器还有一些更复杂的功能，如延迟扫描、触发延迟、*X*-*Y* 工作方式等，这里就不介绍了。模拟示波器入门操作是较容易的，真正熟练则要在应用中掌握。值得指出的是，模拟示波器虽然功能较多，但许多情况下用其他仪器、仪表更好。例如，在数字电路实验中，判断一个脉宽较窄的单脉冲是否发生时，用逻辑笔就简单得多；测量单脉冲脉宽时，用逻辑分析仪更好一些。

2. 数字示波器的使用

跟万用表类似，要使用数字示波器，首先得把它和被测系统相连，采用的是示波器探头。数字示波器都会有 2 个或 4 个通道（通常都会标有 1～4 的数字，另有一个探头插座是外部触发通道），其地位是等同的，可以随便选择，把探头插到其中一个通道上，探头另一头的小夹子连接被测系统的参考地即可。

这里一定要注意一个问题：示波器探头上的夹子是与大地即三插插头上的地线直接连通的，所以如果被测系统参考地与大地之间存在电压差的话，将会导致示波器或被测系统的损坏。探针接触被测点，这样示波器就可采集到该点的电压波形了（普通的探头不能用来测量电流，要测电流需选择专用的电流探头）。

接下来就要通过调整示波器面板上的旋钮，使被测波形以合适的大小显示在屏幕上了。只需要按照一个信号两大要素——幅值和周期来调整示波器的参数即可，如图 2-5-3 所示。

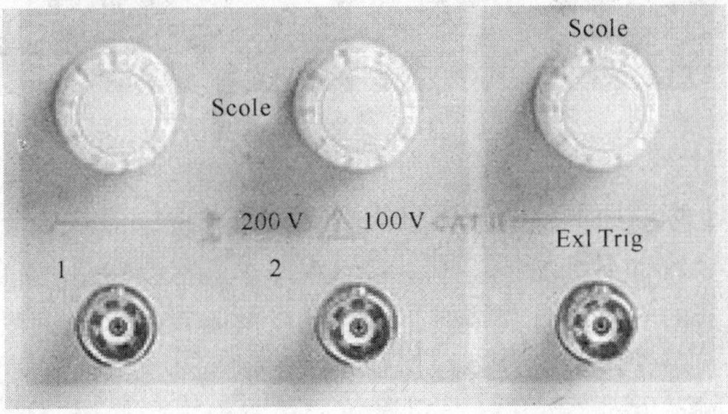

图 2-5-3　示波器幅值、周期旋钮

在每个通道插座上方的旋钮，就是调整该通道的幅值旋钮，即波形垂直方向大小的调整。转动它们可以改变示波器屏幕上每个竖格所代表的电压值，所以称其为“伏格”调整。

如图 2－5－4 所示，第一幅图是 250 mV/格，第二幅图是 500 mV/格。第一幅波形的幅值占了 2. 5 个格，所以是 2. 5 V；第二幅波形的幅值占了 5 个格，所以是 5 V。推荐将第一幅波形通过幅值旋钮调整到第二幅的样子，因为此时波形占了整个测量范围的较大空间，可以提高波形的精度。

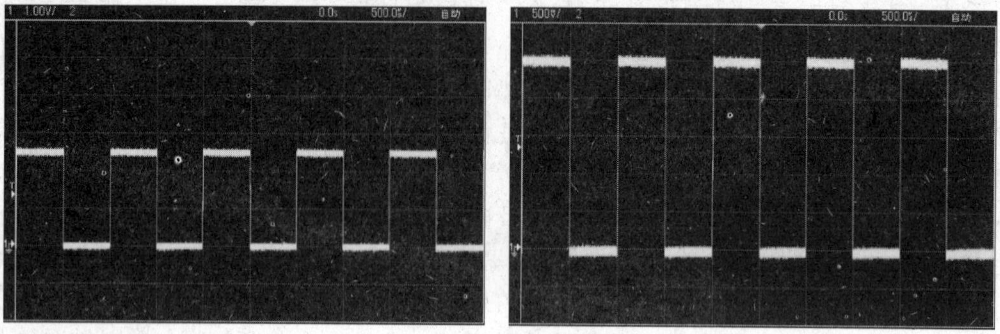

图 2－5－4　示波器伏格调整对比

除了伏格调整旋钮外，通常还会在示波器面板上找到一个调整周期的旋钮，即波形水平方向大小的调整。转动它，就可以改变示波器屏幕上每个横格所代表的时间值，所以可以称其为“秒格”调整。如图 2－5－5 所示，第一幅图是 500 μs/格，第二幅图是 200 μs/格。第一幅波形一个周期占了 2 个格，一个周期是 1 ms，即频率为 1 kHz；第二幅波形一个周期占了 5 个格，一个周期也是 1 ms，即频率也为 1 kHz。这里就没有哪个更合理的问题了，只看哪个更方便观察。

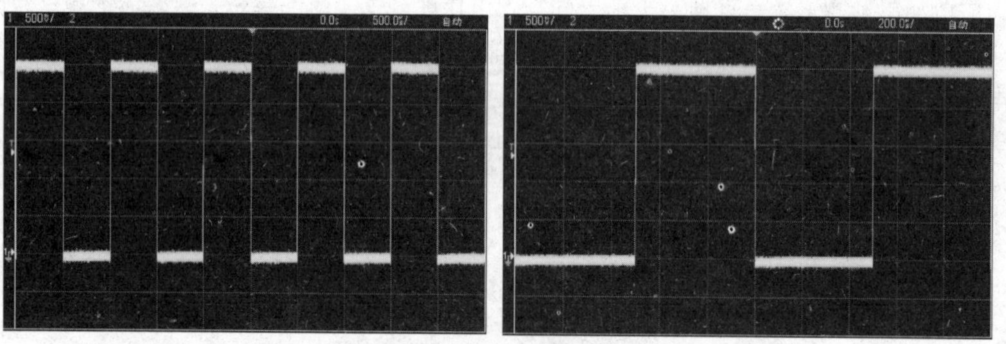

图 2－5－5　示波器秒格调整对比

很多时候只进行上述两项调整的话，只能看到一个波形，但是这个波形却很不稳定，左右颤动，相互重叠，导致看不清楚，如图 2－5－6 所示。

这就是因为示波器的触发没有调整好，所谓触发就是设定一个基准，让波形的采集和显示都围绕这个基准来。最常用的触发设置是基于电平的（也可以基于时间等其他量）。在以上几幅波形图中，左侧总有一个 T 和一个小箭头，T 是触发的意思，这个小箭头指向的位置所对应的电压值就是当前的触发电平。示波器总是在波形经过这个电平的时候，把之前和之后的一小部分存储并最终显示出来，于是就能看到以上所示的波形。在图 2－5－6中，无论如何波形也不会经过 T 所指的位置，即永远达不到触发电平，所以失去了基准的波形看上去就不稳定了。此时需要调节触发电平的位置，在示波器面板上可以找到 Trigger 旋钮，转

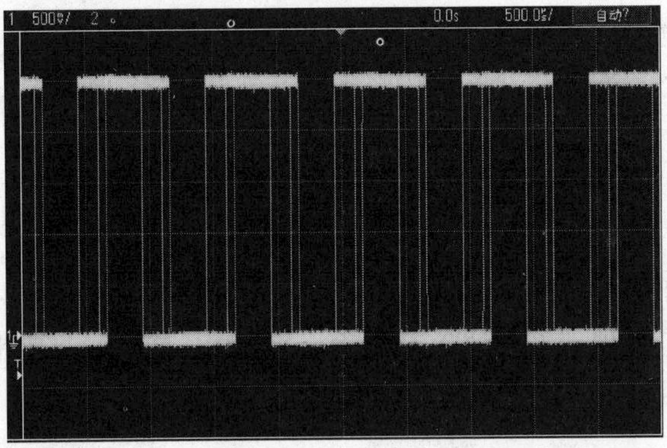

图2-5-6　示波器触发电平调整不当所获波形图

动该旋钮就可以改变T的位置，即改变触发电平了。

除了可以改变触发电平的值以外，还可以设置触发的方式，比如选择上升沿还是下降沿触发，也就是选择让波形向上增加的时候经过触发电平还是向下减小的时候经过触发电平来完成触发。这些设置一般都是通过Trigger框里的按钮和屏幕上的菜单键来完成。经过以上几步调整，示波器的核心功能就可以进行应用，可以用来观测被测电子系统的信号波形了。

任务2.6　一般电工工具的使用

【任务要点】

（1）熟知一般电工工具的用途与结构。

（2）熟练掌握一般电工工具的使用程序。

（3）熟练进行一般电工工具的各项操作。

【任务准备】

（1）所需设备：一般电工工具。

（2）所需物品：导线、螺钉、电压电源电路、电工手套。

【任务实施】

2.6.1　验电器的使用

1. 低压验电器的使用

低压验电器又称试电笔，是检验导线、电器是否带电的一种常用工具，普通试电笔测量电压范围在60～500 V之间，低于60 V时试电笔的氖泡可能不会发光，高于500 V不能用普通试电笔来测量，否则容易造成人身触电。

低压验电器由笔尖、降压电阻、氖管、弹簧、笔尾等部分组成，如图2-6-1所示。

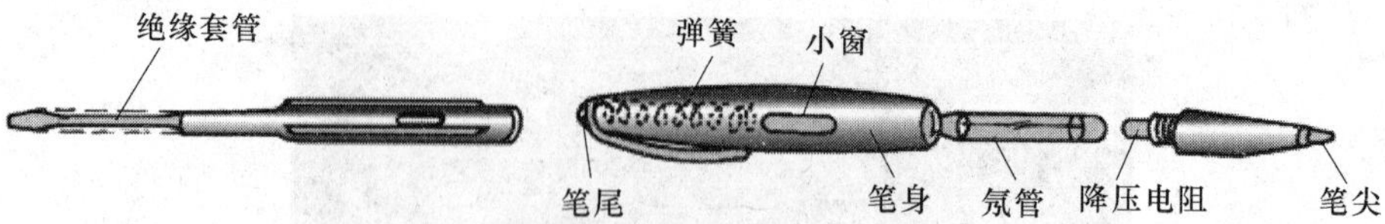

图 2-6-1　低压验电器结构

使用低压验电器时，必须按照图 2-6-2 所示的握法操作。注意手指必须接触笔尾的金属体（钢笔式）或测电笔顶部的金属螺钉（螺丝刀式）。这样，只要带电体与大地之间的电位差超过 50 V 时，电笔中的氖泡就会发光。

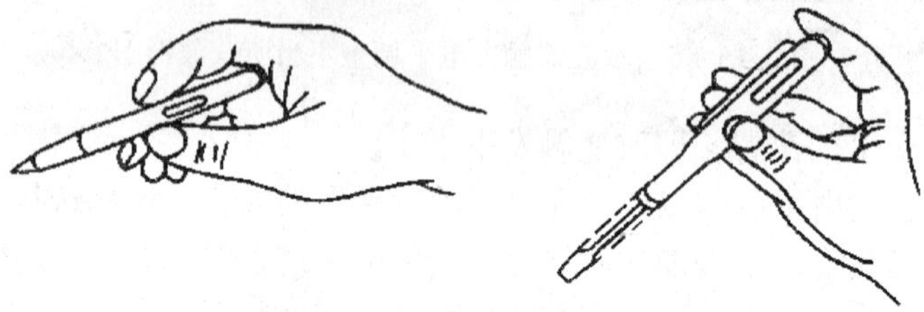

图 2-6-2　低压验电器握笔方法

低压验电器的使用方法和注意事项：

（1）使用前，先要在有电的导体上检查电笔是否正常发光，检验其可靠性。

（2）在明亮的光线下往往不容易看清氖泡的辉光，应注意避光。

（3）电笔的笔尖虽与螺丝刀形状相同，但只能承受很小的扭矩，不能像螺丝刀那样使用，否则会损坏。

（4）低压验电器可以用来区分相线和零线，氖泡发亮的是相线，不亮的是零线。低压验电器也可用来判别接地故障。如果在三相四线制电路中发生单相接地故障，用电笔测试中性线时，氖泡会发亮；在三相三线制线路中，用电笔测试三根相线，如果两相很亮，另一相不亮，则这相可能有接地故障。

（5）低压验电器可用来判断电压的高低。氖泡越暗，则表明电压越低；氖泡越亮，则表明电压越高。

2. 高压验电器的使用

高压验电器又称高压测电器，10 kV 高压验电器结构如图 2-6-3 所示。

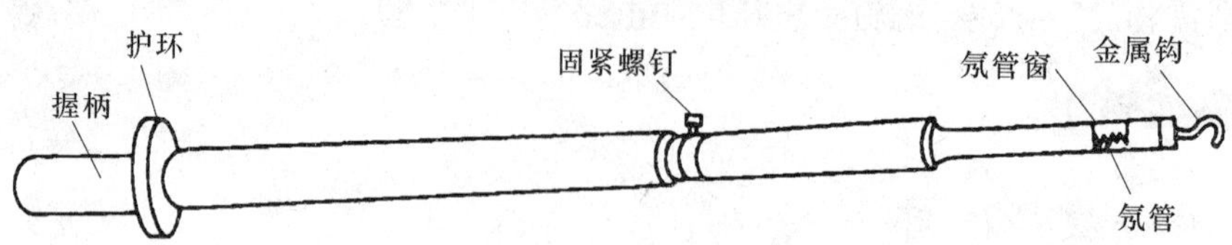

图 2-6-3　10 kV 高压验电器的结构

使用高压验电器时要注意下列几个方面：

（1）高压验电器在使用前应经过检查，确定其绝缘完好，氖管发光正常，与被测设备电压等级相适应。

（2）进行测量时，应使高压验电器逐渐靠近被测物体，直至氖管发亮，然后立即撤回。

（3）使用高压验电器时，必须在天气条件良好的情况下进行，在雪、雨、雾、湿度较大的情况下不宜使用，以防发生危险。

（4）使用高压验电器时，必须戴上符合要求的绝缘手套，而且必须有人监护，测量时要防止发生相间或对地短路事故。

（5）进行测量时，人体与带电体应保持足够的安全距离，10 kV 高压的安全距离为 0.7 m 以上。高压验电器应每半年做一次预防性试验。

（6）在使用高压验电器时，应特别注意手握部位应在护环以下，如图 2－6－4 所示。

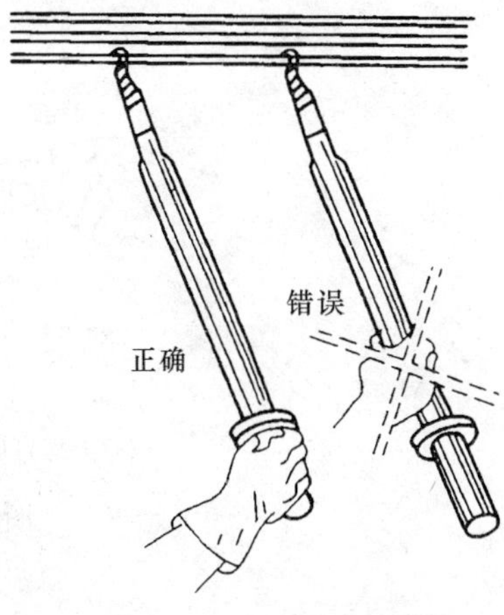

图 2－6－4　高压验电器的握法

2.6.2　螺钉旋具的使用

螺钉旋具又俗称为起子或改锥，主要用来紧固或拆卸螺钉。按头部形状的不同，常用螺钉旋具有一字形和十字形两种，如图 2－6－5 所示。一字形螺钉旋具用来紧固或拆卸带一字槽的螺钉，其规格用柄部以外的长度来表示。一字形螺钉旋具常用的规格有 50 mm 、100 mm、150 mm 和 200 mm 等，其中电工必备的是 50 mm 和 150 mm 两种。十字形螺钉旋具专供紧固或拆卸十字槽的螺钉，常用的规格有 4 种，Ⅰ号适用于螺钉直径为 2～2.5mm，Ⅱ号为 3～5 mm，Ⅲ 号为 6～8 mm，Ⅳ号为 10～12 mm 。

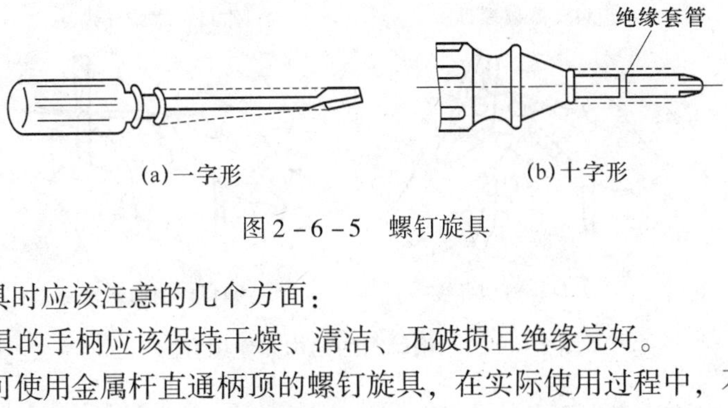

(a)一字形　(b)十字形

图 2－6－5　螺钉旋具

使用螺钉旋具时应该注意的几个方面：

（1）螺钉旋具的手柄应该保持干燥、清洁、无破损且绝缘完好。

（2）电工不可使用金属杆直通柄顶的螺钉旋具，在实际使用过程中，不应让螺钉旋具的金属杆部分触及带电体，也可以在其金属杆上套上绝缘塑料管，以免造成触电或短路事故。

（3）不能用锤子或其他工具敲击螺钉旋具的手柄，或当作錾子使用。螺钉旋具的使用方法，如图 2－6－6 所示。

2.6.3　钢丝钳和尖嘴钳的使用

1. 钢丝钳

钢丝钳主要用于剪切、弯绞、夹持金属导线，也可用作紧固螺母、切断钢丝。其结构和使用方法，如图 2－6－7 所示。电工应该选用带绝缘手柄的钢丝钳，其绝缘性能为 500 V。常用钢丝钳的规格有 150 mm 、175 mm 和 200 mm 三种。

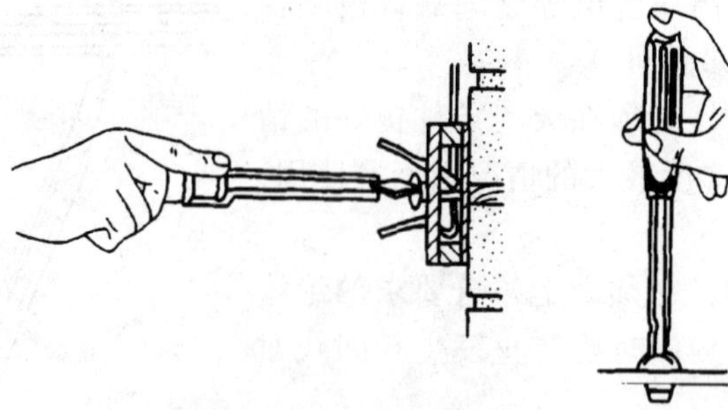

(a)大螺钉旋具的使用方法　　(b)小螺钉旋具的使用方法

图 2-6-6　螺钉旋具的使用方法

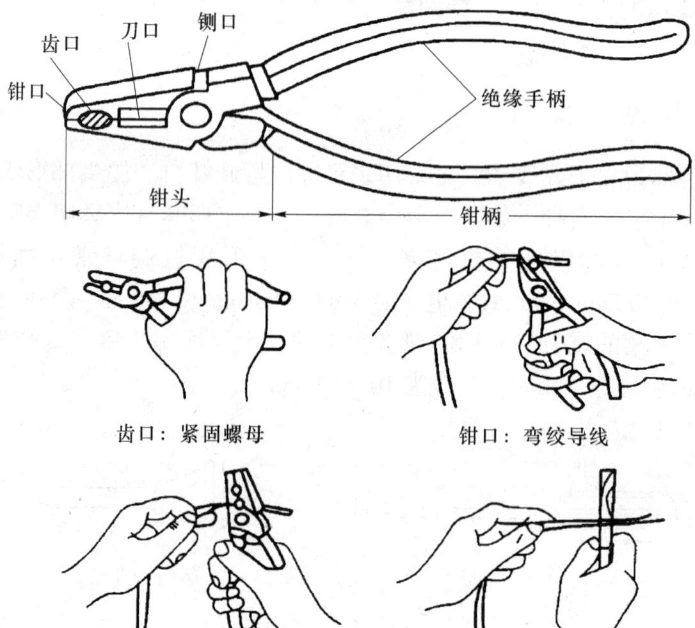

图 2-6-7　钢丝钳的结构和使用方法

使用钢丝钳时应该注意以下几个方面：

（1）在使用电工钢丝钳以前，首先应该检查绝缘手柄的绝缘是否完好，如果绝缘破损，进行带电作业时会发生触电事故。

（2）用钢丝钳剪切带电导线时，既不能用刀口同时切断相线和零线，也不能同时切断两根相线，而且，两根导线的断点应保持一定距离，以免发生短路事故。

（3）不得把钢丝钳当作锤子敲打使用，也不能在剪切导线或金属丝时，用锤子或其他工具敲击钳头部分。另外，钳轴要经常加油，以防生锈。

2. 尖嘴钳

尖嘴钳的头部尖细，适用于在狭小的工作空间操作。主要用于夹持较小物件，也可用于弯绞导线、剪切较细导线和其他金属丝。电工使用的是带绝缘手柄的一种，其绝缘手柄的绝缘性能为 500 V，其结构如图 2－6－8 所示。

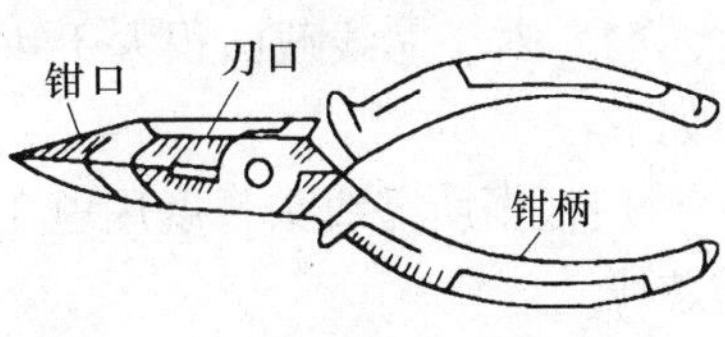

图 2－6－8　尖嘴钳的结构

尖嘴钳按其全长分为 130 mm 、160 mm 、180 mm 、200 mm 四种。

尖嘴钳在使用时的注意事项，与钢丝钳一致。

2.6.4　导线绝缘层剖削工具的使用

1. 电工刀

电工刀主要用于剖削导线的绝缘外层、切割木台缺口和削制木榫等，如图 2－6－9 所示。在使用电工刀进行剖削作业时，应将刀口朝外，剖削导线绝缘层时，应使刀面与导线成较小的锐角，以防损伤导线；电工刀使用时应注意避免伤手；使用完毕后，应立即将刀身折进刀柄。因为电工刀刀柄是无绝缘保护的，所以，绝不能在带电导线或电气设备上使用，以免触电。

2. 剥线钳

剥线钳是用于剥除较小直径导线、电缆的绝缘层的专用工具，它的手柄是绝缘的，绝缘性能为 500 V。其结构如图 2－6－10 所示。

图 2－6－9　电工刀

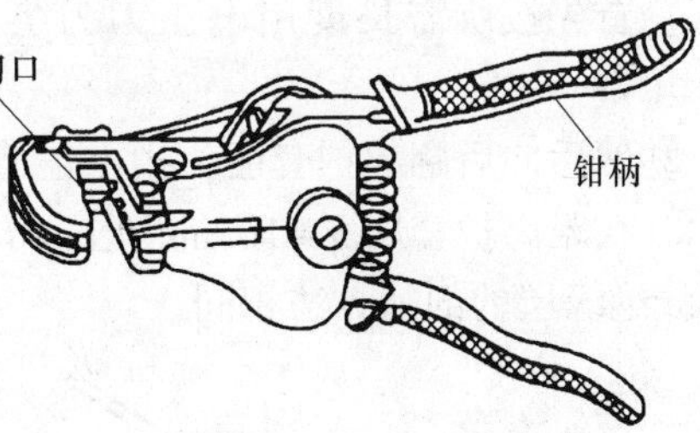

图 2－6－10　剥线钳的结构

剥线钳的使用方法十分简便，确定要剥削的绝缘长度后，即可把导线放入相应的切口中（直径 0.5～3 mm），用手将钳柄握紧，导线的绝缘层即被拉断后自动弹出。

3. 导线绝缘层的剖削

（1）对于截面积不大于 4 mm^2 的塑料硬线绝缘层的剖削，一般用钢丝钳进行，剖削的方法和步骤如下：

① 根据所需线头长度用钢丝钳刀口切割绝缘层，注意用力适度，不可损伤芯线。

② 接着用左手抓牢电线，右手握住钢丝钳头用力向外拉动，即可剖下塑料绝缘层，如图 2－6－11 所示。

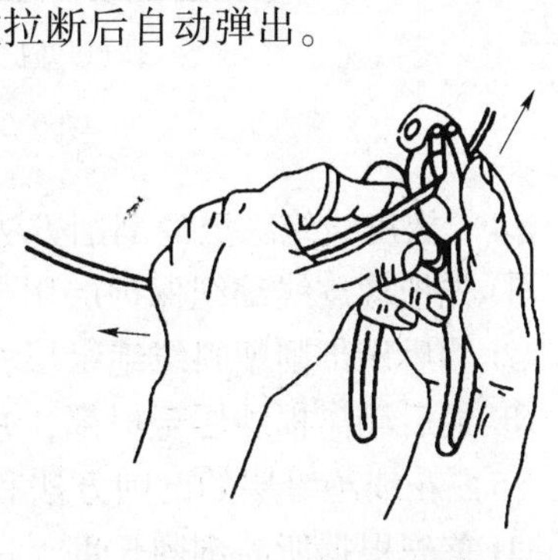

图 2－6－11　钢丝钳剖削塑料硬线绝缘层

③ 剖削完成后，应检查线芯是否完整无损，如损伤较大，应重新剖削。塑料软线绝缘层的剖削，只能用剥线钳或钢丝钳进行，不可用电工刀，其操作方法与此相同。

（2）对于芯线截面积大于 4 mm^2 的塑料硬线，可用电工刀来剖削绝缘层。其方法和步骤如下：

① 根据所需线头长度用电工刀以约 45°角倾斜切入塑料绝缘层，注意用力适度，避免损伤芯线。

② 然后使刀面与芯线保持 25°角左右，用力向线端推削，在此过程中应避免电工刀切入芯线，只削去上面一层塑料绝缘。

③ 最后将塑料绝缘层向后翻起，用电工刀齐根切去。具体操作过程，如图 2－6－12 所示。

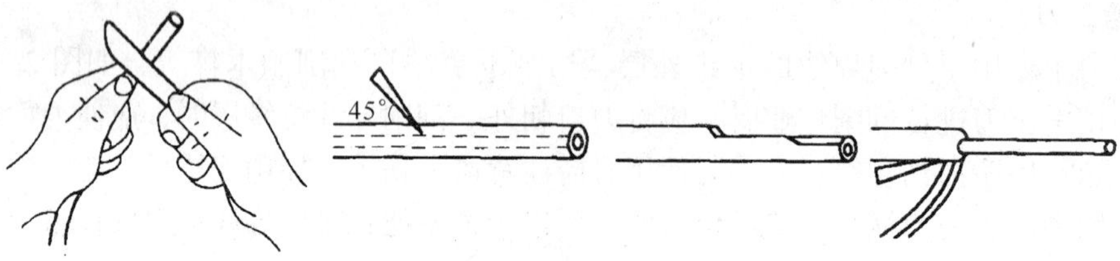

(a)切入手法　(b)电工刀45°角倾斜切入　(c)电工刀25°角倾推削　(d)翻下塑料绝缘层

图 2－6－12　电工刀剖削塑料硬线绝缘层

（3）塑料护套线绝缘层的剖削必须用电工刀来完成，剖削方法和步骤如下：

① 首先按所需长度用电工刀刀尖沿芯线中间缝隙划开护套层，如图 2－6－13（a）所示。

② 然后向后翻起护套层，用电工刀齐根切去，如图 2－6－13（b）所示。

③ 在距离护套层 5～10 mm 处，用电工刀以 45°角倾斜切入绝缘层，其他剖削方法与塑料硬线绝缘层的剖削方法相同。

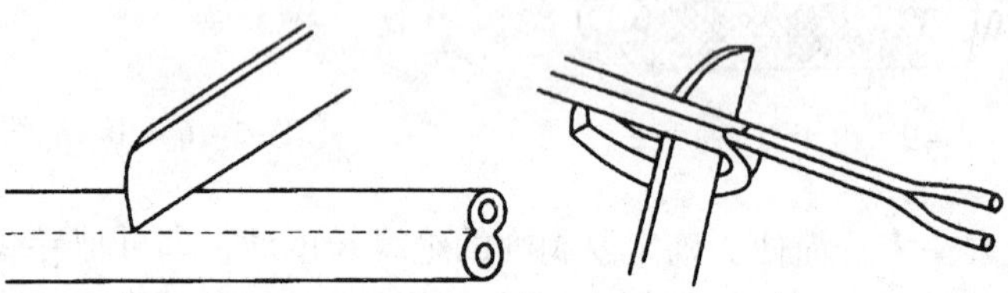

(a)划开护套层　(b)翻起并切去护套层

图 2－6－13　塑料护套线绝缘层的剖削

（4）橡皮线绝缘层的剖削方法和步骤如下：

① 先把橡皮线编织保护层用电工刀划开，其方法与剖削护套线的护套层方法类似。

② 然后用剖削塑料线绝缘层相同的方法剖去橡皮层。

③ 最后剥离棉纱层至根部，并用电工刀切去。具体操作过程，如图 2－6－14 所示。

（5）花线绝缘层的剖削方法和步骤如下：

① 首先根据所需剖削长度，用电工刀在导线外表织物保护层切割一圈，并将其剥离。

② 距织物保护层 10 mm 处，用钢丝钳刀口切割橡皮绝缘层。注意不能损伤芯线，拉下橡皮绝缘层，方法与图 2－6－11 类似。

③ 最后将露出的棉纱层松散开，用电工刀割断，如图 2－6－15 所示。

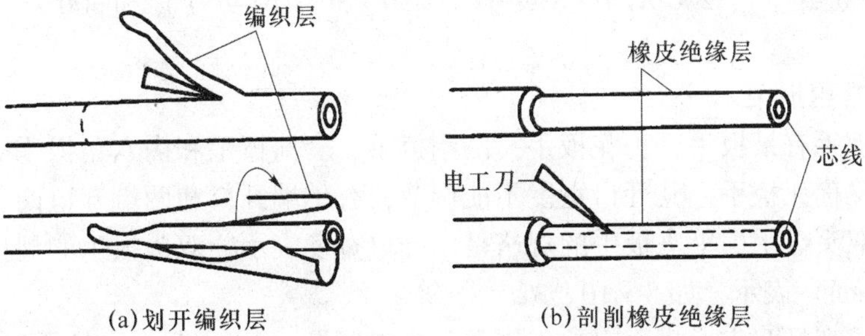

图2-6-14　橡皮线绝缘层的剖削

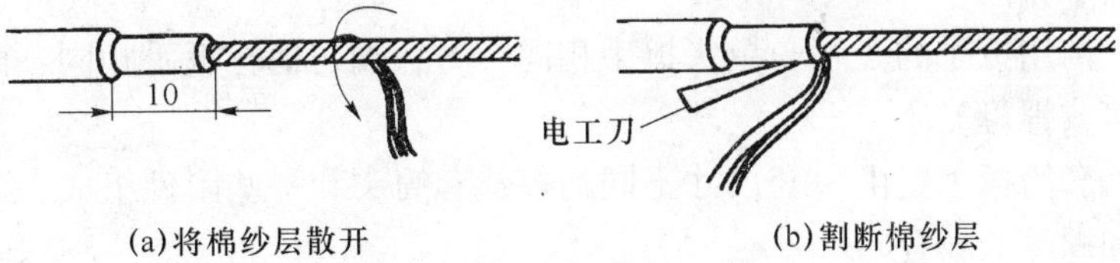

图2-6-15　花线绝缘层的剖削

（6）铅包线绝缘层的剖削方法和步骤如下：

① 先用电工刀围绕铅包层切割一圈，如图2-6-16（a）所示。

② 接着用双手来回扳动切口处，使铅层沿切口处折断，把铅包层拉出来，如图2-6-16（b）所示。

③ 铅包线内部绝缘层的剖削方法与塑料硬线绝缘层的剖削方法相同。

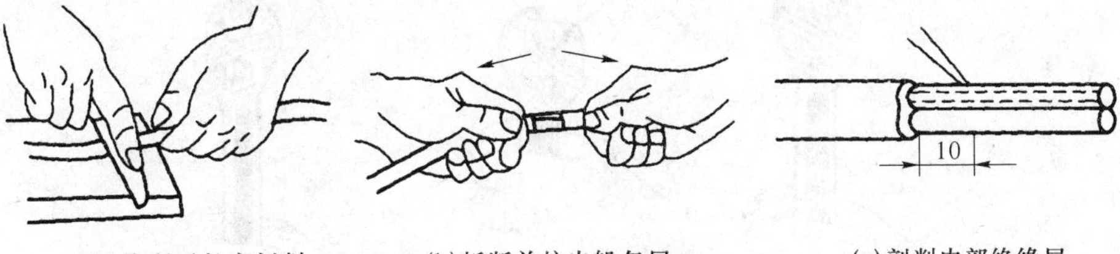

图2-6-16　铅包线绝缘层的剖削

2.6.5　扳手的使用

扳手是用于螺纹连接的一种手动工具，种类和规格很多，包括活络扳手和其他常用扳手。

（1）活络扳手的构造和规格。

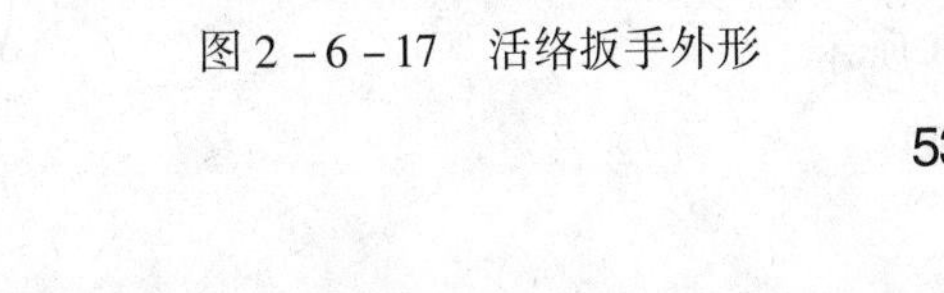

图2-6-17　活络扳手外形

活络扳手又称活络扳头，是用来紧固和松动螺母的一种专用工具。活络扳手由头部和柄部组成。头部由活络扳唇、呆扳唇、扳口、蜗轮和轴销等组成，如图2-6-17所示。旋动蜗轮可调节扳口的大小。规格用长度×最大开口宽度（单位：mm）来表示，电工常用的活络扳手有 150×19（6 英寸）、200×24（8 英寸）、250×30（10 英寸）和 300×36（12 英寸）等四种。

（2）其他常用扳手。

其他常用扳手有呆扳手、梅花扳手、两用扳手、套筒扳手和内六角扳手等。

呆扳手：又称死板手，其开口宽度不能调节，有单端开口和两端开口两种形式，分别称为单头扳手和双头扳手。单头扳手的规格是以开口宽度表示，双头扳手的规格是以两端开口宽度（单位：mm）表示，如 8×10、32×36 等。

梅花扳手：都是双头形式，它的工作部分为封闭圆，封闭圆内分布了 12 个可与六角头螺钉或螺母相配的牙型。适应于工作空间狭小，不便使用活扳手和呆扳手的场合，其规格表示方法与双头扳手相同。

两用扳手：两用扳手的一端与单头扳手相同，另一端与梅花扳手相同，两端适用同一规格的六角头螺钉或螺母。

套筒扳手：套筒扳手是由一套尺寸不同的梅花套筒头和一些附件组成，可用在一般扳手难以接近螺钉和螺母的场合。

内六角扳手：用于旋动内六角螺钉，其规格以六角形对边的尺寸来表示，最小的规格为 3 mm，最大的为 27 mm。

（3）活络扳手的使用方法。

扳动大螺母时，需用较大力矩，手应握在靠近柄尾处。扳动小螺母时，需用力矩不大，但螺母过小，易打滑，因此手应握在接近头部的地方，并且可随时调节蜗轮，收紧活络扳唇，防止打滑。活络扳手的握法如图 2-6-18 所示。

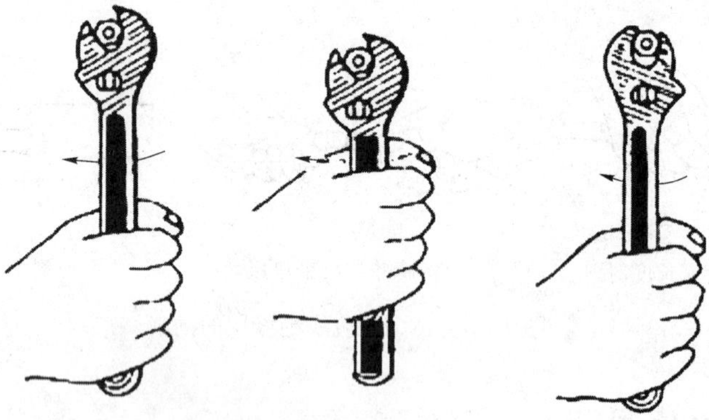

(a)正确握法　　(b)错误握法

图 2-6-18　活络扳手的握法

活络扳手不可反用，也不可用钢管接长手柄来施加较大的扳拧力矩。活络扳手不得当作撬棒或手锤使用。

2.6.6　电烙铁的使用

焊接前，一般要把焊头的氧化层除去，并用焊剂进行上锡处理，使得焊头的前端经常保持一层薄锡，以防止氧化、减少能耗，使导热良好。电烙铁的类型及结构如图 2-6-19 所示。

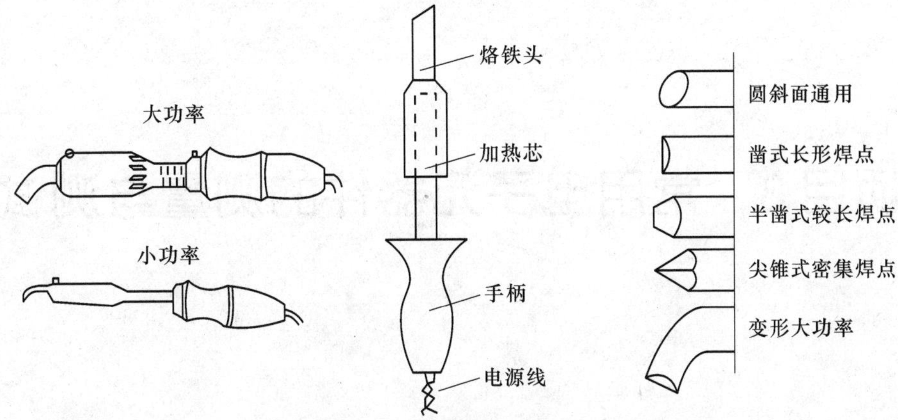

图2－6－19　电烙铁的类型及结构

电烙铁的握法没有统一的要求，以不易疲劳、操作方便为原则，一般有笔握法和拳握法两种，如图2－6－20所示。

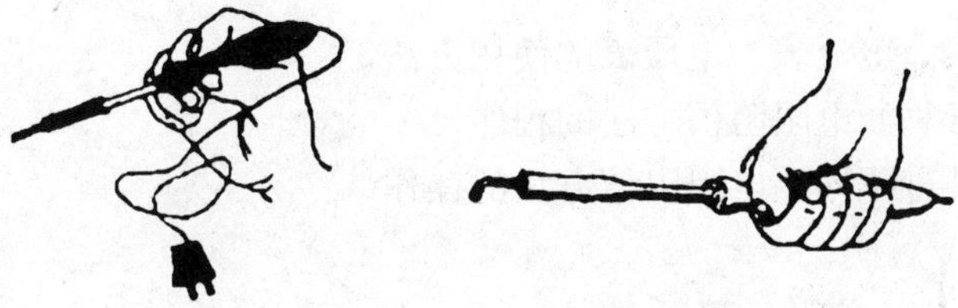

(a)笔握法　　(b)拳握法

图2－6－20　电烙铁的握法

用电烙铁焊接导线时，必须使用焊料和焊剂。焊料一般为丝状焊锡或纯锡，常见的焊剂有松香、焊膏等。

对焊接的基本要求是：焊点必须牢固，锡液必须充分渗透，焊点表面光滑有泽，应防止出现“虚焊”“夹生焊”。产生“虚焊”的原因是因为焊件表面未清除干净或焊剂太少，使得焊锡不能充分流动，造成焊件表面挂锡太少，焊件之间未能充分固定；产成“夹生焊”的原因是因为烙铁温度低或焊接时烙铁停留时间太短，焊锡未能充分熔化。

注意事项：

(1) 使用前应检查电源线是否良好，有无被烫伤。

(2) 焊接电子类元件（特别是集成块）时，应采用防漏电等安全措施。

(3) 当焊头因氧化而不“吃锡”时，不可硬烧。

(4) 当焊头上锡较多不便焊接时，不可甩锡，不可敲击。

(5) 焊接较小元件时，时间不宜过长，以免因热损坏元件或绝缘。

(6) 焊接完毕，应拔去电源插头，将电烙铁置于金属支架上，防止烫伤或火灾的发生。

项目3 常用电子元器件的测量与测试

任务3.1 电阻的测量与测试

【任务要点】

（1）熟知万用表、电流表、电压表的使用方法。

（2）熟练掌握各种测电阻阻值方法的程序。

（3）熟练进行几种不同测电阻阻值方法的操作。

【任务准备】

（1）所需设备：万用表、电流表、电压表。

（2）所需物品：定值电阻、电压电源、滑动变阻器。

【任务实施】

3.1.1 万用表测量法

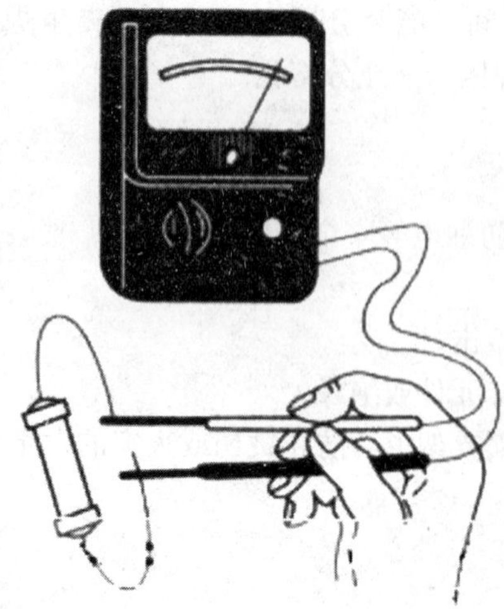

图3－1－1 利用万用表测量电阻阻值

电阻是电子产品中使用最多的电子元器件之一。如果在生产或是维修时，有一个电阻的标记已经看不清楚了，可以利用万用表测电阻。只要使用万用表接触电阻的两端，就能快速地测试出其阻值，如图3－1－1所示。

1. 万用表测电阻步骤

（1）一般所使用的万用表，不管测电压，还是电流、电阻，都是共用一个表头。在需要测量电阻时，首先要调到欧姆挡，一般有×1、×10、×100、×1 000几个挡位，如图3－1－2所示。

（2）测量之前若是表的指针或是数字万用表两表笔短路时读数不为零，就会使读数有零误差。如果在测试前发现没有归零，必须先调到零位，方法如下：

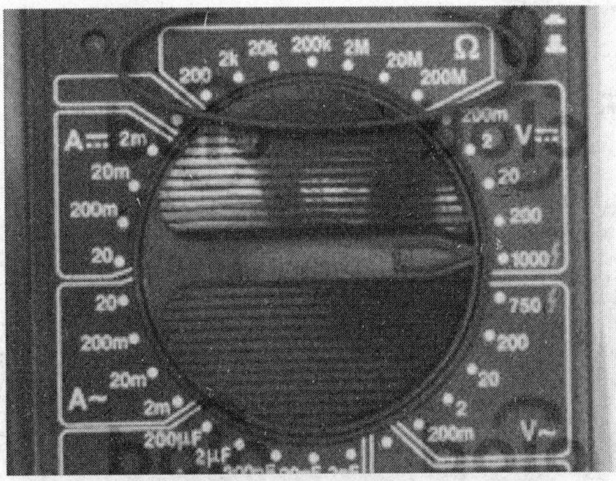

图3-1-2　选择挡位

① 万用表有两支表笔，一支红表笔，一支黑表笔，红表笔插入标有“+”号的插孔中，黑表笔插入标有“-”号的插孔中。调整机械零位时，首先让两表笔断开，若表针不停在表盘左端的零位置，则应用螺丝刀旋动表盘下面的定位螺丝，通过表内螺旋弹簧把指针调到机械零位，如图3-1-3所示。

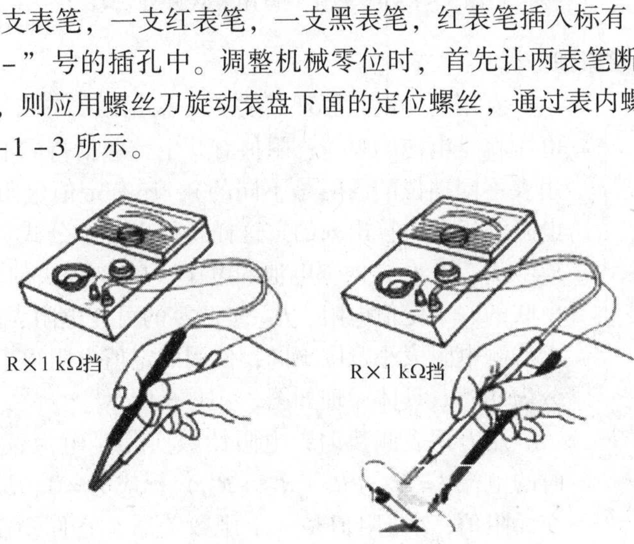

图3-1-3　万用表调零

② 把两支表笔接触，即短路，相当于两支表笔之间的电阻为零，此时表针应停在表盘右端“0 Ω”阻值处，这时电流最大。但是由于电池已经使用过，使得表笔短路时，指针一般不在电阻值的零位处，这时可旋动调零旋钮，使指针指在“0 Ω”处。

(3) 选择倍率。

利用万用表测电阻，为了便于准确地读数，要尽可能使表针指在表盘中间部位，所以需要恰当地选择倍率挡。例如，在测 $R_1=50\ \Omega$ 的电阻时，应选“×1”挡，使表针在表盘中部附近偏转。如果选用“×10”挡，则表盘读数扩大10倍，这将使表针偏到表盘靠右的部位，读数就难以准确。一般情况下，可以这样选择合适的倍率：将待测电阻 R_x 值的数量级除以10，所得的商就是应选的倍率。例如测 $R_x=510\ \text{k}\Omega$ 的电阻，R_x 的数量级是100 k（5.1×100 k），所以宜选“×10 k”的倍率。如果万用表无×10 k倍率挡，则可选最接近的挡。

如果事先不知道电阻的阻值，可以试探着选择倍率挡，什么时候使表针能指在表盘的中部附近，此时的倍率挡就是比较合适的。

现在数字万用表根本不再需要选择倍率，在它的面板上就只有一个欧姆挡位，所以在测试的时候调到欧姆挡位就可以了，即可直接显示出电阻的阻值，如图 3－1－4 所示。

图 3－1－4　数字式万用表欧姆挡

2. 万用表测电阻原理

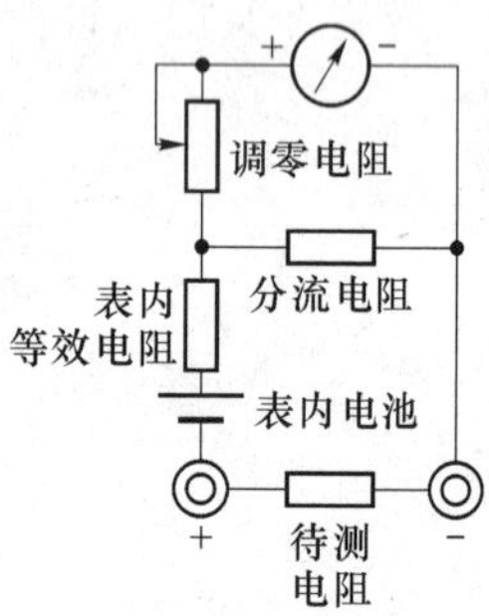

图 3－1－5　万用表测电阻原理

万用表测电阻原理其实就是根据欧姆定律而来的。万用表中，电压就是电池的电压；阻值有几个，包括待测电阻、可调电阻（万用表不同挡位的内阻是不同的），还有定值电阻。而电流是在待测电阻等于零时算出来的。这样就得出一个公式：$I=U/(R_g+R_{定}+R_{调}+R_{测})$。$U$ 是内部电池的电压，R_g 是表头的电阻，$R_{定}$ 是与表头串联的一个定值电阻，$R_{调}$ 是调零的可变电阻，$R_{测}$ 是待测电阻。由于待测电阻大小范围不同，使用的定值电阻也不同，这使得万用表分为几挡。具体原理如图 3－1－5 所示。

用万用表测量时，电阻读数实际是电流读数，只是将 $R_{测}=0$ 时的电流 $I=U/(R_g+R_{定}+R_{调})$ 标成 $R=0$。没有电流时，电阻标在无阻值，I 与阻值是一个函数关系，它们不是简单的正比关系。选用不同的电阻挡，$R_{定}$ 不同，$R=0$ 时，I 是不同的，所以每次测量之前都要调零。

3.1.2　伏安法

器材：电流表、电压表、滑动变阻器、开关、电源、待测电阻和导线。

测量方法：电路如图 3－1－6 所示，用电压表测出待测电阻 R_x 两端的电压 U，用电流表测出通过 R_x 的电流 I，则 $R_x=U/I$。

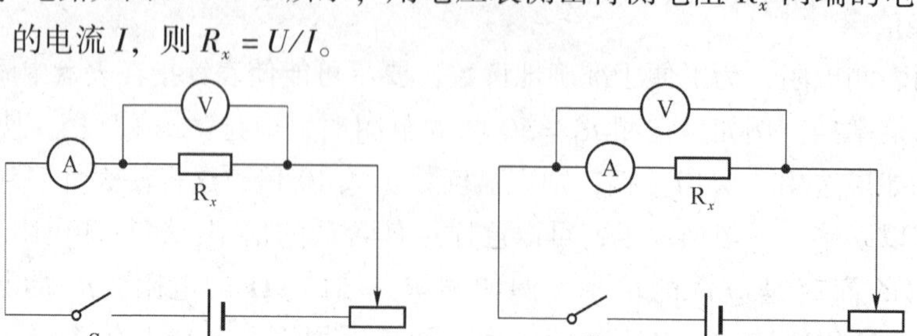

(a) 外接法　　(b) 内接法

图 3－1－6　伏安法测量电阻阻值电路

伏安法测电阻有外接法和内接法两种，如图3－1－6（a）和（b）所示。当待测电阻 R_x 的阻值远远小于电压表的内阻时，用图3－1－6（a）方法测量，误差较小；当 R_x 的阻值远远大于电流表的内阻时，用图3－1－6（b）的方法测量，误差较小。

3.1.3　伏阻法

器材：电压表、阻值已知的定值电阻 R_0、阻值未知的电阻 R_x、开关、电源和导线。

方法一：改接电表法，即通过移动电压表的位置来测量电阻。

电路如图3－1－7所示。先把电压表并联在 R_0 两端，测出 R_0 两端的电压 U_1；然后再把电压表并联在 R_x 两端，测出 R_x 两端的电压 U_2。

因 $U_1/R_0=U_2/R_x$，则 $R_x=U_2R_0/U_1$。

方法二：开关通断法。即通过某些开关的闭合或断开，改变电路的连接情况来测量电阻。

电路如图3－1－8所示。闭合开关 S_1，用电压表测出 R_x 两端电压 U_1，然后再闭合 S_2，将 R_0 短路，测得电路两端的总电压 U。

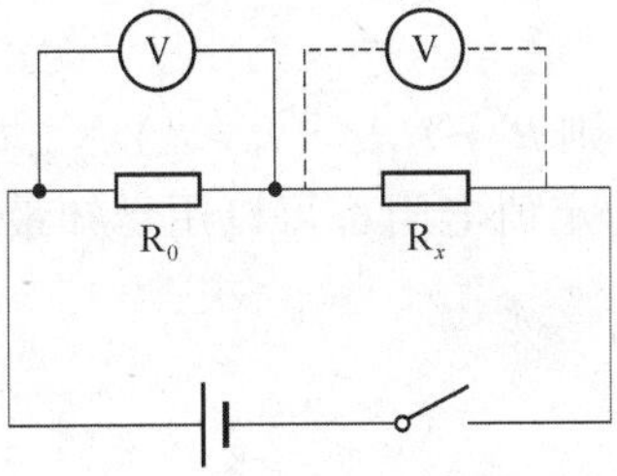

图3－1－7　改接电表法测量电阻阻值电路

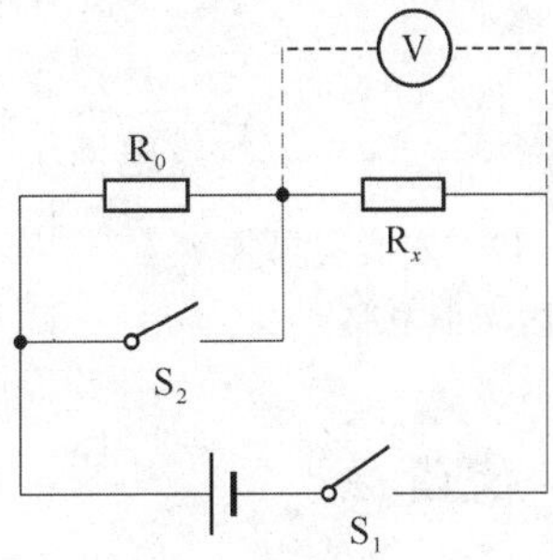

图3－1－8　开关通断法测量电阻阻值电路

因 $U_1/R_x=(U-U_1)/R_0$，则 $R_x=U_1R_0/(U-U_1)$。

3.1.4　安阻法

器材：电流表一个、阻值已知的定值电阻 R_0、开关、电源、待测电阻 R_x 和导线。

方法一：改接电表法。即通过改变电流表的位置来测电阻。电路如图3－1－9所示。先把电流表跟 R_x 串联，测出通过 R_x 的电流 I_1，然后再把电流表跟 R_0 串联，测出通过 R_0 的电流 I_2。因 $I_1R_x=I_2R_0$，则 $R_x=I_2R_0/I_1$。

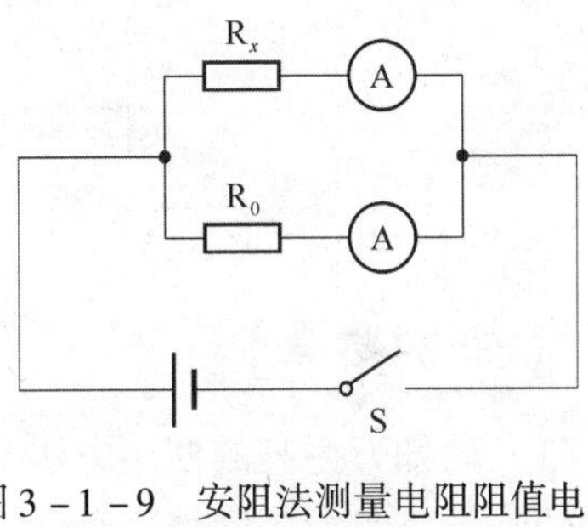

图3－1－9　安阻法测量电阻阻值电路

方法二：开关通断法。

① 短路法：电路如图3－1－10所示。先闭合开关 S_1，测出 R_x 和 R_0 串联后的电流 I_1，然后再闭合 S_2，把 R_0 短路，测出通过 R_x 的电流 I_2。

因 $I_1(R_0+R_x)=I_2R_x$，则 $R_x=I_1R_0/(I_2-I_1)$。

② 开路法：电路如图3－1－11所示。先闭合开关 S_1，测出通过 R_x 的电流 I_1，然后再闭合 S_2，测出通过 R_x 和 R_0 的总电流 I。因 $I_1R_x=(I-I_1)R_0$，则 $R_x=(I-I_1)R_0/I_1$。

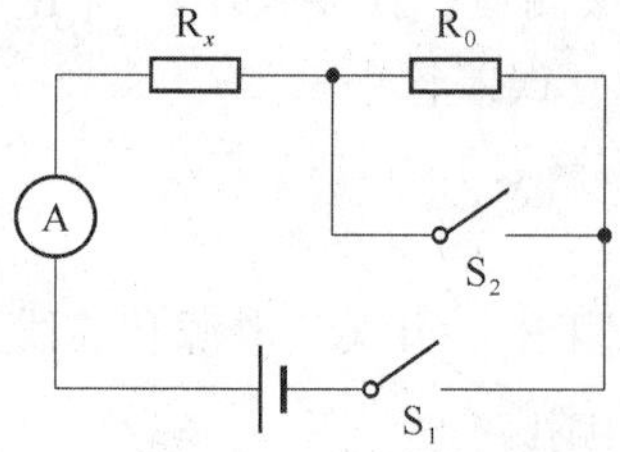

图 3-1-10　短路法测量电阻阻值电路

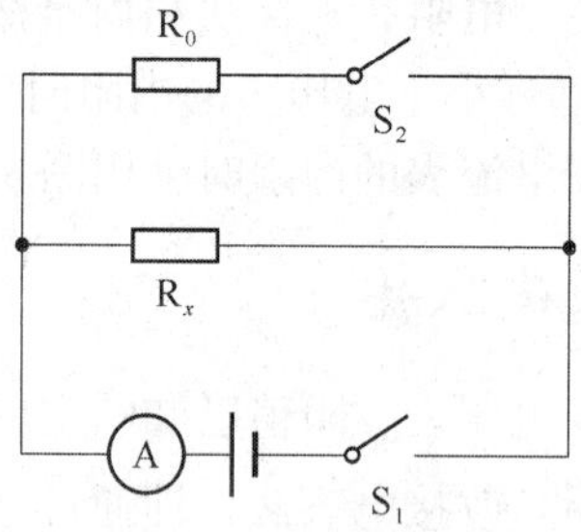

图 3-1-11　开路法测量电阻阻值电路

3.1.5　安滑法

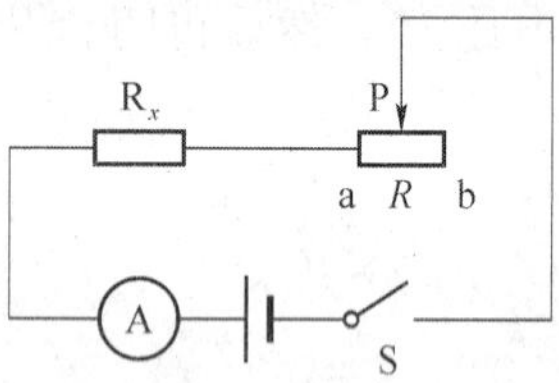

图 3-1-12　安滑法测量电阻阻值电路

器材：电流表、已知最大阻值为 R 的滑动变阻器、开关、电源、待测电阻和导线。

电路如图 3-1-12 所示。闭合开关 S，把滑动变阻器的滑片滑至 a 端，测出通过 R$_x$ 的电流 I_1，再把滑片移至 b 端，测出电流 I_2。

因 $I_1R_x=I_2(R_x+R)$，则 $R_x=I_2R/(I_1-I_2)$。

注：前面所述方法中的定值电阻都可以用已知最大阻值的滑动变阻器或电阻箱代替。

3.1.6　伏滑法

器材：电压表、已知最大阻值为 R 的滑动变阻器、开关、电源、待测电阻 R$_x$ 和导线。

电路如图 3-1-13 所示。先闭合开关 S，滑片 P 分别置于 a 端和 b 端，读出电压表的示数 U_1 和 U_2。

因 $U_2/R_x=(U_1-U_2)/R$，则 $R_x=U_2R/(U_1-U_2)$。

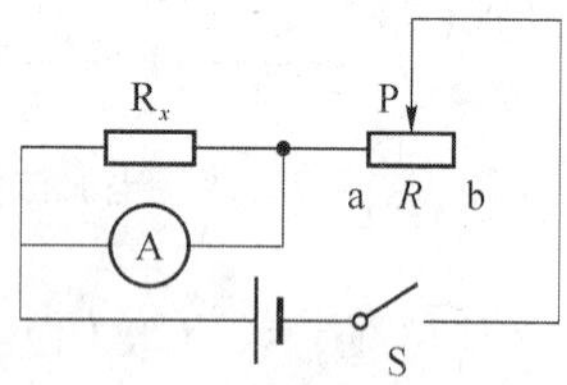

图 3-1-13　伏滑法测量电阻阻值电路

任务 3.2　电容的测量与测试

【任务要点】

(1) 熟知万用表的使用方法。

(2) 熟练掌握不同挡位测电容的程序。

(3) 熟练进行不同挡位测电容的操作。

【任务准备】

(1) 所需设备：万用表。

(2) 所需物品：定值电容。

【任务实施】

电容器是一种最为常用的电子元件，如图3－2－1所示。电容器的通用文字符号为“C”。电容器主要由金属电极、介质层和电极引线组成，两电极是相互绝缘的。因此，它具有“隔直流通交流”的基本性能。

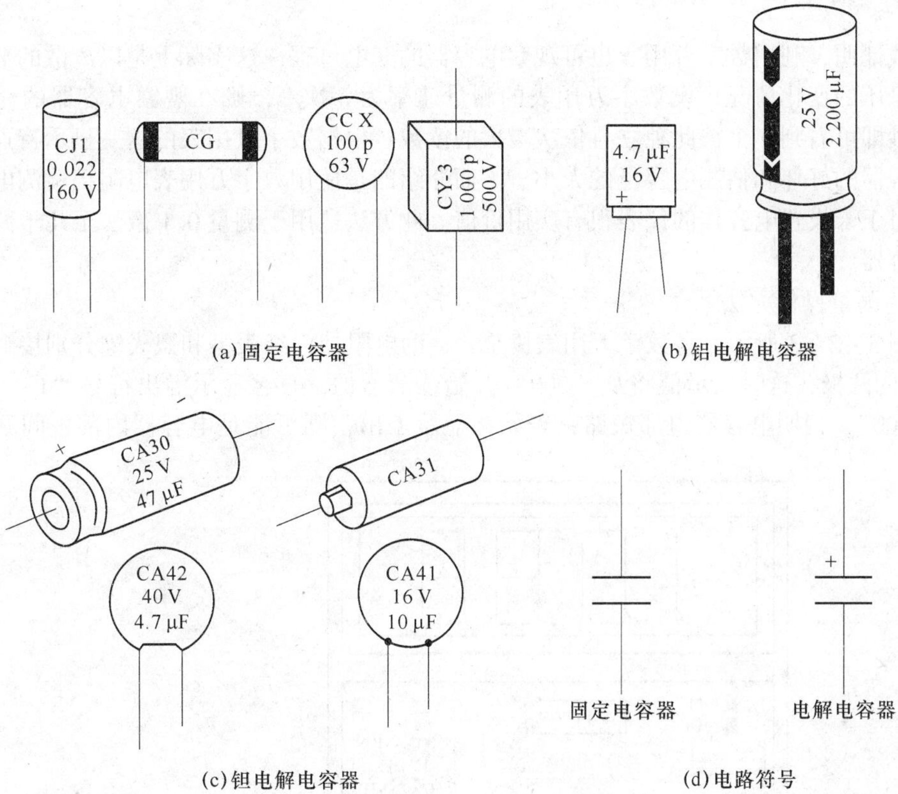

图3－2－1　几种常见电容器及符号

用数字万用表检测电容器，可按以下方法进行。

3.2.1　用电容挡直接检测

某些数字万用表具有测量电容的功能，其量程分为2 000 p、20 n、200 n、2 μ和20 μ五挡。测量时可将已放电的电容两引脚直接插入表板上的 C_x 插孔，选取适当的量程后就可读取显示数据，如图3－2－2所示。

图3－2－2　利用电容挡测量电容值

2 000 p挡，宜于测量小于2 000 pF的电容；20 n挡，宜于测量2 000 pF～20 nF之间的电容；200 n挡，宜于测量20～200 nF之间的电容；2 μ挡，宜于测量200 nF～2 μF之间的电容；20 μ挡，宜于测量2～20 μF之间的电容。

经验证明，有些型号的数字万用表（例如DT890B＋）在测量50 pF以下的小容量电容时误差较大，测量20 pF以下电容几乎没有参考价值。此时可采用串联法测量小值电容。方法是：先找一只 220 pF 左右的电容，用数字万用表测出其实际容量 C_1，然后把待测小电容与之并联测出其总容量 C_2，则两者之差（C_1-C_2）即是待测小电容的容量。用此法测量 1 ~ 20 pF 的小容量电容很准确。

3.2.2 用电阻挡检测

实践证明，利用数字万用表也可观察电容器的充电过程，这实际上是以离散的数字量反映充电电压的变化情况。设数字万用表的测量速率为 n 次/s，则在观察电容器的充电过程中，每秒即可看到 n 个彼此独立且依次增大的读数。根据数字万用表的这一显示特点，可以检测电容器的好坏和估测电容量的大小。下面介绍的是使用数字万用表电阻挡检测电容器的方法，对于未设置电容挡的仪表很有实用价值。此方法适用于测量 0.1 微法至几千微法的大容量电容器。

（1）测量操作方法。

如图 3－2－3 所示，将数字万用表拨至合适的电阻挡，红表笔和黑表笔分别接触被测电容器 C_x 的两极，这时显示值将从“000”开始逐渐增加，直至显示溢出符号“1”。若始终显示“000”，说明电容器内部短路；若始终显示溢出，则可能是电容器内部极间开路，也

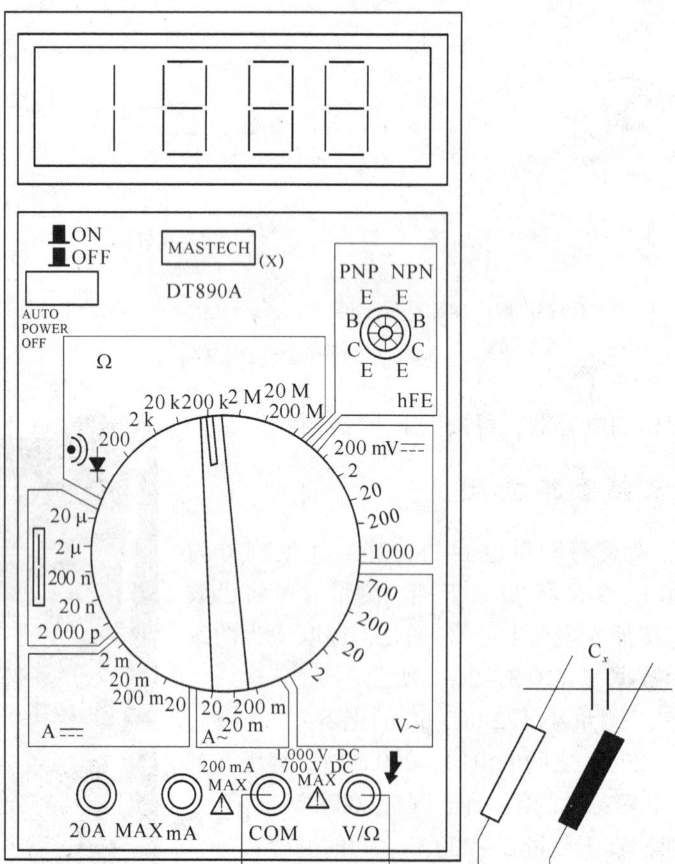

图 3－2－3　用电阻挡测量电容器

可能是所选择的电阻挡不合适。检查电解电容器时需要注意，红表笔（带正电）接电容器正极，黑表笔接电容器负极。

(2) 测量原理。

用电阻挡测量电容器的原理如图3-2-4所示。测量时，正电源经过标准电阻 R_0 向被测电容器 C_x 充电，刚开始充电的瞬间，因为 $V_c=0$，所以显示“000”。随着 V_c 逐渐升高，显示值随之增大。当 $V_c=2V_R$ 时，仪表开始显示溢出符号“1”。充电时间 t 为显示值从“000”变化到溢出所需要的时间，该段时间间隔可用石英表测出。

选择电阻挡量程的原则是：当电容量较小时宜选用高阻挡，而电容量较大时应选用低阻挡。若用高阻挡估测大容量电容器，由于充电过程很缓慢，测量时间将持续很久；若用低阻挡检查小容量电容器，由于充电时间极短，仪表会一直显示溢出，看不到变化过程。

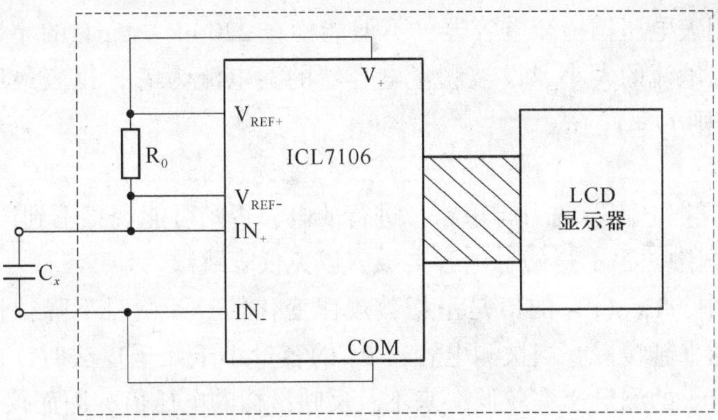

图3-2-4　用电阻挡测电容器原理

3.2.3　用电压挡检测

用数字万用表直流电压挡检测电容器，实际上是一种间接测量法，此法可测量220 pF～1 μF的小容量电容器，并且能精确测出电容器漏电流的大小。

(1) 测量方法及原理。

用电压挡测量电容器的原理如图3-2-5所示，E为外接的1.5 V干电池。将数字万用表拨到直流2 V挡，红表笔接被测电容器 C_x 的一个电极，黑表笔接电池负极。2 V挡的输入电阻 $R_{IN}=10\ M\Omega$。接通电源后，电池E经过 R_{IN} 向 C_x 充电，开始建立电压 V_c。

在这里，由于 R_{IN} 两端的电压就是仪表输入电压 V_{IN}，所以 R_{IN} 实际上还具有取样电阻的作用。很显然，$V_{IN}(t)=E-V_c(t)=E\exp(-t/R_{IN}C_x)$。$V_{IN}(t)$ 与 $V_c(t)$ 的变化过程正好相反。$V_{IN}(t)$ 的变化曲线随时间的增加而降低，而 $V_c(t)$ 则随时间的增加而升高。仪表所显示的虽然是 $V_{IN}(t)$ 的变化过程，但却间接地反映了被测电容器 C_x 的充电过程。测试时，如果 C_x 开路（无容量），显示值就总是“000”，如果 C_x 内部短路，显示值就总是电池电压 E，均不随时间改变。

这表明，刚接通电路时，$t=0$，$V_{IN}=E$，数字万用表最初显示值即为电池电压，之后随着 $V_c(t)$ 的升高，$V_{IN}(t)$ 逐渐降低，直到 $V_{IN}=0$ V，C_x 充电过程结束，此时 $V_c(t)=E$。

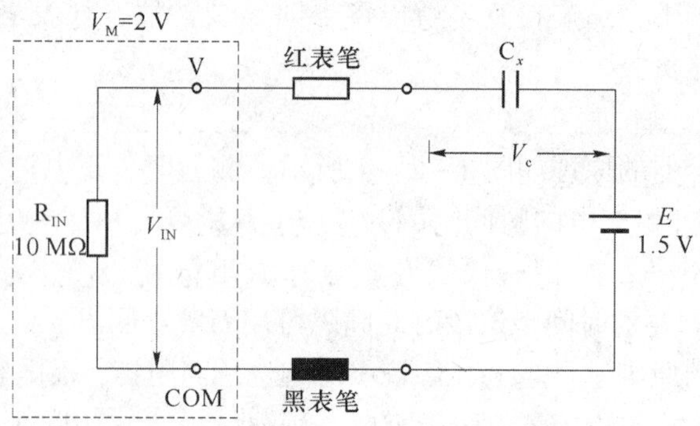

图 3-2-5　用电压挡测量电容器原理

使用数字万用表电压挡检测电容器，不但能检查 220 pF ~ 1 μF 的小容量电容器，还能同时测出电容器漏电流的大小。设被测量电容器的漏电流为 I_D，仪表最后显示的稳定值为 V_D（单位是 V），则 $I_D = V_D/R_{IN}$。

（2）注意事项。

① 测量之前应把电容器两引脚短路，进行放电，否则可能观察不到读数的变化过程。

② 在测量过程中两手不得碰触电容电极，以免仪表跳数。

③ 测量过程中，V_{IN}（t）的值是呈指数规律变化的，开始时下降很快，随着时间的延长，下降速度会越来越缓慢。当被测电容器 C_x 的容量小于几千皮法时，由于 V_{IN}（t）一开始下降太快，而仪表的测量速率较低，来不及反映最初的电压值，因而仪表最初的显示值要低于电池电压 E。

④ 当被测电容大于 1 μF 时，为了缩短测量时间，可采用电阻挡进行测量。但当被测电容小于 200 pF 时，由于读数的变化很短暂，所以很难观察得到充电过程。

3.2.4　用蜂鸣器挡检测

利用数字万用表的蜂鸣器挡，可以快速检查电解电容器的质量好坏。将数字万用表拨至蜂鸣器挡，用两支表笔分别与被测电容器 C_x 的两个引脚接触，应能听到一阵短促的蜂鸣声，随即声音停止，同时显示溢出符号“1”。接着，再将两支表笔对调测量一次，蜂鸣器应再发声，最终显示溢出符号“1”，此种情况说明被测电解电容基本正常。此时，可再拨至 20 MΩ或 200 MΩ 高阻挡测量一下电容器的漏电阻，即可判断其好坏。

任务 3.3　二极管的测量与测试

【任务要点】

（1）熟知不同二极管的作用与特点。

（2）熟练掌握不同二极管的检测程序。

（3）熟练进行不同二极管检测程序的操作。

【任务准备】

(1) 所需设备：万用表。

(2) 所需物品：各种不同类型二极管。

【任务实施】

二极管参数的测试可用晶体管图示仪 QT－2，或其他仪器进行测试。

在没有仪器的情况下，也可用万用表来简单检查二极管的好坏，但这种检测方法不能测量二极管的参数。

初学者在业余条件下可以使用万用表测试二极管性能的好坏。测试前先将万用表的转换开关拨到欧姆挡的 R×1k 挡位（注意不要使用 R×1 挡，以免电流过大烧坏二极管），再将红、黑两根表笔短路，进行欧姆调零。

3.3.1 正向特性测试

把万用表的黑表笔（表内正极）搭触二极管的正极，红表笔（表内负极）搭触二极管的负极。若表针不摆到0值而是停在标度盘的中间，这时的阻值就是二极管的正向电阻，一般正向电阻越小越好。若正向电阻为0，说明管芯短路损坏；若正向电阻接近无穷大，说明管芯断路。短路和断路的二极管都不能使用。

3.3.2 反向特性测试

把万用表的红表笔搭触二极管的正极，黑表笔搭触二极管的负极，若表针指在无穷大或接近无穷大，二极管就是合格的。

3.3.3 不同二极管的测量

1. 普通二极管的检测

普通二极管（包括检波二极管、整流二极管、阻尼二极管、开关二极管、续流二极管），是由一个 PN 结构成的半导体器件，具有单向导电特性。通过用万用表检测其正、反向电阻值，可以判别出二极管的电极，还可估测出二极管是否损坏。

1）正、负极的判别

将万用表置于 R×100 挡或 R×1k 挡，两表笔分别接二极管的两个电极，测出一个结果后，对调两表笔，再测出一个结果。两次测量的结果中，有一次测量出的阻值较大（为反向电阻），一次测量出的阻值较小（为正向电阻）。在阻值较小的一次测量中，黑表笔接的是二极管的正极，红表笔接的是二极管的负极。

2）单向导电性能的检测及性能好坏的判断

通常，锗材料二极管的正向电阻值为 1 kΩ 左右，反向电阻值为 300 kΩ 左右。硅材料二极管的正向电阻值为 5 kΩ 左右，反向电阻值为∞（无穷大）。正向电阻越小越好，反向电阻越大越好。正、反向电阻值相差越悬殊，说明二极管的单向导电特性越好。

若测得二极管的正、反向电阻值均接近 0 或阻值较小，则说明该二极管内部已击穿短路或漏电损坏。若测得二极管的正、反向电阻值均为无穷大，则说明该二极管已开路损坏。

3）反向击穿电压的检测

二极管反向击穿电压（耐压值）可以用晶体管直流参数测试表测量。其方法是：测量二极管时，应将测试表的“NPN/PNP”选择键设置为 NPN 状态，再将被测二极管的正极接测试表的“C”插孔，负极接测试表的“e”插孔，然后按下“V（BR）”键，测试表即可指示出二极管的反向击穿电压值。也可用兆欧表和万用表来测量二极管的反向击穿电压。测量时被测二极管的负极与兆欧表的正极相接，将二极管的正极与兆欧表的负极相接，同时用万用表（置于合适的直流电压挡）检测二极管两端的电压。摇动兆欧表手柄（应由慢逐渐加快），待二极管两端电压稳定而不再上升时，此电压值即是二极管的反向击穿电压。

2. 稳压二极管的检测

1）正、负极的判别

从外形上看，金属封装稳压二极管管体的正极一端为平面，负极一端为半圆面。塑封稳压二极管管体上印有彩色标记的一端为负极，另一端为正极。对标志不清楚的稳压二极管，也可以用万用表判别其极性，测量的方法与普通二极管相同，即用万用表 R×1k 挡，将两表笔分别接稳压二极管的两个电极，测出一个结果后，再对调两表笔进行测量。在两次测量结果中，阻值较小那一次，黑表笔接的是稳压二极管的正极，红表笔接的是稳压二极管的负极。若测得稳压二极管的正、反向电阻均很小或均为无穷大，则说明该二极管已击穿或开路损坏。

2）稳压值的测量

用 0～30 V 连续可调直流电源，对于 13 V 以下的稳压二极管，可将稳压电源的输出电压调至 15 V，将电源正极串接一只 1.5 kΩ 限流电阻后与被测稳压二极管的负极相接，电源负极与稳压二极管的正极相接，再用万用表测量稳压二极管两端的电压值，所测的读数即为稳压二极管的稳压值，如图 3-3-1 所示。若稳压二极管的稳压值高于 15 V，则应将稳压电源调至 20 V 以上。

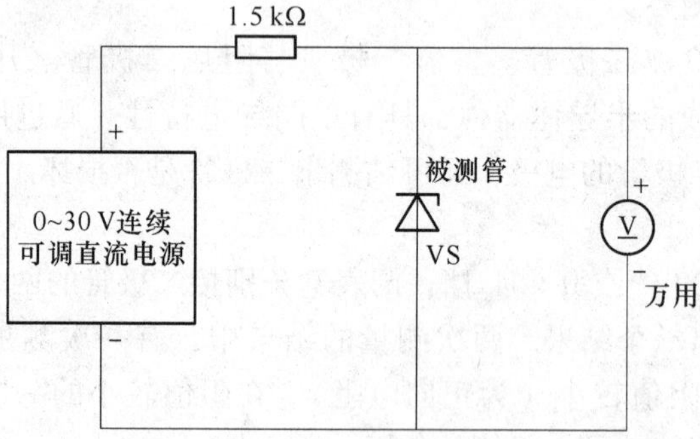

图 3-3-1　稳压二极管稳压值的测量方法

也可用低于 1 000 V 的兆欧表为稳压二极管提供测试电源。其方法是：将兆欧表正端与稳压二极管的负极相接，兆欧表的负端与稳压二极管的正极相接后，按规定匀速摇动兆欧表手柄，同时用万用表监测稳压二极管两端电压值（万用表的电压挡应视稳定电压值的大小而定），待万用表的指示电压指示稳定时，此电压值便是稳压二极管的稳定电压值。

若测量稳压二极管的稳定电压值忽高忽低，则说明该二极管特性不稳定。

3. 双向触发二极管的检测

1）正、反向电阻值的测量

用万用表 R×1 k 或 R×10 k 挡，测量双向触发二极管正、反向电阻值。正常时其正、反向电阻值均应为无穷大。若测得正、反向电阻值均很小或为 0，则说明该二极管已击穿损坏。

2）转折电压测量

测量双向触发二极管的转折电压有三种方法。

第一种方法：将兆欧表的正极（E）和负极（L）分别接双向触发二极管的两端，用兆欧表提供击穿电压，同时用万用表的直流电压挡测量出电压值，将双向触发二极管的两极对调后再测量一次。比较一下两次测量的电压值的偏差（一般为 3～6 V）。此偏差值越小，说明此二极管的性能越好。

第二种方法：先用万用表测出市电电压 U，然后将被测双向触发二极管串入万用表的交流电压测量回路后，接入市电电压，读出电压值 U_1，再将双向触发二极管的两极对调连接后并读出电压值 U_2。若 U_1 与 U_2 的电压值相同，但与 U 的电压值不同，则说明该双向触发二极管的导通性能对称性良好。若 U_1 与 U_2 的电压值相差较大时，则说明该双向触发二极管的导通性不对称。若 U_1、U_2 电压值均与市电 U 相同时，则说明该双向触发二极管内部已短路损坏。若 U_1、U_2 的电压值均为 0 V，则说明该双向触发二极管内部已开路损坏。

第三种方法：用 0～50 V 连续可调直流电源，将电源的正极串接 1 只 20 kΩ 电阻器后与双向触发二极管的一端相接，将电源的负极串接万用表电流挡（将其置于 1 mA 挡）后与双向触发二极管的另一端相接，如图 3－3－2 所示。逐渐增加电源电压，当电流表指针有较明显摆动时（几十微安以上），则说明此双向触发二极管已导通，此时电源的电压值即是双向触发二极管的转折电压。

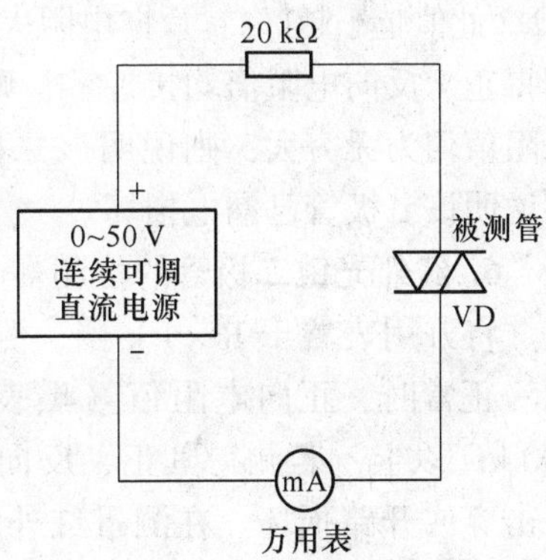

图 3－3－2　双向触发二极管转折电压的检测方法

4. 发光二极管的检测

1）正、负极的判别

将发光二极管放在一个光源下，观察两个金属片的大小，通常金属片大的一端为负极，金属片小的一端为正极。

2）性能好坏的判断

用万用表 R×10 k 挡，测量发光二极管的正、反向电阻值。正常时，正向电阻值（黑表笔接正极时）为 10～20 kΩ，反向电阻值为 250 kΩ～∞（无穷大）。较高灵敏度的发光二极管，在测量正向电阻值时，管内会发微光。若用万用表 R×1 k 挡测量发光二极管的正、反向电阻值，则会发现其正、反向电阻值均接近∞（无穷大），这是因为发光二极管的正向压降大于 1.6 V（高于万用表 R×1 k 挡内电池的电压值 1.5 V）的缘故。用万用表的 R×10 k 挡对一只 220 μF/25 V 电解电容器充电（黑表笔接电容器正极，红表笔接电容器负极），再将充电后的电容器正极接发光二极管正极，电容器负极接发光二极管负极，若发光二极管有很亮的闪光，则说明该发光二极管完好。

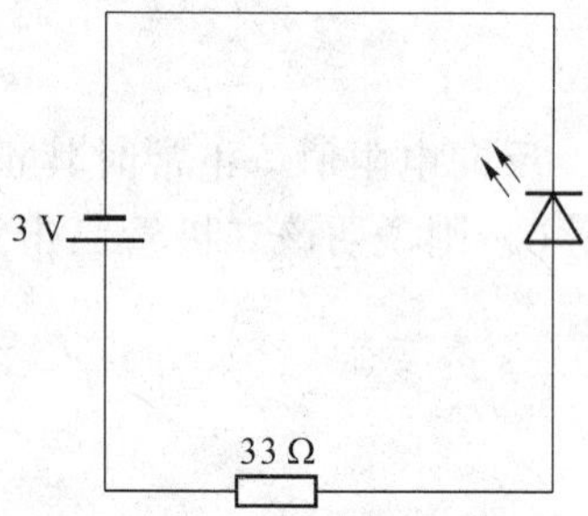

图 3-3-3　用电源检测发光二极管

也可用 3 V 直流电源，在电源的正极串接 1 只 33 Ω 电阻后接发光二极管的正极，将电源的负极接发光二极管的负极，如图 3-3-3 所示，正常的发光二极管应发光。或将 1 节 1.5 V 电池串接在万用表的黑表笔（将万用表置于 R×10 或 R×100 挡，黑表笔接电池负极，相当于与表内的 1.5 V 电池串联），将电池的正极接发光二极管的正极，红表笔接发光二极管的负极，正常的发光二极管应发光。

5. 红外发光二极管的检测

1）正、负极的判别

红外发光二极管多采用透明树脂封装，管芯下部有一个浅盘，管内电极宽大的为负极，而电极窄小的为正极。也可从管身形状和引脚的长短来判断。通常，靠近管身侧向小平面的电极为负极，另一端引脚为正极。长引脚为正极，短引脚为负极。

2）性能好坏的判断

用万用表 R×10 k 挡测量红外发光二极管正、反向电阻。正常时，正向电阻值约为 15～40 kΩ（此值越小越好）；反向电阻大于 500 kΩ（用 R×10 k 挡测量，反向电阻大于 200 kΩ）。若测得正、反向电阻值均接近零，则说明该红外发光二极管内部已击穿损坏。若测得正、反向电阻值均为无穷大，则说明该二极管已开路损坏。若测得的反向电阻值远远小于 500 kΩ，则说明该二极管已漏电损坏。

6. 红外光敏二极管的检测

将万用表置于 R×1 k 挡，测量红外光敏二极管的正、反向电阻值，如图 3-3-4 所示。正常时，正向电阻值（黑表笔所接引脚为正极）为 3～10 kΩ 左右，反向电阻值为 500 kΩ 以上。若测得其正、反向电阻值均为 0 或均为无穷大，则说明该红外光敏二极管已击穿或开路损坏。在测量红外光敏二极管反向电阻值的同时，用电视机遥控器对着被测红外光敏二极管的接收窗口。正常的红外光敏二极管，在按动遥控器上按键时，其反向电阻值会由 500 kΩ 以上减小至 50～100 kΩ 之间。阻值下降越多，说明红外光敏二极管的灵敏度越高。

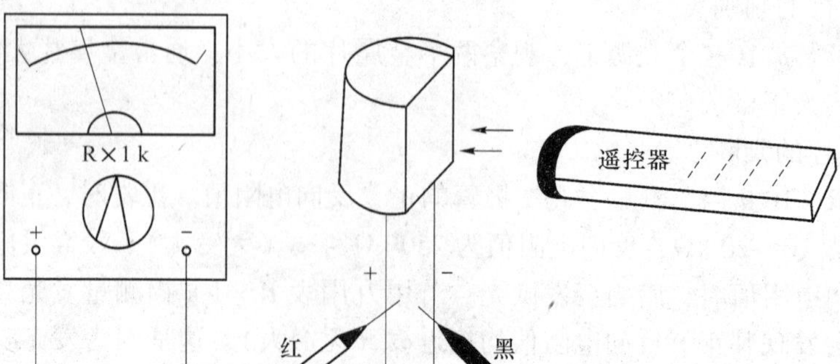

图 3-3-4　红外光敏二极管的检测

7. 其他光敏二极管的检测

1）电阻测量法

用黑纸或黑布遮住光敏二极管的光信号接收窗口，然后用万用表 R×1 k 挡测量光敏二极管的正、反向电阻值。正常时，正向电阻值在 10～20 kΩ 之间，反向电阻值为∞（无穷大）。若测得正、反向电阻值均很小或均为无穷大，则是该光敏二极管漏电或开路损坏。再去掉黑纸或黑布，使光敏二极管的光信号接收窗口对准光源，然后观察其正、反向电阻值的变化。正常时，正、反向电阻值均应变小。阻值变化越大，说明该光敏二极管的灵敏度越高。

2）电压测量法

将万用表置于 1 V 直流电压挡，黑表笔接光敏二极管的负极，红表笔接光敏二极管的正极，将光敏二极管的光信号接收窗口对准光源，正常时应有 0.2～0.4 V 电压（其电压与光照强度成正比）。

3）电流测量法

将万用表置于 50 μA 或 500 μA 电流挡，红表笔接正极，黑表笔接负极，正常的光敏二极管在白炽灯光下，随着光照强度的增加，其电流应从几微安增大至几百微安。

8. 激光二极管的检测

1）电阻测量法

拆下激光二极管，用万用表 R×1 k 或 R×10 k 挡测量其正、反向电阻值。正常时，正向电阻值在 20～40 kΩ 之间，反向电阻值为∞（无穷大）。若测得正向电阻值已超过 50 kΩ，则说明激光二极管的性能已下降。若测得的正向电阻值大于 90 kΩ，则说明该激光二极管已严重老化，不能再使用了。

2）电流测量法

用万用表测量激光二极管驱动电路中负载电阻两端的电压降，再根据欧姆定律估算出流过该管的电流值，当电流超过 100 mA 时，若调节激光功率电位器，而电流无明显的变化，则可判断激光二极管严重老化。若电流剧增而失控，则说明激光二极管的光学谐振腔已损坏。

9. 变容二极管的检测

1）正、负极的判别

有的变容二极管的一端涂有黑色标记，这一端即是负极，而另一端为正极。还有的变容二极管的管壳两端分别涂有黄色环和红色环，红色环的一端为正极，黄色环的一端为负极。

也可以用数字万用表的二极管挡，通过测量变容二极管的正、反向电压降来判断出其正、负极性。正常的变容二极管，在测量其正向电压降时，表的读数为 0.58～0.65 V；测量其反向电压降时，表的读数显示为溢出符号“1”。在测量正向电压降时，红表笔接的是变容二极管的正极，黑表笔接的是变容二极管的负极。

2）性能好坏的判断

用指针式万用表的 R×10 k 挡测量变容二极管的正、反向电阻值。正常的变容二极管，其正、反向电阻值均为∞（无穷大）。若被测变容二极管的正、反向电阻值均有一定阻值或均为 0，则是该二极管漏电或击穿损坏。

10. 双基极二极管的检测

1）正、负极的判别

将万用表置于 R×1 k 挡，用两表笔测量双基极二极管三个电极中任意两个电极间的正、反向电阻值，会测出有两个电极之间的正、反向电阻值均为 2 ~ 10 kΩ，这两个电极即是基极 B1 和基极 B2，另一个电极即是发射极 E。再将黑表笔接发射极 E，用红表笔依次去接触另外两个电极，一般会测出两个不同的电阻值。在阻值较小的那次测量中，红表笔接的是基极 B2，另一个电极即是基极 B1。

2）性能好坏的判断

双基极二极管性能的好坏可以通过测量其各极间的电阻值是否正常来判断。用万用表 R×1 k 挡，将黑表笔接发射极 E，红表笔依次接两个基极（B1 和 B2），正常时均应有几千欧至十几千欧的电阻值。再将红表笔接发射极 E，黑表笔依次接两个基极，正常时阻值为无穷大。双基极二极管两个基极（B1 和 B2）之间的正、反向电阻值均为 2 ~ 10 kΩ，若测得某两极之间的电阻值与上述正常值相差较大时，则说明该二极管已损坏。

11. 桥堆的检测

1）全桥的检测

大多数的整流全桥上，均标注有“+”“-”“~”符号（其中“+”为整流后输出电压的正极，“-”为输出电压的负极，“~”为交流电压输入端），很容易确定出各电极。检测时，可通过分别测量“+”极与两个“~”极、“-”极与两个“~”极之间各整流二极管的正、反向电阻值（与普通二极管的测量方法相同）是否正常，即可判断该全桥是否已损坏。若测得全桥内二极管的正、反向电阻值均为 0 或均为无穷大，则可判断该二极管已击穿或开路损坏。

2）半桥的检测

半桥是由两只整流二极管组成，通过用万用表分别测量半桥内部的两只二极管的正、反向电阻值是否正常，即可判断出该半桥是否正常。

12. 高压硅堆的检测

高压硅堆内部是由多只高压整流二极管（硅粒）串联组成，检测时，可用万用表的R×10 k 挡测量其正、反向电阻值。正常的高压硅堆，其正向电阻值大于 200 kΩ，反向电阻值为无穷大。若测得其正、反向均有一定电阻值，则说明该高压硅堆已击穿损坏。

13. 变阻二极管的检测

用万用表 R×10 k 挡测量变阻二极管的正、反向电阻值，正常的高频变阻二极管的正向电阻值（黑表笔接正极时）为 4.5 ~ 6 kΩ，反向电阻值为无穷大。若测得其正、反向电阻值均很小或均为无穷大，则说明被测变阻二极管已损坏。

14. 肖特基二极管的检测

二端型肖特基二极管可以用万用表 R×1 挡测量。正常时，其正向电阻值（黑表笔接正极）为 2.5 ~ 3.5 Ω，反向电阻值为无穷大。若测得正、反向电阻值均为无穷大或均接近 0，则说明该二极管已开路或击穿损坏。三端型肖特基二极管应先测出其公共端，判别出是共阴对管，还是共阳对管，然后再分别测量两个二极管的正、反向电阻值。正向特性测试把万用表的黑表笔（表内正极）搭触二极管的正极，红表笔（表内负极）搭触二极管的负极。若表针不摆到 0 值而是停在标度盘的中间，这时的阻值就是二极管的正向电阻，一般正向电阻越小越好。若正向电阻为 0，说明管芯短路损坏；若正向电阻接近无穷大，说明管芯断路。短路和断路的二极管都不能使用。

把万用表的红表笔搭触二极管的正极，黑表笔搭触二极管的负极，若表针指在无穷大值或接近无穷大值，二极管就是合格的。

项目4　导线的常用连接方法

任务4.1　导线的绞合连接

【任务要点】

(1) 熟知导线绞合连接的使用方法。

(2) 熟练掌握导线绞合连接的程序。

(3) 熟练进行导线绞合连接工具的操作。

【任务准备】

(1) 所需设备：电工工具一套。

(2) 所需物品：各型号导线。

【任务实施】

绞合连接是指将需连接导线的芯线直接紧密绞合在一起。铜导线常用绞合连接。

4.1.1　单股铜导线的直接连接

1. 小截面单股铜导线连接

如图4-1-1所示，先将两导线的芯线线头做X形交叉，再将它们相互缠绕2~3圈后扳直两线头，然后将每个线头在另一芯线上紧贴密绕5~6圈后剪去多余线头即可。

2. 大截面单股铜导线连接

如图4-1-2所示，先在两导线的芯线重叠处填入一根相同直径的芯线，再用一根截面约1.5 mm^2 的裸铜线在其上紧密缠绕，缠绕长度为导线直径的10倍左右，然后将被连接导线的芯线线头分别折回，再将两端的缠绕裸铜线继续缠绕5~6圈后剪去多余线头即可。

3. 不同截面单股铜导线连接

如图4-1-3所示，先将细导线的芯线在粗导线的芯线上紧密缠绕5~6圈，然后将粗导线芯线的线头折回紧压在缠绕层上，再用细导线芯线在其上继续缠绕3~4圈后剪去多余线头即可。

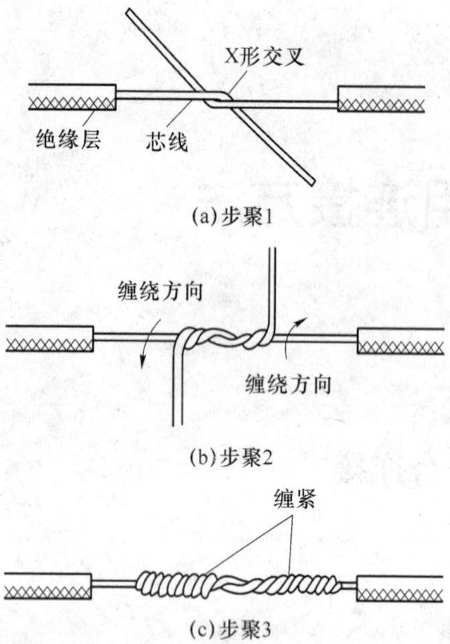

图 4-1-1　小截面单股铜导线连接

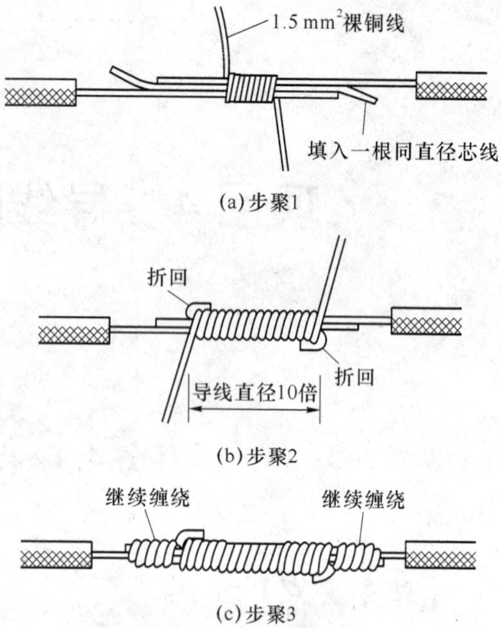

图 4-1-2　大截面单股铜导线连接

4.1.2　单股铜导线的分支连接

1. 单股铜导线的 T 形分支连接

如图 4-1-4 所示，将支路芯线的线头紧密缠绕在干路芯线上 5～8 圈后剪去多余线头即可。对于较小截面的芯线，可先将支路芯线的线头在干路芯线上打一个环绕结，再紧密缠绕 5～8 圈后剪去多余线头即可。

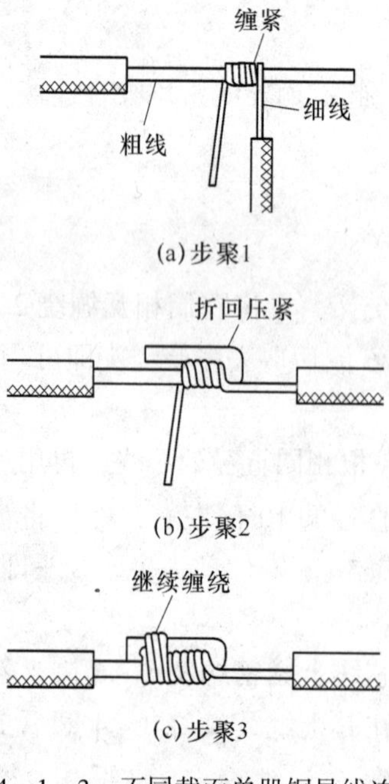

图 4-1-3　不同截面单股铜导线连接

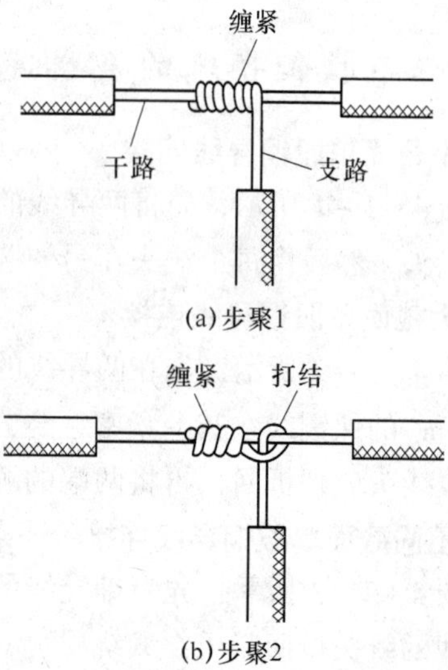

图 4-1-4　单股铜导线的 T 形分支连接

2. 单股铜导线的十字分支连接

如图 4－1－5 所示，将上下支路芯线的线头紧密缠绕在干路芯线上 5～8 圈后剪去多余线头即可。可以将上下支路芯线的线头向一个方向缠绕，也可以向左右两个方向缠绕。

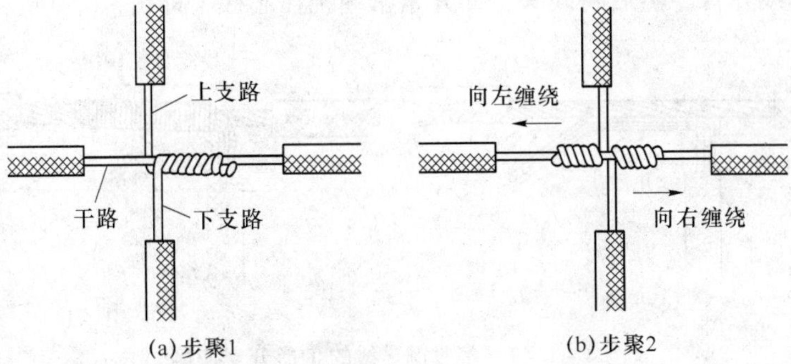

图 4－1－5　单股铜导线的十字分支连接

4.1.3　多股铜导线的直接连接

多股铜导线的直接连接如图 4－1－6 所示。首先将剥去绝缘层的多股芯线拉直，将其靠近绝缘层的约 1/3 芯线绞合拧紧，将其余 2/3 芯线成伞状散开，另一根需连接的导线芯线也如此处理。接着将两伞状芯线相对着互相插入后捏平芯线，然后将每一边的芯线线头分作 3 组，先将某一边的第 1 组线头翘起并紧密缠绕在芯线上，再将第 2 组线头翘起并紧密缠绕在芯线上，最后将第 3 组线头翘起并紧密缠绕在芯线上。以同样方法缠绕另一边的线头。

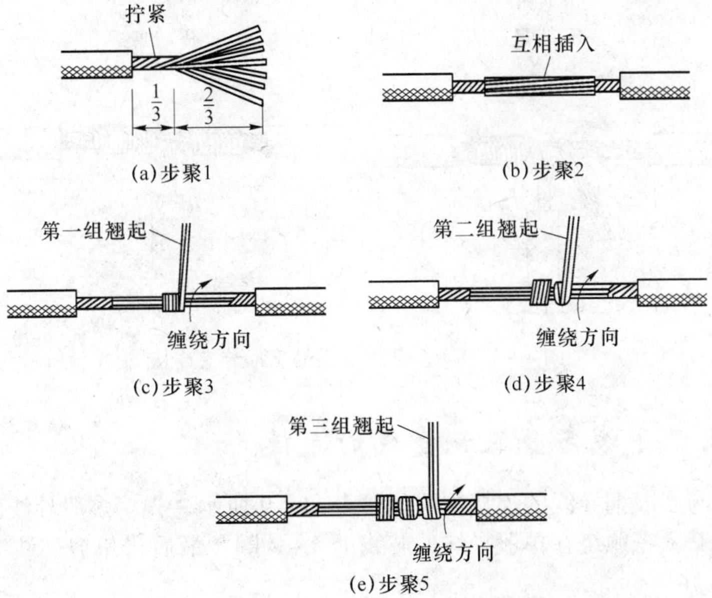

图 4－1－6　多股铜导线的直接连接

4.1.4 多股铜导线的分支连接

多股铜导线的T形分支连接有两种方法，一种方法如图4－1－7所示，将支路芯线90°折弯后与干路芯线并行，然后将线头折回并紧密缠绕在芯线上即可。

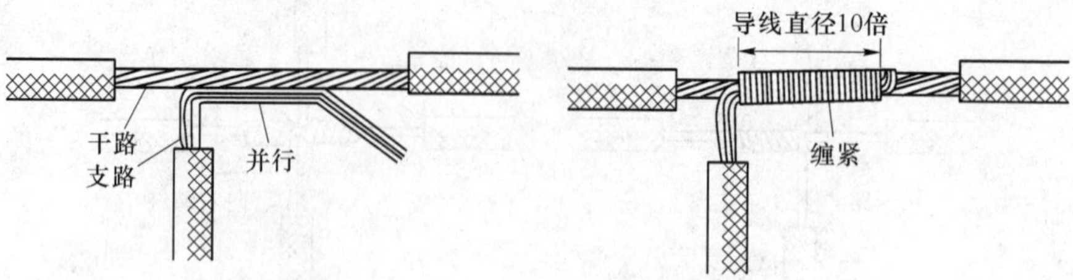

(a)步聚1　　(b)步聚2

图4－1－7　多股铜导线的T形分支连接

另一种方法如图4－1－8所示，将支路芯线靠近绝缘层的约1/8芯线绞合拧紧，其余7/8芯线分为两组，一组插入干路芯线当中，另一组放在干路芯线前面，并朝右边按所示方向缠绕4～5圈，再将插入干路芯线当中的那一组朝左边按所示方向缠绕4～5圈。

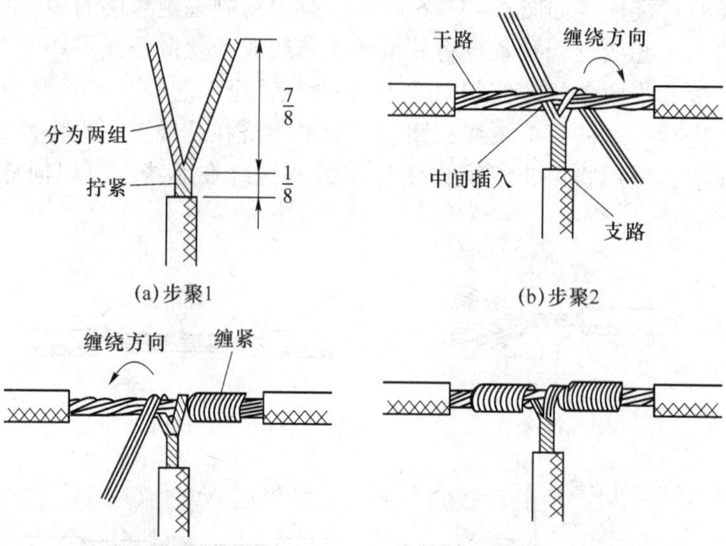

(a)步聚1　　(b)步聚2

(c)步聚3　　(d)步聚4

图4－1－8　多股铜导线的T形分支连接

4.1.5 单股铜导线与多股铜导线的连接

单股铜导线与多股铜导线的连接方法如图4－1－9所示。先将多股导线的芯线绞合拧紧成单股状，再将其紧密缠绕在单股导线的芯线上5～8圈，最后将单股芯线线头折回并压紧在缠绕部位即可。

4.1.6 同一方向的导线的连接

当需要连接的导线来自同一方向时，可以采用图4－1－10所示的方法。对于单股导线，

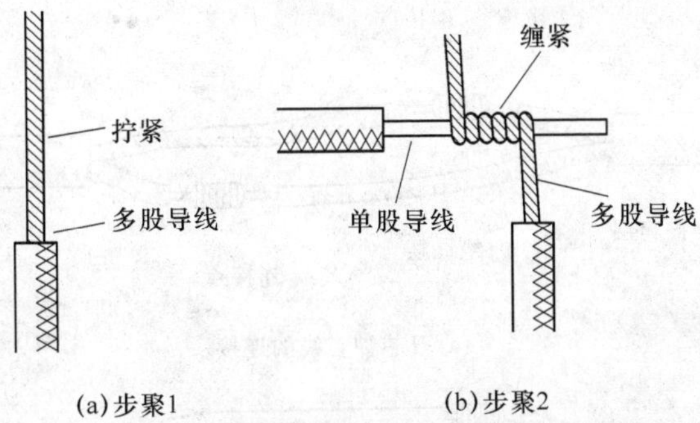

图 4－1－9　单股铜导线与多股铜导线的连接

可将一根导线的芯线紧密缠绕在其他导线的芯线上，再将其他芯线的线头折回压紧即可。对于多股导线，可将两根导线的芯线互相交叉，然后绞合拧紧即可。对于单股导线与多股导线的连接，可将多股导线的芯线紧密缠绕在单股导线的芯线上，再将单股芯线的线头折回压紧即可。

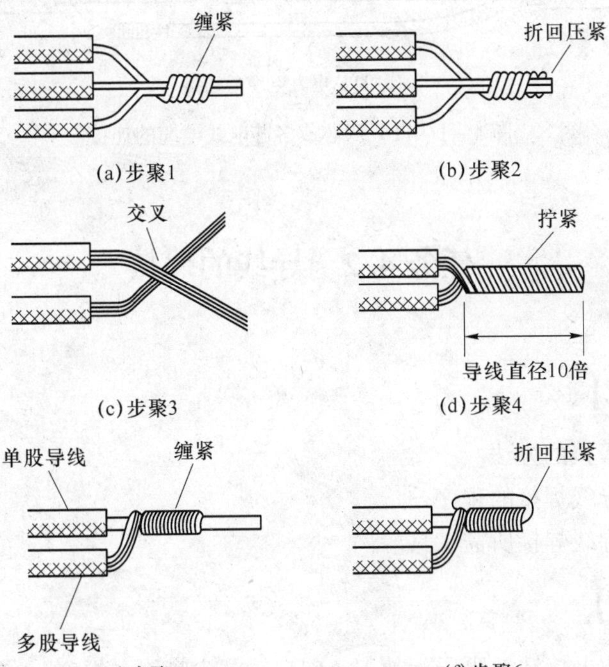

图 4－1－10　同一方向的导线的连接

4.1.7　双芯或多芯电线电缆的连接

双芯护套线、三芯护套线或电缆、多芯电缆在连接时，应注意尽可能将各芯线的连接点互相错开位置，可以更好地防止线间漏电或短路。图 4－1－11（a）所示为双芯护套线的连接，图 4－1－11（b）所示为三芯护套线的连接，图 4－1－11（c）所示为四芯电力电缆的连接。

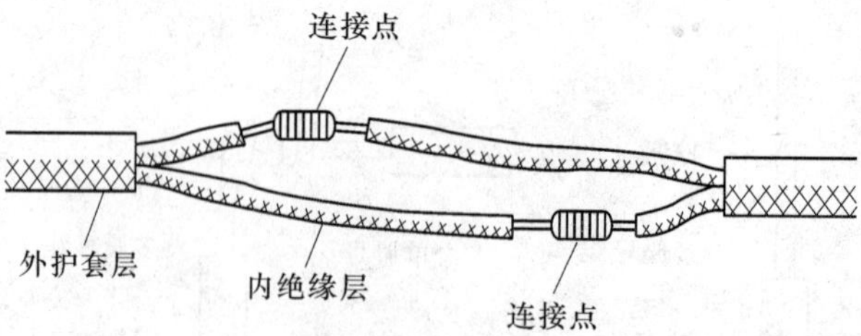

(a) 双芯护套线的连接

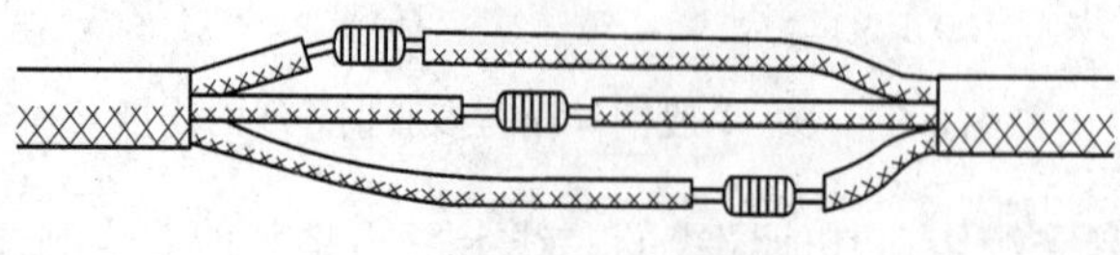

(b) 三芯护套线的连接

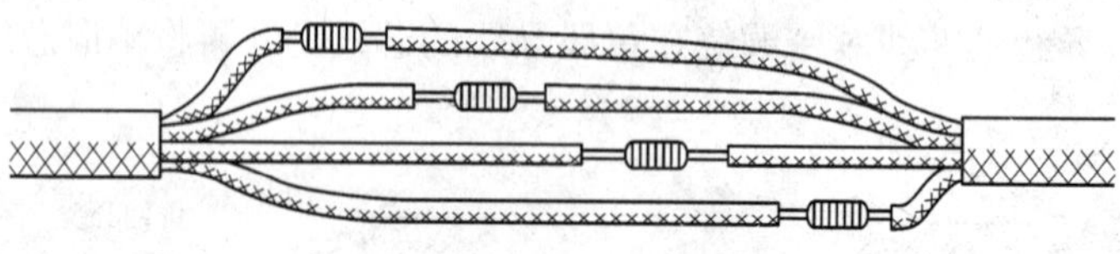

(c) 四芯电力电缆的连接

图 4－1－11　双芯或多芯电线电缆的连接

任务 4.2　导线的焊接

【任务要点】

(1) 熟知导线焊接的方法。
(2) 熟练掌握导线焊接的程序。
(3) 熟练使用导线焊接所需工具。

【任务准备】

(1) 所需设备：电烙铁、镊子、剪刀、斜口钳、尖嘴钳、焊剂。
(2) 所需物品：铜导线、铝导线。

【任务实施】

焊接是指将金属（焊锡等焊料或导线本身）熔化而使导线连接。电工技术中导线连接的焊接种类有锡焊、电阻焊、电弧焊、气焊、钎焊等，常用的焊接方法是锡焊。

4.2.1　铜导线接头的锡焊

较细的铜导线接头可用大功率（例如 150 W）电烙铁进行焊接。焊接前应先清除铜芯线接头部位的氧化层和黏污物。为增加连接可靠性和机械强度，可将待连接的两根芯线先行绞合，再涂上无酸助焊剂，用电烙铁蘸焊锡进行焊接即可，如图4－2－1所示。焊接中应使焊锡充分熔融渗入导线接头缝隙中，焊接完成的接点应牢固光滑。

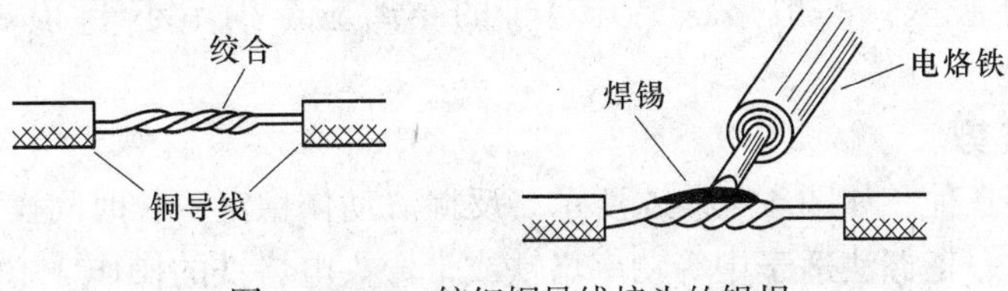

图4－2－1　较细铜导线接头的锡焊

较粗（一般指截面积16 mm²以上）的铜导线接头可用浇焊法连接。浇焊前同样应先清除铜芯线接头部位的氧化层和黏污物，涂上无酸助焊剂，并将线头绞合。将焊锡放在化锡锅内加热熔化，当熔化的焊锡表面呈磷黄色说明锡液已达符合要求的高温，即可进行浇焊。浇焊时将导线接头置于化锡锅上方，用耐高温勺子盛上锡液从导线接头上面浇下，如图4－2－2所示。刚开始浇焊时因导线接头温度较低，锡液在接头部位不会很好渗入，应反复浇焊，直至完全焊牢为止。浇焊的接头表面也应光洁平滑。

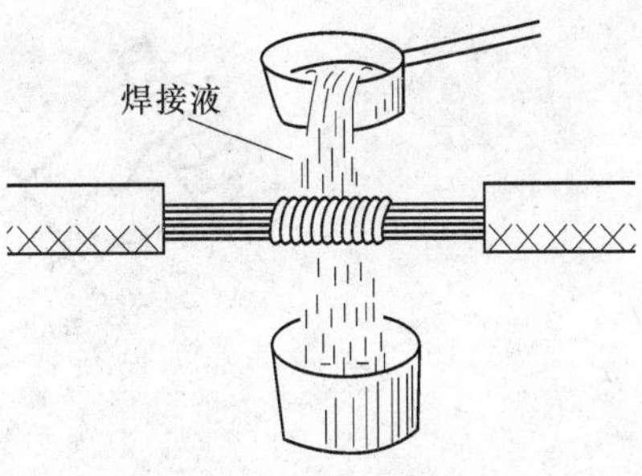

图4－2－2　较粗铜导线接头的锡焊

4.2.2　铝导线接头的焊接

铝导线接头的焊接一般采用电阻焊或气焊。

1. 电阻焊

电阻焊是指用低电压大电流通过铝导线的连接处，利用其接触电阻产生的高温高热将导线的铝芯线熔接在一起。电阻焊应使用特殊的降压变压器（1 kVA、初级220 V、次级6～12 V），配以专用焊钳和碳棒电极，如图4－2－3所示。

2. 气焊

气焊是指利用气焊枪的高温火焰，将铝芯线的连接点加热，使待连接的铝芯线相互熔融连接。气焊前应将待连接的铝芯线绞合，或用铝丝或铁丝绑扎固定，如图4－2－4所示。

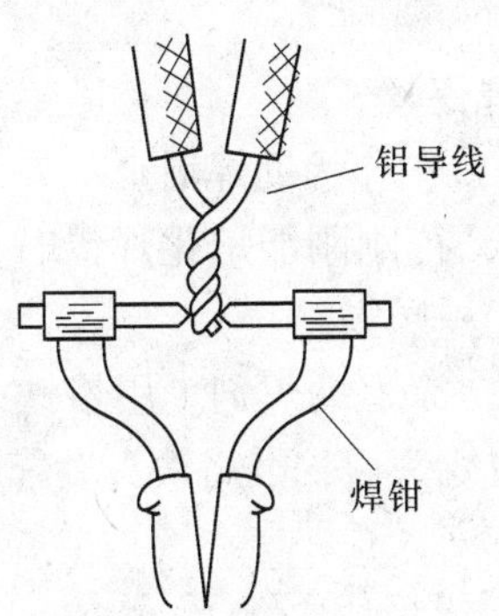

图4－2－3　铝导线接头的电阻焊

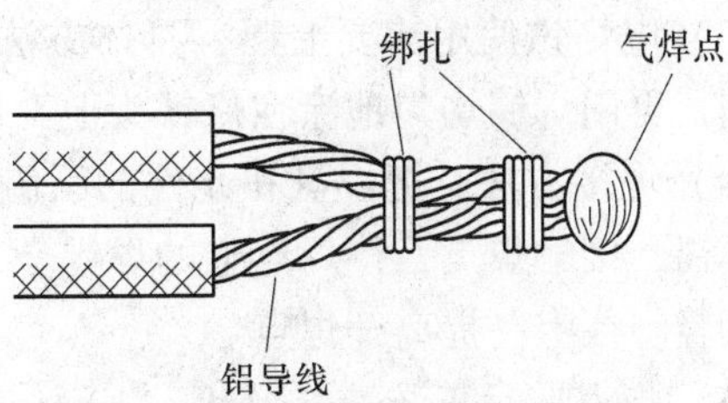

图4－2－4　铝导线接头的气焊

4.2.3 锡焊的操作

焊剂加热挥发出的化学物质对人体是有害的，如果操作时鼻子距离烙铁头太近，则很容易将有害气体吸入。一般烙铁离开鼻子的距离应至少不小于 30 cm，通常以 40 cm 为宜。

1. 焊接操作姿势

电烙铁拿法有三种，如图 4－2－5 所示。反握法动作稳定，长时间操作不宜疲劳，适于大功率烙铁的操作。正握法适于中等功率烙铁或带弯头电烙铁的操作。一般在操作台上焊印制板等焊件时多采用握笔法。

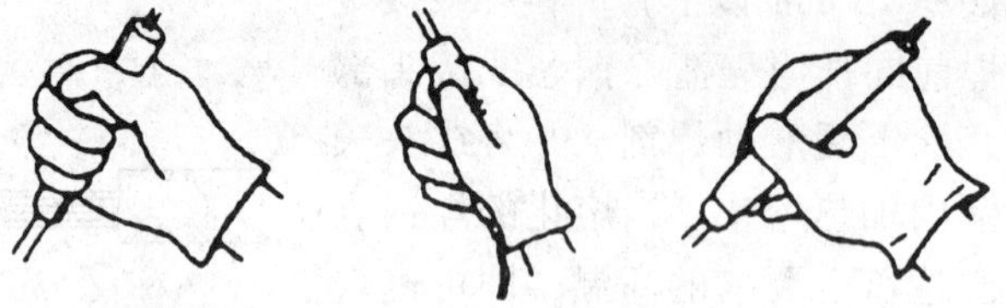

(a) 反握法　　(b) 正握法　　(c) 握笔法

图 4－2－5　电烙铁的拿法

焊锡丝一般有两种拿法，如图 4－2－6 所示。由于焊丝成分中，铅占一定比例，众所周知铅是对人体有害的重金属，因此操作时应戴手套或操作后洗手，避免食入。

使用电烙铁要配置烙铁架，一般放置在工作台右前方，电烙铁用后一定要稳妥放于烙铁架上，并注意导线等物不要碰烙铁头。

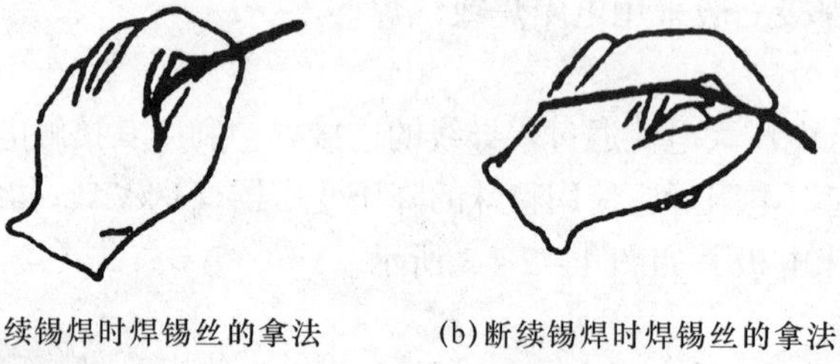

(a) 连续锡焊时焊锡丝的拿法　　(b) 断续锡焊时焊锡丝的拿法

图 4－2－6　焊锡丝的拿法

2. 电烙铁的使用方法

(1) 选用合适的焊锡。应选用焊接电子元件用的低熔点焊锡丝。

(2) 助焊剂。用 25% 的松香溶解在 75% 的酒精（重量比）中作为助焊剂。

(3) 电烙铁使用前要上锡，具体方法是：将电烙铁烧热，待刚刚能熔化焊锡时，涂上助焊剂，再用焊锡均匀地涂在烙铁头上，使烙铁头均匀地吃上一层锡。

(4) 焊接方法。把焊盘和元件的引脚用细砂纸打磨干净，涂上助焊剂。用烙铁头蘸取适量焊锡，接触焊点，待焊点上的焊锡全部熔化并浸没元件引线头后，电烙铁头沿着元器件的引脚轻轻往上一提离开焊点。

(5) 焊点应呈正弦波峰形状，表面应光亮圆滑，无锡刺，锡量适中。

(6) 电烙铁用完，应放在烙铁架上。

3. 锡焊操作步骤

具体如图 4－2－7 所示。

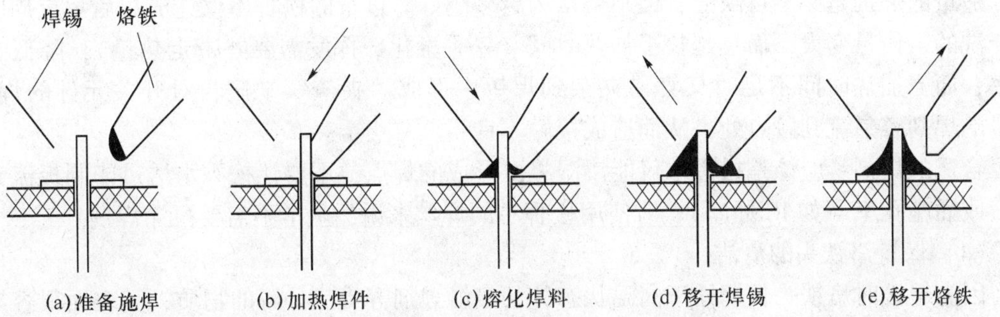

图 4－2－7　锡焊操作步骤

（1）准备施焊。

准备好电烙铁，以及镊子、剪刀、斜口钳、尖嘴钳、焊料、焊剂等工具，将电烙铁及焊件搪锡，左手握焊料，右手握电烙铁，保持随时可焊状态。此时特别要保持电烙铁头部干净，即可以蘸上焊锡（俗称吃锡）。

（2）加热焊件。

将电烙铁接触焊接点，注意首先要保持电烙铁加热焊件各部分，例如印制板上引线和焊盘都使之受热，其次要注意让烙铁头的扁平部分（较大部分）接触热容量较大的焊件，电烙铁头的侧面或边缘部分接触热容量较小的焊件，以保持焊件均匀受热。

（3）熔化焊料。

当焊件加热到能熔化焊料的温度后，将焊丝置于焊点，焊料开始熔化并润湿焊点。

（4）移开焊锡。

当熔化一定量的焊锡后，将焊锡丝移开。

（5）移开烙铁。

当焊锡完全润湿焊点后移开烙铁，注意移开烙铁的方向应该是大致 45°的方向。

上述过程，对一般焊点而言大约 2～3 s。对于热容量较小的焊点，例如印制电路板上的小焊盘，有时用三步法概括操作方法，即将上述步骤（2）、（3）合为一步，（4）、（5）合为一步。实际上细微区分还是五步，所以五步法有普遍性，是掌握手工烙铁焊接的基本方法。特别是各步骤之间停留的时间，对保证焊接质量至关重要。

4. 锡焊操作要领

（1）焊件表面处理。

手工烙铁焊接中遇到的焊件是各种各样的电子零件和导线，除非在规模生产条件下使用“保险期”内的电子元件，一般情况下遇到的焊件往往都需要进行表面清理工作，去除焊接面上的锈迹、油污、灰尘等影响焊接质量的杂质。手工操作中常用机械刮磨和酒精、丙酮擦洗等简单易行的方法。

（2）预焊。

预焊就是将要锡焊的元器件引线或导电的焊接部位预先用焊锡润湿，一般也称为镀锡、上锡、搪锡等。称预焊是准确的，因为其过程和机理都是锡焊的全过程，即焊料润湿焊件表面，靠金属的扩散形成结合层后而使焊件表面“镀”上一层焊锡。

(3) 不要用过量的焊剂。

适量的焊剂是必不可缺的，但不要认为越多越好。过量的松香不仅造成焊后焊点周围需要清洗的工作量变大，而且延长了加热时间（松香融化、挥发需要并带走热量），降低工作效率；而当加热时间不足时又容易夹杂到焊锡中形成“夹渣”缺陷；对开关元件的焊接，过量的焊剂容易流到触点处，从而造成接触不良。

合适的焊剂量应该是松香水仅能浸湿将要形成的焊点，不要让松香水透过印制板流到元件面或插座孔里（如 IC 插座）。对使用松香芯的焊丝来说，基本不需要再涂焊剂。

(4) 保持烙铁头的清洁。

因为焊接时烙铁头长期处于高温状态，又接触焊剂等受热分解的物质，其表面很容易氧化而形成一层黑色杂质，这些杂质几乎形成隔热层，使烙铁头失去加热作用。因此要随时在烙铁架上蹭去杂质。用一块湿布或湿海绵随时擦烙铁头，也是常用的方法。

(5) 加热要靠焊锡桥。

要提高烙铁头加热的效率，需要形成热量传递的焊锡桥。所谓焊锡桥，就是靠烙铁上保留少量焊锡作为加热时烙铁头与焊件之间传热的桥梁。

显然由于金属液的导热效率远高于空气，而使焊件很快被加热到焊接温度。应注意作为焊锡桥的锡保留量不可过多。

(6) 焊锡量要合适。

过量的焊锡不但毫无必要地消耗了较贵的锡，而且增加了焊接时间，相应降低了工作速度。更为严重的是在高密度的电路中，过量的锡很容易造成不易察觉的短路。

但是焊锡过少不能形成牢固的结合，使焊点强度降低，特别是在板上焊导线时，焊锡不足往往造成导线脱落。

(7) 焊件要牢固。

在焊锡凝固之前不要使焊件移动或振动，特别使用镊子夹住焊件时一定要等焊锡凝固再移去镊子。这是因为焊锡凝固过程是结晶过程，根据结晶理论，在结晶期间受到外力（焊件移动）会改变结晶条件，导致晶体粗大，造成所谓“冷焊”。外观现象是表面无光泽呈豆渣状；焊点内部结构疏松，容易有气隙和裂隙，造成焊点强度降低，导电性能差。因此，在焊锡凝固前一定要保持焊件静止，实际操作时可以用各种适宜的方法将焊件固定，或使用可靠的夹持措施。

(8) 烙铁撤离有讲究。

烙铁撤离要及时，而且撤离时的角度和方向对焊点形成有一定关系。

撤烙铁时轻轻旋转一下，可保持焊点适当的焊料，这需要在实际操作中体会。

(9) 焊点的要求。

焊点要有足够的机械强度，不易脱落、松动。不能用过多焊料堆积，这样容易造成虚焊，以及焊点与焊点的短路。若希望焊接可靠，具有良好导电性，必须防止虚焊。焊点表面要光滑、清洁，焊点表面应有良好光泽，不应有毛刺、空隙、污垢。

5. 安全注意事项

(1) 使用电烙铁应先检查是否漏电并放在稳妥的地方，烙铁不准充当其他工具用来锤、敲或撬东西。焊接完毕应及时断开电源，拔掉插头，防止失火。

（2）安装中如遇电气线路阻碍，应先切断电源，再进行工作。

（3）焊接时间不宜过长，否则容易烫坏元件，必要时可帮助散热。

（4）焊接完成后，要用酒精把线路板上残余的助焊剂清洗干净，以防碳化后的助焊剂影响电路正常工作。

（5）集成电路应最后焊接，电烙铁要可靠接地，或断电后利用余热焊接。或者使用集成电路专用插座，焊好插座后再把集成电路插上去。

任务4.3　导线的紧压连接

【任务要点】

（1）熟知导线压紧连接的方法。

（2）熟练掌握导线压紧连接的操作。

（3）熟练进行导线压紧连接所需工具的使用。

【任务准备】

（1）所需设备：压接钳、套管。

（2）所需物品：导线。

【任务实施】

紧压连接是指用铜或铝套在被连接的芯线上，再用压接钳或压接模具压紧套管使芯线保持连接。铜导线（一般是较粗的铜导线）和铝导线都可以采用紧压连接，铜导线的连接应采用铜套管，铝导线的连接应采用铝套管。紧压连接前应先清除导线芯线表面和压接套管内壁上的氧化层和黏污物，以确保接触良好。

4.3.1　铜导线或铝导线的紧压连接

压接套管截面有圆形和椭圆形两种。圆截面套管内可以穿入一根导线，椭圆截面套管内可以并排穿入两根导线。圆截面套管使用时，将需要连接的两根导线的芯线分别从左右两端插入套管相等长度，以保持两根芯线的线头的连接点位于套管内的中间，然后用压接钳或压接模具压紧套管，一般情况下只要在每端压一个坑即可满足接触电阻的要求。在对机械强度有要求的场合，可在每端压两个坑，如图4－3－1所示。对于较粗的导线或机械强度要求较高的场合，可适当增加压坑的数目。

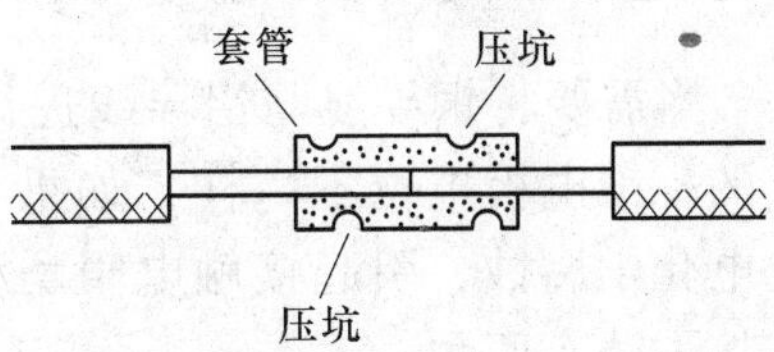

图4－3－1　压接套管截面

椭圆截面套管使用时，将需要连接的两根导线的芯线分别从左右两端相对插入并穿出套管少许，如图4－3－2（a）所示；然后压紧套管即可，如图4－3－2（b）所示。椭圆截面套管不仅可用于导线的直线压接，而且可用于同方向导线的压接，如图4－3－2（c）所示；

还可用于导线的T形分支压接或十字分支压接，如图4-3-2（d）、（e）所示。

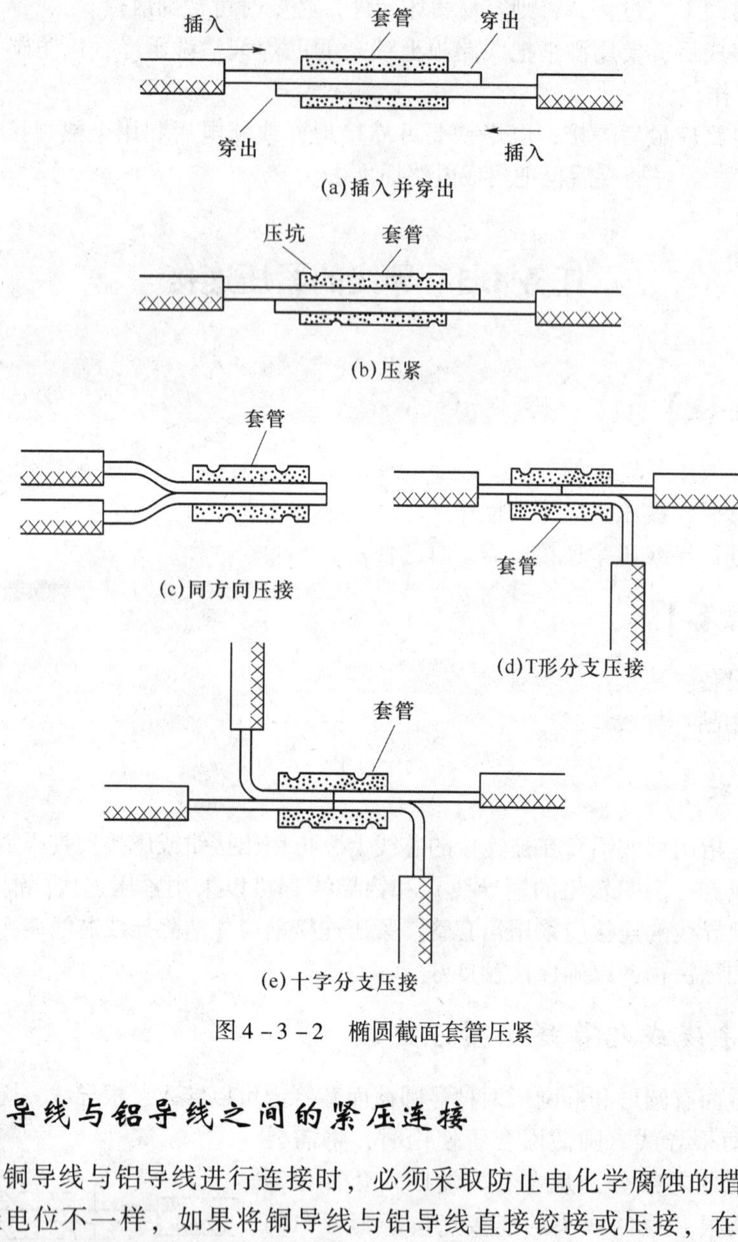

图4-3-2　椭圆截面套管压紧

4.3.2　铜导线与铝导线之间的紧压连接

当需要将铜导线与铝导线进行连接时，必须采取防止电化学腐蚀的措施。因为铜和铝的标准电极电位不一样，如果将铜导线与铝导线直接铰接或压接，在其接触面将发生电化学腐蚀，引起接触电阻增大而过热，造成线路故障。常用的防止电化学腐蚀的连接方法有两种。

1. 采用铜铝连接套管

铜铝连接套管的一端是铜质，另一端是铝质，如图4-3-3（a）所示。使用时将铜导线的芯线插入套管的铜端，将铝导线的芯线插入套管的铝端，然后压紧套管即可，如图4-3-3（b）所示。

2. 采用铜导线镀锡后用铝套管连接

将铜导线镀锡后用铝套管连接。由于锡与铝的标准电极电位相差较小，在铜与铝之间夹

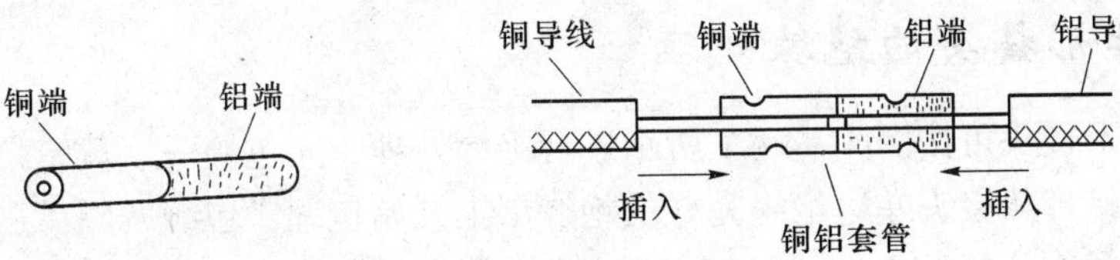

(a)铜铝连接套管　(b)插入并压紧

图4－3－3　铜铝连接套管压紧

垫一层锡也可以防止电化学腐蚀。具体做法是先在铜导线的芯线上镀上一层锡，再将镀锡铜芯线插入铝套管的一端，铝导线的芯线插入该套管的另一端，最后压紧套管即可，如图4－3－4所示。

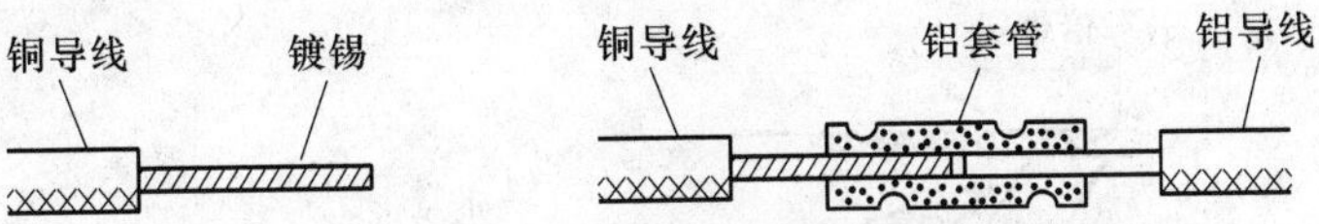

图4－3－4　套管连接

铝导线虽然也可采用绞合连接，但铝芯线的表面极易氧化，日久将造成线路故障，因此铝导线通常采用紧压连接。

任务4.4　导线连接处的绝缘处理

【任务要点】

（1）熟知导线绝缘处理的适用方法。

（2）熟练掌握导线焊接的程序。

（3）熟练进行导线焊接所需工具的操作。

【任务准备】

（1）所需设备：相关电工工具。

（2）所需物品：导线、黄蜡带、电工专用胶布。

【任务实施】

为了进行连接，导线连接处的绝缘层已被去除。导线连接完成后，必须对所有绝缘层已被去除的部位进行绝缘处理，以恢复导线的绝缘性能，恢复后的绝缘强度应不低于导线原有的绝缘强度。

导线连接处的绝缘处理通常采用绝缘胶带进行缠裹包扎。一般电工常用的绝缘胶带有黄蜡带、涤纶薄膜带、黑胶布带、塑料胶带、橡胶胶带等。绝缘胶带的宽度常用20 mm的，使用较为方便。

4.4.1 一字形接头的绝缘处理

导线的一字形接头可按图 4－4－1 所示进行绝缘处理，先包缠一层黄蜡带，再包缠一层黑胶布带。将黄蜡带从接头左边绝缘完好的绝缘层上开始包缠，包缠两圈后进入剥除了绝缘层的芯线部分［见图 4－4－1（a）］。包缠时黄蜡带应与导线成 55°左右倾斜角，每圈压叠带宽的 1/2［见图 4－4－1（b）］，直至包缠到接头右边两圈距离的完好绝缘层处。然后将黑胶布带接在黄蜡带的尾端，按另一斜叠方向从右向左包缠［见图 4－4－1（c）、（d）］，仍每圈压叠带宽的 1/2，直至将黄蜡带完全包缠住。包缠处理中应用力拉紧胶带，注意不可稀疏，更不能露出芯线，以确保绝缘质量和用电安全。对于 220 V 线路，也可不用黄蜡带，只用黑胶布带或塑料胶带包缠两层。在潮湿场所应使用聚氯乙烯绝缘胶带或涤纶绝缘胶带。

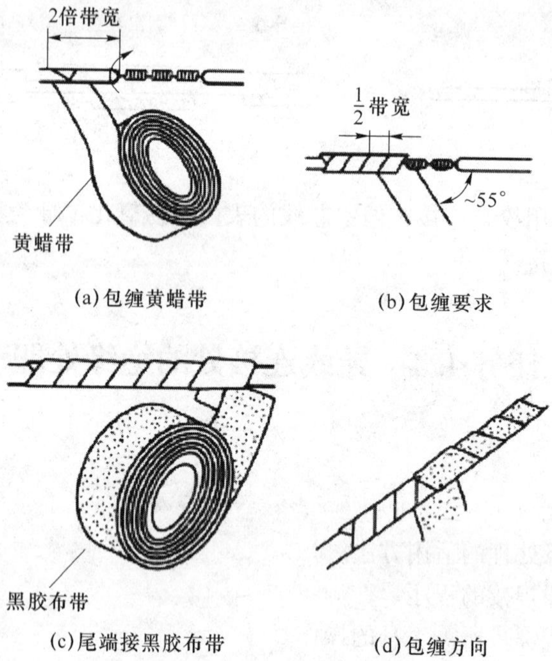

图 4－4－1　一字形接头的绝缘处理

4.4.2 T 形分支接头的绝缘处理

导线的 T 形分支接头的绝缘处理基本方法同上，如图 4－4－2 所示，走一个 T 形的来回，使每根导线上都包缠两层绝缘胶带，每根导线都应包缠到完好绝缘层的 2 倍胶带宽度处。

4.4.3 十字形分支接头的绝缘处理

导线的十字形分支接头的绝缘处理基本方法也同上，如图 4－4－3 所示，走一个十字形的来回，使每根导线上都包缠两层绝缘胶带，每根导线也都应包缠到完好绝缘层的 2 倍胶带宽度处。

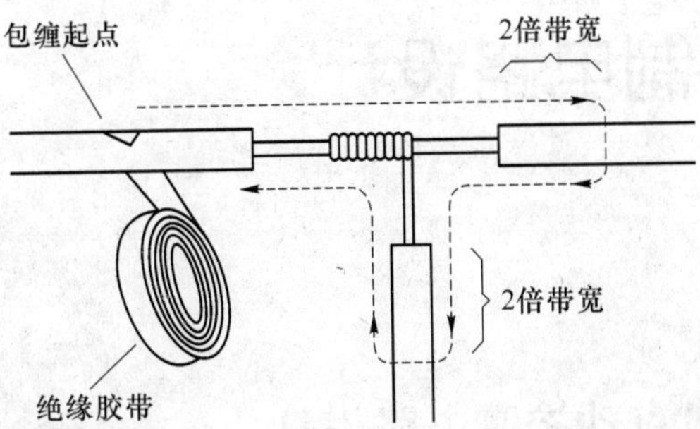

图 4－4－2　T 形分支接头的绝缘处理

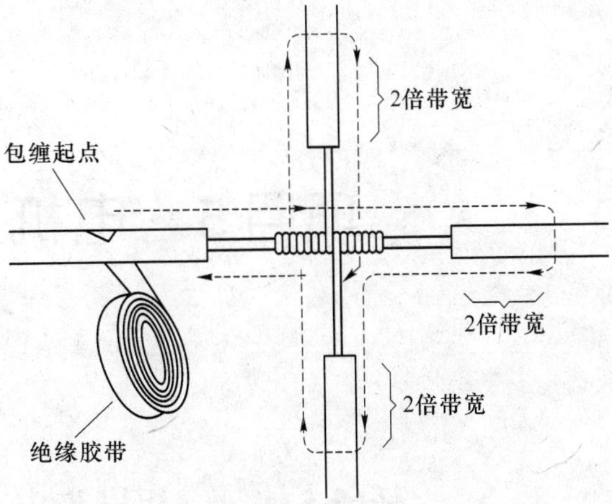

图 4－4－3　十字形分支接头的绝缘处理

项目5　电机控制电路设计

任务5.1　三相异步电动机点动控制电路设计

【任务要点】

（1）了解按钮、交流接触器等电气元件的基本结构和动作原理。

（2）熟练掌握三相异步电动机直接起动的工作原理、接线及操作方法。

（3）了解三相异步电动机运行时的保护方法。

【任务准备】

（1）所需设备：电工实验台、三相异步电动机。

（2）所需物品：万用表、导线、剥线钳、螺丝刀等电工工具。

【任务实施】

5.1.1　相关理论知识

1. 交流接触器

交流接触器主要由铁芯、吸引线圈和触点组等部件组成，如图5-1-1所示。铁芯分为动铁芯和静铁芯，当吸引线圈加上额定电压时，两铁芯吸合，从而带动触点组动作。触点可分主触点和辅助触点。主触点的接触面积大，并具有灭弧装置，能通断较大的电流，可接在主电路中，控制电动机的工作。辅助触点只能通断较小的电流，常接在辅助电路（控制电路）中。触点还有动合触点和动断触点之分，前者当吸引线圈无电时处于断开状态，后者当吸引线圈无电时处于闭合状态。当吸引线圈带电时，动合触点闭合，动断触点断开。

交流接触器在工作时，如加于吸引线圈的电压过低，则铁芯会释放，使触点组复位，故具有欠位保护功能。

2. 按钮

按钮是一种简单的手动开关，在控制电路中用来发出“接通”或“断开”的指令。它的触头也有常开和常闭两种形式。

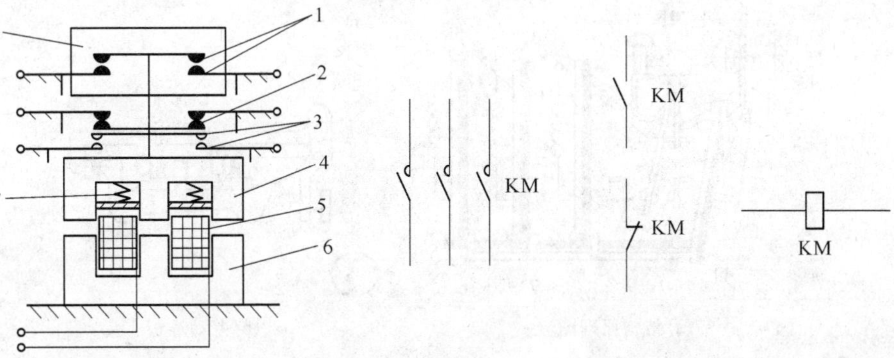

(a)外形结构　　(b)主触头　　(c)辅助触头　　(d)线圈

图5－1－1　交流接触器结构及图形符号

1—主触头；2—常闭辅助触头；3—常开辅助触头；4—动铁芯；
5—电磁铁芯；6—静铁芯；7—弹簧；8—灭弧罩

如图5－1－2所示，一般由按钮帽、复位弹簧、动触头等组成，有一对常闭触头和常开触头。当按下按钮帽时，常开触头闭合，常闭触头断开；松开按钮帽，触头在弹簧的作用下复位。

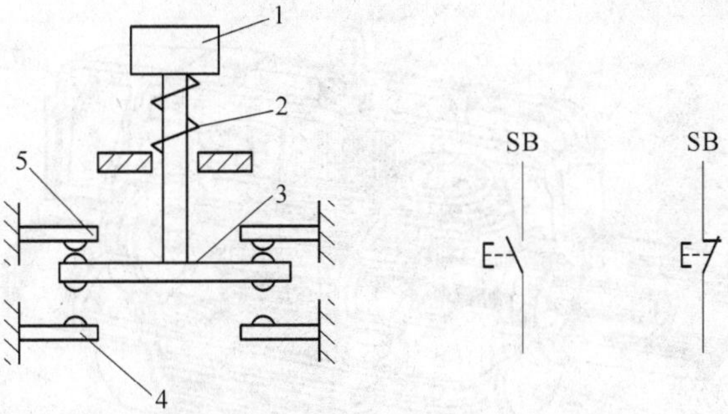

(a)结构示意图　　(b)图形符号

图5－1－2　按钮结构及图形符号

1—按钮帽；2—复位弹簧；3—动触头；4—常开触头；5—常闭触头

3. 热继电器

热继电器是一种利用感受到的热量进行动作的保护电器，用来保护电路的过载，如图5－1－3所示，主要由发热元件和辅助触点等组成。当电路过载时触点动作，从而使控制电路失电，达到切断主电路的目的。

4. 三相异步电动机

三相异步电动机的结构如图5－1－4所示，它由定子和转子两个基本部分组成。定子主要由定子铁芯、定子绕组和机座组成，转子主要由转子绕组和转子铁芯组成。当三相定子绕组通入三相对称电流后，会在气隙中产生一个旋转磁场，此旋转磁场切割转子导体，产生感应电流。流有感应电流的转子导体在旋转磁场的作用下产生转矩，开始旋转。根据左手定则可判断出转子的旋转方向与旋转磁场的旋转方向相同 。

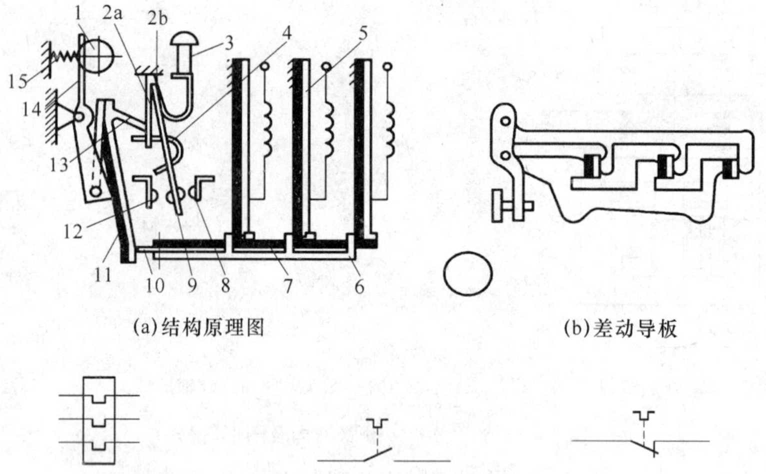

(a)结构原理图　　(b)差动导板

(c)热元件图形符号　　(d)常开触头图形符号　　(e)常闭触头图形符号

图 5-1-3　带断相保护热继电器的结构原理图和图形符号

1—电流调节轮；2a、2b—片簧；3—手动复位按钮；4—弓簧片；5—双主金属片；6—外导板；7—内导板；8—常闭静触头；9—动触头；10—杠杆；11—补偿双金属片；12—常开静触头；13—推杆；14—边杆；15—弹簧

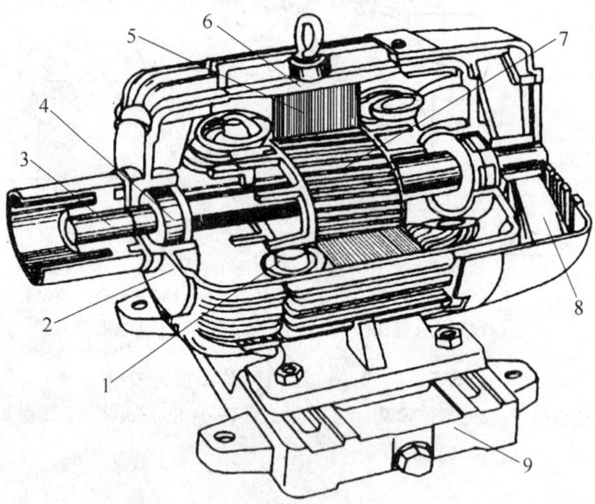

图 5-1-4　三相异步电动机结构

1—定子绕组；2—轴承盖；3—轴；4—轴承；5—定子铁芯；6—定子外壳；7—转子铁芯；8—冷却风扇；9—机座

5.1.2　实验内容

1. 三相异步电动机点动控制电路工作原理

在实际工作中，生产机械不仅连续运转，有时还需要点动运行，如在调整工作状态时，需要有点动控制。图 5-1-5 是三相异步电动机点动控制电路。图中，L1、L2、L3 为三相电源线，该电路由刀开关 QS、熔断器 FU、接触器 KM、按钮 SB 等组成。其中，由 QS、FU、KM

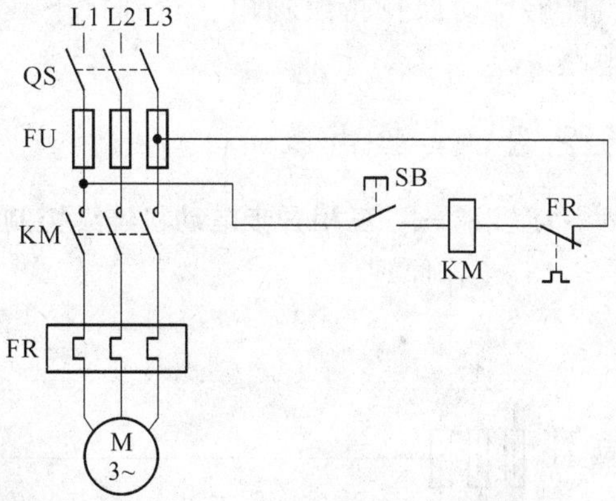

图5-1-5 三相异步电动机点动控制电路

主触头、热继电器FR的热元件与电动机M构成主电路，由SB及KM线圈、热继电器FR的常闭触头构成辅助控制电路，其电源由L1、L2、L3中的任意两相提供。

当电动机需点动控制时，先合上电源开关QS引入三相电源，按下按钮SB，接触器线圈KM通电，其衔铁吸合带动触头系统动作，连接在主电路中的三个常开主触头KM闭合，电动机M接通电源起动运行。松开按钮SB，接触器KM线圈断电，其衔铁受弹簧力的作用而复位，其触头系统恢复常态，即接在主电路中的三个主触头断开，电动机断电停转。这种只有按下按钮SB时电动机才旋转，松开按钮SB时就停转的电路，称为点动控制电路。

熔断器FU实现主电路与辅助电路的短路保护，接触器可实现欠电压与失电压保护，热继电器实现过载保护。

2. 实验步骤

(1) 分组实验，先准备实验所需工具，确认工具齐全。按图5-1-5接线，其中电动机采用Y形接法；并请指导教师检查线路是否无误，用万用表测试接触器触头两端阻值是否在规定的范围内，方可通电。

(2) 合上电源开关，按下起动按钮SB，使电动机起动，观察电动机和交流接触器的动作情况。

(3) 断开按钮SB，观察电动机的工作情况。

任务5.2 三相异步电动机连续控制电路设计

【任务要点】

(1) 了解自锁电路的原理。

(2) 熟练掌握三相异步电动机直接起动的工作原理、接线及操作方法。

(3) 了解三相异步电动机运行时的保护方法。

【任务准备】

(1) 所需设备：电工实验台、三相异步电动机。

(2) 所需物品：万用表、导线、剥线钳、螺丝刀等电工工具。

【任务实施】

5.2.1 相关理论知识

在通常的电路中，按下开关，电路通电；松开开关，电路就断开了。一旦按下开关，就能够自动保持持续通电，直到按下其他开关使之断路为止，这样的电路，称为自锁电路。

5.2.2 实验内容

1. 实验一：三相异步电动机连续控制电路实验

1）工作原理

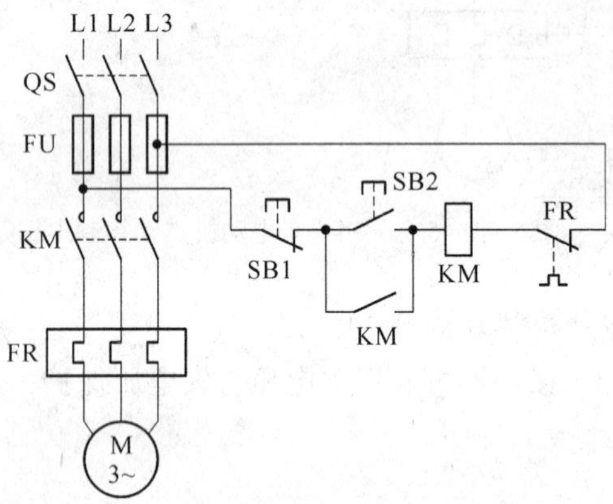

图 5－2－1　三相异步电动机连续控制电路

图 5－2－1 为三相异步电动机连续控制电路。该电路的主电路与点动控制电路相同，辅助控制电路中增加了停止按钮 SB1 和接触器的常开辅助触头 KM。

电动机起动时，合上电源开关 QS，接通辅助电路电源。按下起动按钮 SB2，接触器 KM 线圈通电吸合，KM 常开主触头与常开辅助触头同时闭合。主触头闭合，使电动机接入三相交流电源起动，并接在起动按钮 SB2 两端的常开辅助触头闭合，短接了 SB2。松开时，起动按钮 SB2 自动复位，但接触器 KM 线圈仍通过自身常开辅助触头这一通路而保持通电，从而确保电动机继续运转。这种依靠接触器自身常开辅助触头闭合而使其线圈保持通电的作用，称为自锁。

电动机需要停止时，按下停止按钮 SB1，接触器 KM 线圈断电，KM 的常开主触头、常开辅助触头均断开，分别切断电动机主电路和辅助电路，电动机因断电停止转动。松开停止按钮后，SB1 的常闭触头复位闭合，但原来闭合的 KM 自锁触头，已因接触器 KM 线圈断电而断开，接触器 KM 线圈不会再通电。SB1 复位为下次起动做准备。

2）实验步骤

(1) 分组实验，先准备实验所需工具，确认工具齐全。按图 5－2－1 接线，其中电动机采用Y形接法；并请指导教师检查线路是否无误，用万用表测试接触器触头两端阻值是否在规定的范围内，方可通电。

(2) 合上电源开关，操作按钮 SB1 和 SB2，使电动机起动和停止，观察电动机和交流接触器的动作情况。

(3) 断开电源开关，拆除控制电路中的自锁触头，再合上电源开关，操作按钮 SB2，观察电动机的点动工作情况，体会自锁触头的作用。

2. 实验二：三相异步电动机点动与连续混合控制电路实验

1）工作原理

如图 5－2－2 所示，线路的动作过程为：先合上电源开关 QS，点动控制、连续控制和停止的工作过程如下。

(1) 点动控制。

按下按钮 SB3，SB3 常闭触头先分断（切断 KM 辅助触头电路），常开触头后闭合，KM 线圈得电，KM 主触头和常开辅助触头闭合，电动机 M 起动运转。

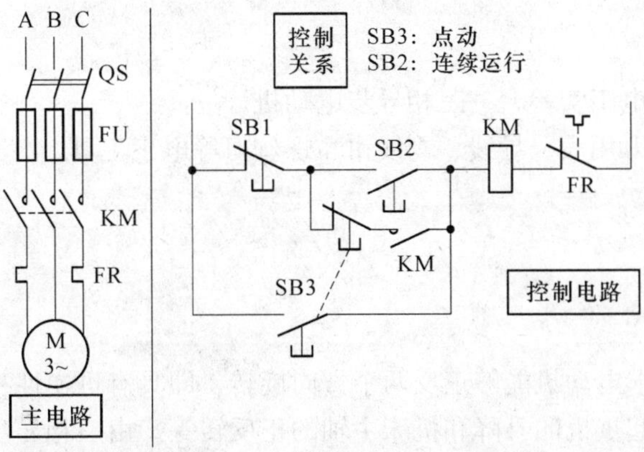

图 5－2－2　三相异步电动机点动与连续混合控制电路

松开按钮 SB3，SB3 常开触头先恢复分断，KM 线圈失电，KM 主触头和常开辅助触头断开，SB3 常闭触头恢复闭合，电动机 M 停止运转，实现了点动控制。

（2）连续控制。

按下按钮 SB2，KM 线圈得电，KM 主触头和常开辅助触头闭合，电动机 M 起动运转，实现了连续控制。

（3）停止。

按下停止按钮 SB1，KM 线圈失电，KM 主触头断开，电动机 M 停止运转。

关键：断开自锁，实现点动；接通自锁，实现连续运转。

2）实验步骤

（1）分组实验，先准备实验所需工具，确认工具齐全。按图 5－2－2 接线，其中电动机采用Y形接法；并请指导教师检查线路是否无误，用万用表测试接触器触头两端阻值是否在规定的范围内，方可通电。

（2）合上电源开关，操作按钮 SB3，使电动机起动和停止，观察电动机和交流接触器的动作情况，验证点动运行原理。

（3）操作按钮 SB2，观察电动机的连续运行工作情况，体会自锁触头的作用。

（4）按停止按钮 SB1，观察电动机的运行状态。

任务 5.3　三相异步电动机正反转控制电路设计

【任务要点】

（1）掌握正反转控制线路的工作原理。

（2）掌握正反转控制线路的安装方法。

（3）掌握检测电路是否正常的方法并能排除出现的故障。

【任务准备】

(1) 所需设备：电工实验台、三相异步电动机。

(2) 所需物品：万用表、导线、剥线钳、螺丝刀等电工工具。

【任务实施】

5.3.1 相关理论知识

某些生产机械要求电动机能够正反两个方向旋转，即具有可逆性，这要求对电动机进行正反转控制。例如，起重机的升降和机床主轴的正反转等。由三相异步电动机的工作原理可知，只要将电动机三相电源进线中的任意两相对调，就可达到反转控制的目的。为此，需要两个不同时工作的接触器，如果两个接触器同时工作，就会造成电源相与相之间短路。

5.3.2 实验内容

1. 三相异步电动机正反转控制电路工作原理

图 5-3-1 所示为接触器联锁的电动机正反转控制电路。主电路中由正、反转接触器 KM1、KM2 的主触头来实现电动机两相电源 L1、L3 的对调，继而实现电动机的正反转。

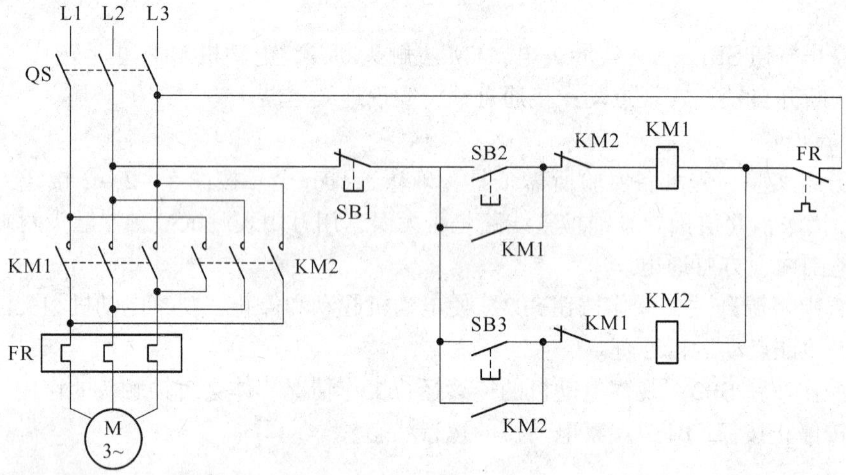

图 5-3-1 接触器联锁的电动机正反转控制电路

在控制电路中，将正反转接触器的 KM1、KM2 常闭辅助触头串接到对方线圈电路中，形成相互制约的控制，这种相互制约的控制关系称为互锁。在这一电气互锁控制电路中，要实现电动机由正转变反转或由反转变正转，都必须先按下停止按钮，然后再进行反转或正转的起动控制。这就构成了正—停—反或反—停—正的操作控制。

某些生产机械要求直接进行电动机正反转的换向控制，为此，将正、反转起动按钮的常闭触头串接在反、正转接触器线圈电路中，起互锁作用，这种互锁称按钮互锁。图 5-3-2 所示为具有接触器、按钮双重联锁的电动机正反转控制电路。对于这种电路，若电动机正转运行需直接转换为反转，可直接按下反转起动按钮。此时，反转起动按钮的常闭触头先断开，于是切断了正转接触器线圈、反转接触器线圈电路，正转接触器立即断电释放；同时反转起动按钮的常开触头闭合，接通了反转接触器线圈电路，反转接触器线圈通电吸合，主触头闭合，电动机反向起动旋转，实现了电动机正反转的直接变换。直到电动机需停止时才按下停止按钮SB1，完成正—反—停的操作控制。

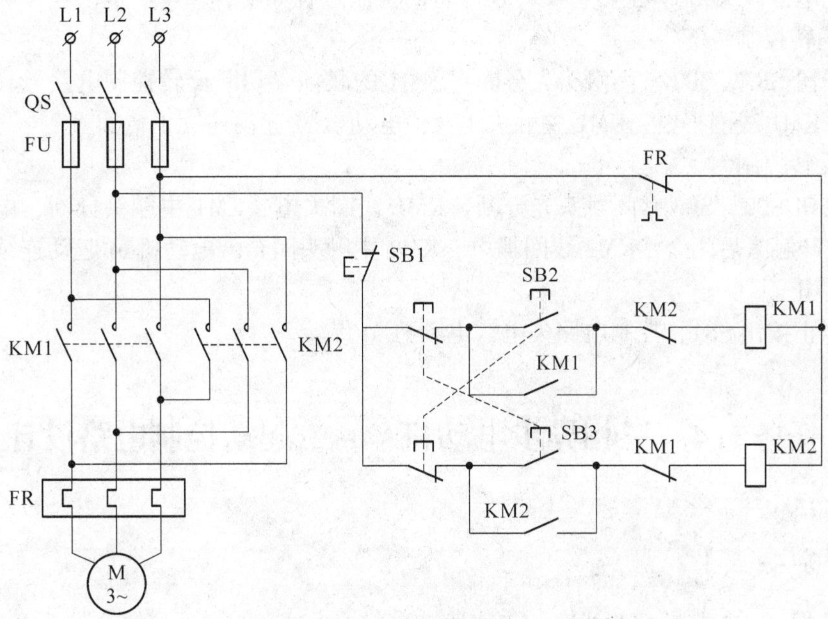

图5－3－2　接触器、按钮双重联锁的电动机正反转控制电路

2. 三相异步电动机正反转控制电路实验步骤

1）接触器联锁的电动机正反转控制电路

分组实验，先准备实验所需工具，确认工具齐全。按图5－3－1接线，其中电动机采用Y形接法；并请指导教师检查线路是否无误，用万用表测试接触器触头两端阻值是否在规定的范围内，方可通电。

先合上电源开关QS。正转、反转及停止的控制过程如下。

（1）正转控制。

按下正转起动按钮SB2，KM1线圈得电，KM1主触头和自锁触头闭合（KM1常闭互锁触头断开），电动机M起动连续正转。

（2）反转控制。

先按下停止按钮SB1，KM1线圈失电，KM1主触头分断，电动机M失电停转，再按下反转起动按钮SB3，KM2线圈得电，KM2主触头和自锁触头闭合（KM2常闭互锁触头断开），电动机M起动连续反转。

（3）停止。

按下停止按钮SB1，控制电路失电，电动机M停转。

注意事项：电动机从正转变为反转时，必须先按下停止按钮后，才能按反转起动按钮，否则由于接触器的联锁作用，不能实现反转。

2）接触器、按钮双重联锁的电动机正反转控制电路

分组实验，先准备实验所需工具，确认工具齐全。按图 5－3－2 接线，其中电动机采用Y形接法，并请指导教师检查线路是否无误，用万用表测试接触器触头两端阻值是否在规定的范围内，方可通电。

先合上电源开关 QS。正转、反转及停止的控制过程如下。

（1）正转控制。

按下按钮 SB2，SB2 常闭触头先分断对 KM1 的联锁（切断反转控制电路），SB2 常开触头后闭合，KM1 线圈得电，KM1 主触头闭合，电动机 M 起动连续正转。

（2）反转控制。

按下按钮 SB3，SB3 常闭触头先分断，KM1 线圈失电，KM1 主触头分断，电动机 M 失电，SB2 常开触头后闭合，KM2 线圈得电，KM2 主触头闭合，电动机 M 起动连续反转。

（3）停止。

按下停止按钮 SB1，控制电路失电，电动机 M 停转。

任务 5.4　三相异步电动机Y－△起动控制电路设计

【任务要点】

（1）掌握Y－△起动控制线路的工作原理。

（2）掌握Y－△起动控制线路的安装方法。

（3）掌握检测电路是否正常的方法并能排除出现的故障。

【任务准备】

（1）所需设备：电工实验台、三相异步电动机。

（2）所需物品：万用表、导线、剥线钳、螺丝刀等电工工具。

【任务实施】

5.4.1　相关理论知识

1. 时间继电器

时间继电器是接收到输入信号，经过一定时间延时后才响应的电气设备。

时间继电器按照动作原理与构造的不同，可分为空气阻尼式、电磁式、电动式、三极管式等，目前应用最广的是空气阻尼式和三极管式两种。JS7－A 系列为空气阻尼式时间继电器，JS14、JS15、JS20 等为三极管式时间继电器。时间继电器按延时方式可分为通电延时型和断电延时型。

在交流电路中最常用的是空气阻尼式时间继电器，延时触头可在吸引线圈通电几分钟范围内动作。下面以 JS7－A 系列通电延时型空气阻尼式时间继电器为例介绍其工作原理，其工作原理如图 5－4－1 所示。它是利用空气阻尼作用来达到动作延时的。

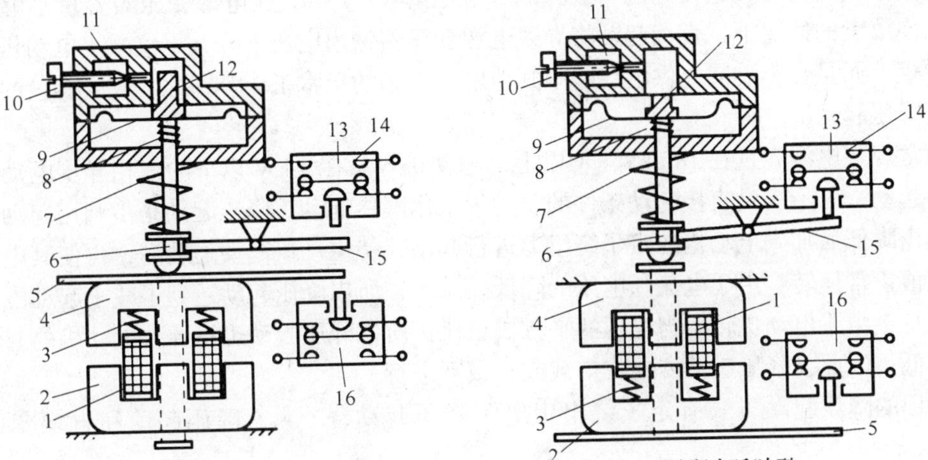

(a)通电延时型　　(b)断电延时型

图 5-4-1　JS7-A 型空气阻尼式时间继电器工作原理图

1—电磁线圈；2—铁芯；3、7、8—弹簧；4—衔铁；5—推杆；6—顶杆；9—橡皮膜；10—调节螺钉；11—进气孔；12—活塞；13、16—微动开关；14—延时触头；15—杠杆

通电延时型时间继电器的电磁线圈 1 通电后，将衔铁 4 吸下，于是顶杆 6 与衔铁间出现一个空隙。当与顶杆 6 相连的活塞 12 在弹簧 7 作用下由上向下移动时，在橡皮膜 9 上面形成空气稀薄的空间（气室），空气由进气孔 11 逐渐进入气室，活塞 12 因受到空气的阻力，不能迅速下降。当降到一定位置时，杠杆 15 使延时触头 14 动作（常开触点闭合，常闭触点断开）。线圈断电时，弹簧 8 使衔铁和活塞等复位，空气经橡皮膜与顶杆 6 之间推开的气隙迅速排出，触点瞬时复位。

断电延时型时间继电器与通电延时型时间继电器的原理与结构均相同，只是将其电磁机构翻转 180°安装。时间继电器的图形符号如图 5-4-2 所示。

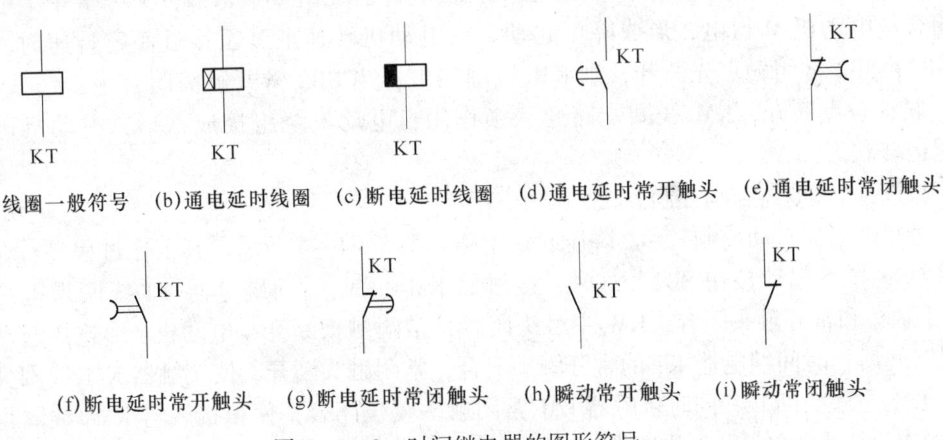

(a)线圈一般符号　(b)通电延时线圈　(c)断电延时线圈　(d)通电延时常开触头　(e)通电延时常闭触头

(f)断电延时常开触头　(g)断电延时常闭触头　(h)瞬动常开触头　(i)瞬动常闭触头

图 5-4-2　时间继电器的图形符号

2. 三相异步电动机Y-△起动控制电路

前面介绍的各种控制线路起动时，加在电动机定子绕组上的电压为电动机的额定电压，属于全压起动，又称直接起动。直接起动的优点是电气设备少，线路简单，维修量较小。异

步电动机直接起动时，起动电流一般为额定电流的 4～7 倍。在电源变压器容量不够大而电动机功率放大的情况下，直接起动将导致电源变压器输出电压下降，不仅减小电动机本身的起动转矩，而且会影响同一供电线路中其他电气设备的正常工作。因此，较大容量的电动机须采用降压起动。

通常规定电源容量在 180 kV·A 以上，电动机容量在 7 kW 以下的三相异步电动机可采用直接起动。凡不满足直接起动条件的，均须采用降压起动。降压起动是指利用起动设备将电压适当降低后加到电动机的定子绕组上进行起动，待电动机起动运转后，再使其电压恢复到额定值正常运转。由于电流随电压的降低而减小，所以降压起动达到了减小起动电流的目的。但是，由于电动机转矩与电压的平方成正比，所以降压起动也将导致电动机的起动转矩大为降低。因此，降压起动需要在空载或轻载下进行。

常用的降压起动方式有定子绕组串电阻降压起动、Y－△降压起动和自耦变压降压起动。

5.4.2 实验内容

1. 三相异步电动机Y－△起动控制电路工作原理

功率在 4 kW 以上的三相笼形异步电动机定子绕组均为△形接法，都可以采用Y－△降压方式限制起动电流。Y－△降压起动的特点是起动时将电动机定子绕组接成Y形，加在电动机每相绕组上的电压为直接起动电压的 $1/\sqrt{3}$，此时 $I_Y = I_\triangle/3$，从而减小了起动电流对电网的影响。当转速接近额定转速时，定子绕组改接为△形，使电动机在正常额定电压下运转。

1）按钮接触器控制

按钮接触器控制Y－△降压起动电路如图 5－4－3 所示。起动过程：合上 QS，电源引入；按下起动按钮 SB1，接触器 KM、KM_Y线圈同时得电；KM_Y主触点闭合，KM_Y联锁触点断开；$KM_\triangle$线圈支路起联锁作用，使电动机 M 定子绕组接成Y形，又因 KM 主触点的同时闭合使电动机 M 得电，形成降压起动。当电动机转速上升至接近额定转速时，按下按钮 SB2，SB2 常闭触点先断开，则 KM_Y线圈失电；当 SB2 常开触头闭合，$KM_\triangle$线圈得电，$KM_\triangle$联锁触点断开，KM_Y线圈支路起联锁作用，电动机绕组接成△形，电动机进入正常全压运转状态。

2）时间继电器自动控制

时间继电器自动控制Y－△降压起动电路如图 5－4－4 所示。其工作过程是：合上电源开关 QS，按下起动按钮 SB2，这时，接触器 KM、KM_Y时间继电器 KT 线圈得电，接触器 KM 主触头和常开触头闭合，KM_Y主触头闭合，常闭触头断开，电动机Y形连接起动。经过延时时间后，时间继电器 KT 的常开触头闭合，常闭触头断开，使接触器 KM_Y线圈失电，接触器 KM_Y主触头断开，同时接触器 KM_Y常闭触头复位闭合，使得接触器 $KM_\triangle$线圈得电，接触器 $KM_\triangle$主触头和常开触头闭合，电动机改为△形连接，然后进入稳定运行，同时接触器 $KM_\triangle$常闭触头断开，使时间继电器 KT 线圈失电。若要停止电动机运行，按下停止按钮 SB1 即可。

从图 5－4－4 中可以看出，接触器 $KM_\triangle$与 KM_Y之间有互锁关系，其目的是保证两组主触头不能同时吸合，避免电源相间短路。

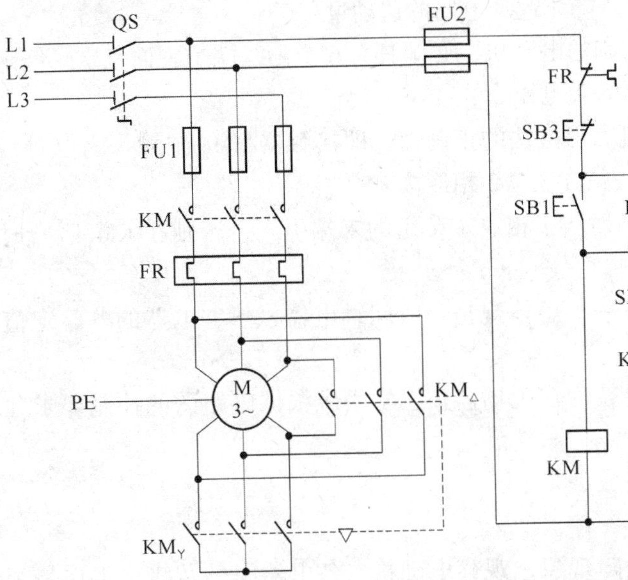

图5－4－3 按钮接触器控制Y－△降压起动电路图

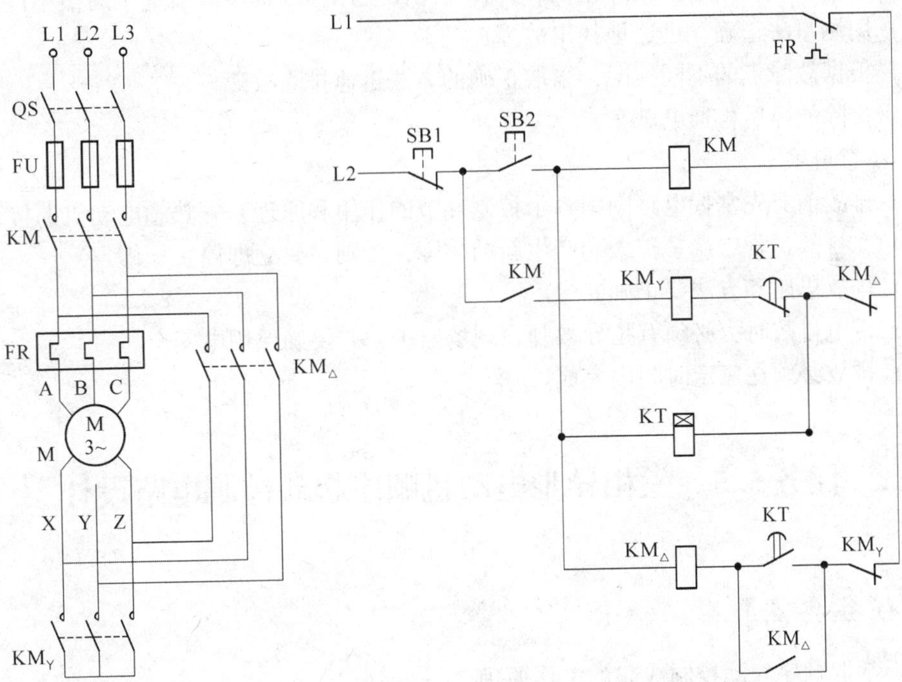

图5－4－4 时间继电器自动控制Y－△降压起动电路图

2. 实验步骤及注意事项

1）分组实验

（1）先准备实验所需工具，确认工具齐全。分别按图5－4－3、图5－4－4接线，并请指导教师检查线路是否无误，用万用表测试接触器触头两端阻值是否在规定的范围内，方可通电。通电后，分步校验Y－△降压起动电路的起动过程。

（2）用Y－△降压起动控制的电动机，必须具有6个出线端子，而且定子绕组在△形接法时的额定电压等于三相电源的线电压。

（3）接线时要保证电动机△形接法的正确性，即接触器$KM_{\triangle}$主触头闭合时，应保证定子绕组的U1与V2、V1与U2、W1与V2相连接。

（4）接触器KM_{Y}的进线必须从三相定子绕组的末端引入，否则在KM_{Y}吸合时，会产生三相电源短路事故。

（5）通电校验前要再检查一下熔体规格、时间继电器、热继电器的各整定值是否符合要求。

（6）通电校验必须有指导教师在现场监护，学生应根据电路图的控制要求独立进行校验，如出现故障也应自行排除。

（7）必须在额定时间内完成。

2）排故步骤和方法

（1）用通电试验法观察故障现象。观察电动机、各电器元件及线路工作是否正常，如发现异常现象，应立即断电检查。

（2）用逻辑分析法缩小故障范围，并在电路图上用虚线标出故障部位的最小范围。

（3）用测量法正确、迅速地找出故障点。

（4）根据故障点的不同情况，采取正确的方法迅速排除故障。

（5）排除故障后再通电试车。

3）注意事项

（1）排故前要先掌握电路图中各个控制环节的作用和原理，并熟悉电动机的接线方法。

（2）在排故过程中严禁扩大和产生新的故障，否则，要立即停止检修。

（3）排故思路和方法要正确。

（4）带电排故时，必须有指导教师在现场监护，并要确保用电安全。

（5）排故必须在额定时间内完成。

任务5.5　三相异步电动机顺序起动控制电路设计

【任务要点】

（1）掌握顺序起动控制线路的工作原理。

（2）掌握顺序起动控制线路的安装方法。

（3）掌握检测电路是否正常的方法并能排除出现的故障。

【任务准备】

（1）所需设备：电工实验台、三相异步电动机。

（2）所需物品：万用表、导线、剥线钳、螺丝刀等电工工具。

【任务实施】

5.5.1　相关理论知识

在有多台电动机的生产机械或其他应用场合，有时要按一定的顺序对各电动机进行控制才能保证操作过程的合理性和工作的安全可靠。如铣床控制要求先起动主轴电动机后才能起动进给电动机；又如，带有液压系统的机床，一般都要先起动液压泵电动机，再起动其他电动机。这些顺序关系反映在控制电路上，称为顺序控制。

5.5.2　实验内容

1. 实验一：手动控制三相异步电动机顺序起动控制电路

1）原理

下面以两台电动机为例说明常用的顺序起动电路，图5-5-1为手动控制三相异步电动机顺序起动控制电路图，其中接触器KM1控制第一台电动机M1，接触器KM2控制第二台电动机M2。

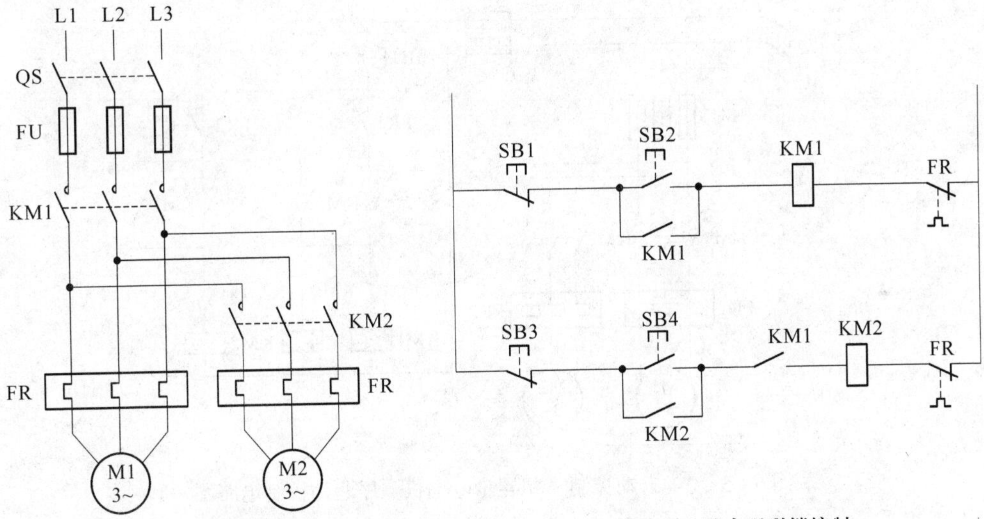

(a)主回路实现联锁控制　　(b)控制回路实现联锁控制

图5-5-1　手动控制三相异步电动机顺序起动控制电路图

控制可通过主回路和控制回路两种方法实现，图5-5-1（a）为通过主回路实现联锁控制的电路，图5-5-1（b）为通过控制回路实现联锁控制的电路。在图5-5-1（a）中，显然电动机M1不起动，M2不管KM2是否吸合都不可能运转。图5-5-1（b）中的KM1不吸合，其串在KM2线圈回路中的常开触头一直断开，KM2也不可能吸合。

通过控制回路实现顺序起动的原则是：把控制先起动电动机的接触器常开触头串入控制后起动电动机的线圈回路中。

2）实验内容

（1）先准备实验所需工具，确认工具齐全。按图5-5-1接线，其中电动机采用Y形接法，并请指导教师检查线路是否无误，用万用表测试接触器触头两端阻值是否在规定的范围内，方可通电。

（2）顺序起动：通电后，按下 SB2 起动按钮，KM1 线圈得电，KM1 常开主触点闭合，M1 电动机起动，KM1 常开辅助触点闭合，一方面使与 SB2 按钮并联的 KM1 形成自锁，起到连续控制的作用；另一方面，KM2 线圈支路的 KM1 常开触点闭合，为 KM2 线圈支路得电做好准备（即电动机顺序起动），按下 SB3 按钮，KM2 线圈得电，KM2 常开主触点闭合，M2 电动机起动，KM2 常开辅助触点闭合，使与 SB3 按钮并联的 KM2 触点形成自锁，起到连续控制作用。观察各阶段接触器和电动机的动作情况。

（3）停止：按下 SB1 按钮，电动机停转。

2. 实验二：自动控制三相异步电动机顺序起动控制电路

1）原理

图 5－5－2 为自动控制三相异步电动机顺序起动控制电路图，采用了时间继电器，属于按时间顺序控制的电路。时间继电器的延时时间可调，即可预置电动机 M1 起动 n 秒后电动机 M2 再起动。

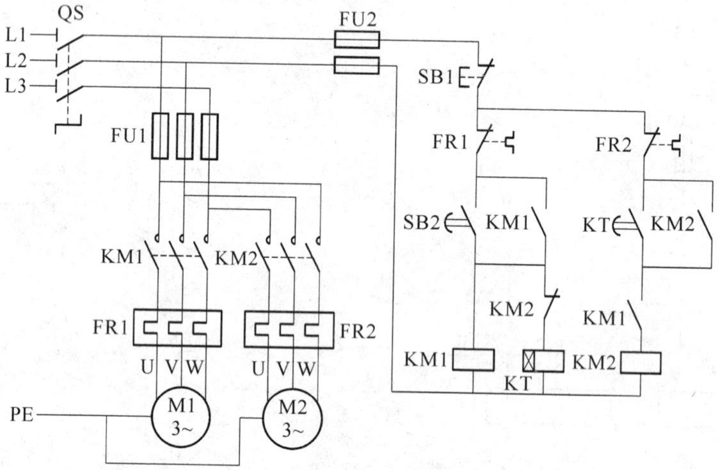

图 5－5－2　自动控制三相异步电动机顺序起动控制电路图

工作过程：合上 QS，按下 SB2，接触器 KM1 线圈、时间继电器 KT 线圈同时通电，且由 KM1 辅助常开触点形成自锁，电动机 M1 起动。延时 n 秒时间后，KT 延时闭合触点闭合，接触器 KM2 线圈通电并自锁，则电动机 M2 起动，同时 KM2 的常闭触点断开，切断 KT 线圈支路，完成 M1、M2 电动机的按预定时间的顺序起动控制。

2）实验内容

（1）先准备实验所需工具，确认工具齐全。按图 5－5－2 接线，其中电动机采用Y形接法，并请指导教师检查线路是否无误，用万用表测试接触器触头两端阻值是否在规定的范围内，方可通电。

（2）起动：按下 SB2 起动按钮，KM1 线圈得电，M1 电动机起动，KM1 常开触点闭合；一方面，并联在 SB2 两侧的 KM1 常开触点闭合，形成自锁，起到连续控制的作用；另一方面，与 KM2 线圈支路串联的 KM1 常开触点闭合，为 KM2 线圈支路得电做好准备；通电延时时间继电器 KT 线圈得电，经过一段时间后 KT 常开触点闭合，KM2 线圈得电，M2 电动机起动。在此过程中，观察电动机、各接触器和时间继电器的动作情况，体会电动机自动控制的顺序起动与手动控制的顺序起动的区别。

（3）停止：按下 SB1 按钮，电动机停转。

项目6　电子产品的制作

任务6.1　收音机的制作

【任务要点】

（1）熟悉超外差式晶体管收音机各组成部分和电路元件的作用原理。

（2）能识别、检测超外差式晶体管收音机所用的元器件。

（3）掌握焊接技术及整机安装工艺。

（4）初步掌握超外差式晶体管收音机的统调方法。

【任务准备】

（1）所需设备：万用表、统调装置、电源。

（2）所需物品：电烙铁、焊锡丝、烙铁架、螺钉旋具（一字形和十字形）、偏口钳、尖嘴钳、镊子、小刮刀、吸锡器、超外差式晶体管收音机套件1套。

【任务实施】

6.1.1　相关理论知识

1. 超外差式晶体管收音机工作原理

超外差式晶体管收音机电路形式有很多，但大体上都是由变频级、中频放大级、检波级和低频放大级等几部分组成。超外差式晶体管收音机的基本框图如图6－1－1所示。

由图6－1－1可以看出，自天线接收下来的高频信号，被输入调谐回路选出后，送入变频级，变频级包括本级振荡器和混频器两部分。

本级振荡器产生振荡信号的频率比输入高频信号高465 kHz。这两个信号同时送入混频器进行混频，产生一系列新的频率信号，其中除输入的高频信号及本级振荡信号外，还有频率为两者之和的和频信号以及两者之差的差频信号等，这些信号经过接在混频器输出端的调谐回路选择后，只允许差频信号通过。

由于本机振荡信号与输入高频信号的差为465 kHz，并且本机振荡器的振荡回路与输入回路的调谐电容器是同轴联调的，不管如何调节，都使差频为465 kHz。也就是说，不论接

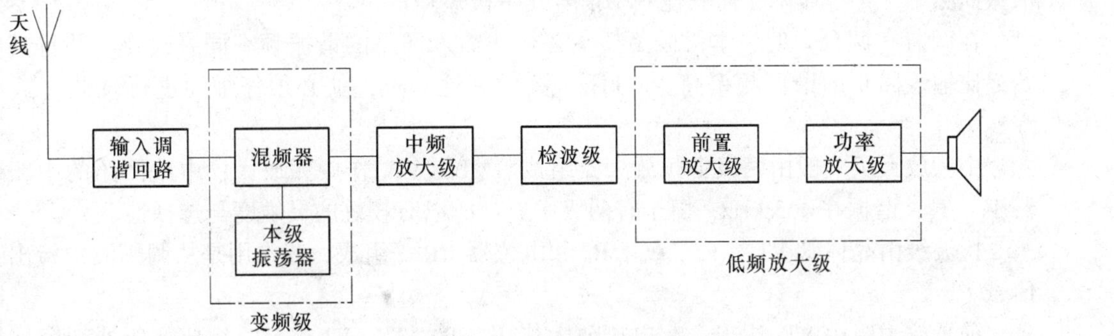

图 6－1－1　起外差式晶体管收音机基本框图

收哪一个电台的信号，经变频级送到中频放大级的信号总是一个固定的频率 465 kHz。

这个固定的中频信号经预中频放大级（一般为两级）放大到一定程度后，再送入检波级进行检波，检波输出的音频信号，经过低频放大级放大，推动扬声器发出声音。

2. 典型超外差式晶体管收音机的原理分析

图 6－1－2 为 HX108－2 型七管调幅超外差式晶体管收音机的电路原理图。该收音机为中段收音机，中波段超外差式晶体管收音机可用一个晶体管兼作振荡器和混频器。

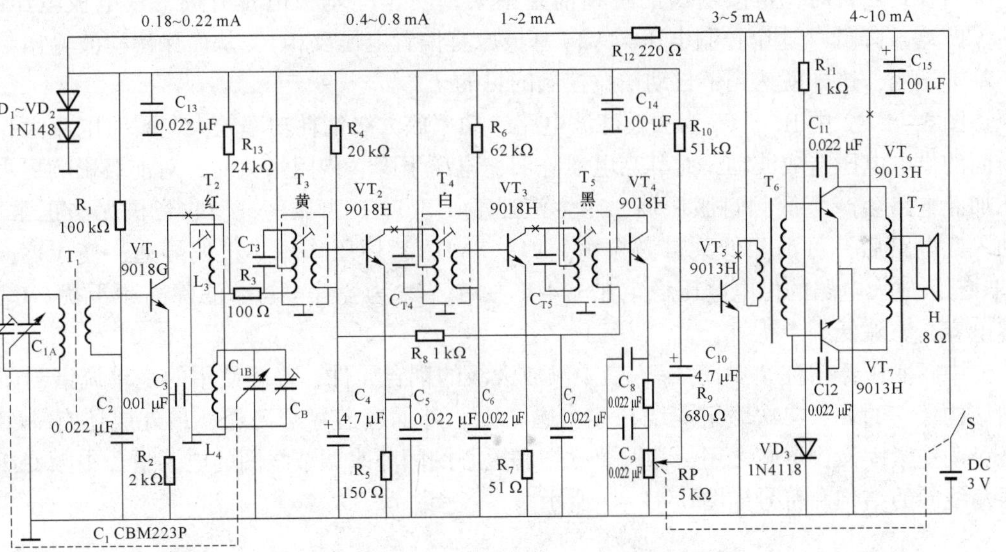

图 6－1－2　HX108－2 型七管调幅超外差式晶体管收音机的电路原理图

变频级以 VT_1 为中心组成。它的作用是把由磁棒线圈 T_1 接收的不同频率的信号转换成 465 kHz 中频信号。振荡回路由 T_2 的一次绕组 L_3、二次绕组 L_4 及 C_5、C_{1B}、C_3 组成。它能产生一个比输入信号频率高 465 kHz 的等幅振荡信号。

VT_1、CT_3 和 T_3 的一次绕组等组成混频电路，电台信号和本机振荡信号在 VT_1 中混合。由于晶体管的非线性作用，将产生多种频率的信号，其中有一种是本机振荡频率和电台频率相差 465 kHz 的中频信号，它是需要的信号。

因中频变压器 T_3 的谐振频率为 465 kHz，所以只有 465 kHz 的中频信号才能在这个并联谐振回路中产生电压降，而其他频率信号几乎被短路。

在调谐（调台）时，本机振荡频率必须和输入回路的谐振频率同时改变，并且其频率始终比输入回路的谐振频率高 465 kHz。要做到这一点，就必须仔细地进行统调（或称跟踪）。

中频放大级一般由两级中频放大器组成。VT_2、VT_3 作中频放大，中放回路的中频变压器 T_4、T_5，谐振在465 kHz，由于有两级中放，所以有较好的灵敏度与选择性。

检波级由晶体管 VT_4、C_8、C_9、R_9 和电位器 RP 等组成，其作用是从调幅波中检出音频信号。

前置放大级由 VT_5 组成，起电压放大作用。T_6、T_7、VT_6、VT_7 组成变压器耦合推挽功率放大电路。

VD_3 正偏导通，为功放管 VT_6、VT_7 发射结提供稳定的0.7 V 偏置电压。

并接在 VT_6、VT_7 基极及集电极间的电容 C_{11}、C_{12}为交流电压并联负反馈电容，起减小输出级失真，提高输出音质的作用。

为避免接收强弱信号存在差异，图6－1－2 所示收音机电路中采用了自动增益控制电路（AGC 电路），它是由 C_7、R_8 组成的直流负反馈电路。由于 C_7 对交流信号（音频信号）相当于短路，其直流成分通过 R_8 送回到 VT_2 基极。

当收到强台时，检波输出的音频信号增大，使 VT_2 基极电位升高，集电极电压下降，使 VT_2 增益降低（这个控制电压与 VT_2 基极原有偏置电压反相），从而保持检波输出信号大小基本不变，这样就达到了自动增益控制的目的。

图6－1－2 中 R_{12}、C_{15}为去耦滤波电路。功率放大级消耗功率较大，瞬时电流大，易对前面的供电电压造成波动，尤其当电池陈旧、电压下降、内阻增大时，对前级影响更大。若不加此电路会产生低频自激振荡，产生汽船般“叶叶”声振荡，使收音机无法正常工作；加入此电路后，可消除低频自激振荡。VD_1、VD_2 起稳压作用，正偏导通，使 VT_1、VT_2、VT_3 三级放大电路的供电电压稳定在1.4 V 左右。C_{13}为瓷片电容，滤除高频干扰。C_{14}为电解电容，滤除低频干扰。

中频变压器俗称“中周”，它是中频放大级的耦合元件，普便使用的是单调谐封闭磁心型结构，它的一、二次绕组同绕在一个磁心上，外面套着一个磁帽，最外层还有一个铁外壳，既作紧固又作屏蔽之用，靠调节磁帽和磁心的间隙来调节线圈的电感量。中频变压器和振荡线圈的结构和符号如图6－1－3 所示。

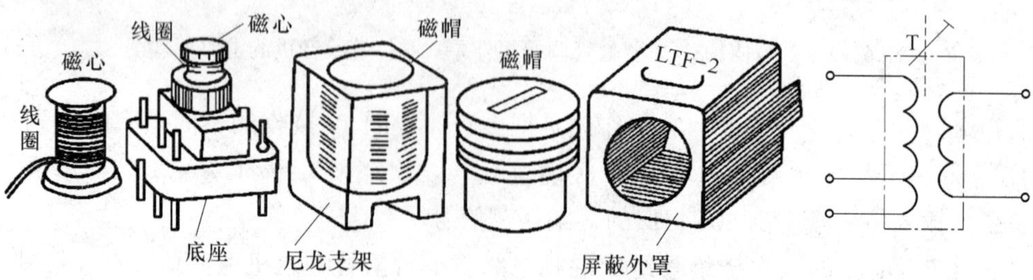

图6－1－3　中频变压器和振荡线圈的结构和符号

本机振荡线圈也多做成和中频变压器一样的外形，与中频变压配合使用。也有只绕在骨架上而没有铁壳的振荡线圈，购买时要注意所需配用的可变电容是否合适。

图6－1－4为这个收音机的印制电路板装配图，供装配时参考。装配时也可以按照所配元器件的实际情况改动，在使用不同型号的中频变压器时，对它的引线要做适当的更改。

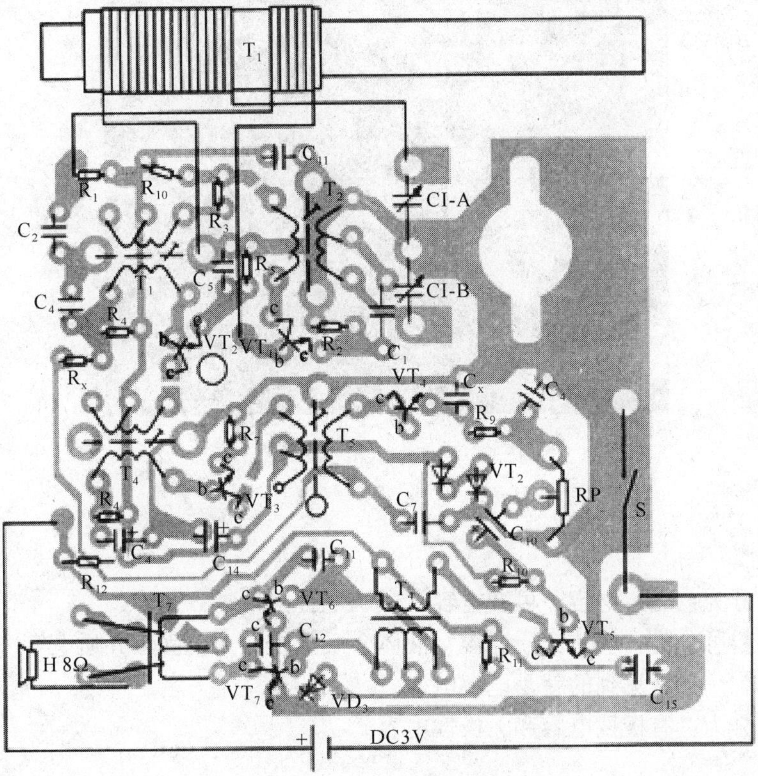

图6－1－4 收音机的印制电路板装配图

3. 收音机组装与调试

1）基本元器件电阻、电容的识别

（1）电阻。

分类：电阻从原理上分为固定电阻器和可变电阻器（包括可变电位器），从材料上分为碳膜、金属、金属氧化膜。从制作上又分为线绕、陶瓷（薄膜和厚膜）、水泥、薄膜、厚膜、玻璃釉等。

单位：电阻的基本单位是Ω（欧姆），此外还有kΩ（千欧）、MΩ（兆欧）。之间的具体换算如下：1 kΩ＝1 000 Ω；1 MΩ＝1 000 kΩ＝1 000 000 Ω。

电阻的标称功率：W（瓦特），常用电阻的标称功率有（1/16）W、（1/8）W、（1/4）W、（1/2）W、1W、2W、5W、10W等。

四环电阻对应阻值为$22\times10^{0}\pm5\%=22\ \Omega\pm5\%$，五环电阻对应阻值为$470\times10^{3}\pm1\%=470\ k\Omega\pm1\%$。

电阻的标称及识别方法：电阻阻值的标称一般使用色环方法表示（如图6－1－5所示）。其中又有四环和五环之分，四环电阻误差比五环电阻要大，一般用于普通电子产品上，而五环电阻一般都是金属氧化膜电阻，主要用于精密设备或仪器上。

颜色	第一环	第二环	第三环	乘数	误差
棕	1	1	1	10^1	±1%
红	2	2	2	10^2	±2%
橙	3	3	3	10^3	
黄	4	4	4	10^4	
绿	5	5	5	10^5	±0.5%
蓝	6	6	6	10^6	±0.25%
紫	7	7	7	10^7	±0.10%
灰	8	8	8	10^8	±0.05%
白	9	9	9	10^9	
黑	0	0	0	10^0	
金					±5%
银					±10%
无					±20%

图6－1－5　电阻色码系统图

（2）电容。

① 分类。

按结构可分为：固定电容、可变电容、微调电容。

按介质材料可分为：气体介质电容、液体介质电容、无机固体介质电容、有机固体介质电容、电解电容。最常见到的就是电解电容。

按极性可分为：有极性电容和无极性电容。

② 单位。

电容的基本单位是 F（法），此外还有 μF（微法）、pF（皮法），另外还有一个用得比较少的单位，那就是 nF。由于电容 F 的容量非常大，所以我们看到的一般都是 μF、nF、pF 的单位，而不是 F 的单位。之间的具体换算如下：1 F＝1 000 000 μF；1 μF＝1 000 nF＝1 000 000 pF。

③ 电容标称值的识别。

（a）电解电容，有极性，如图6－1－6所示。

正负极的判别：见图6－1－6中－、＋。

标称值的判别：从电容侧面可以读出电容的容值和耐压值。

（b）其他无极性电容，如瓷片电容，如图6－1－7所示。

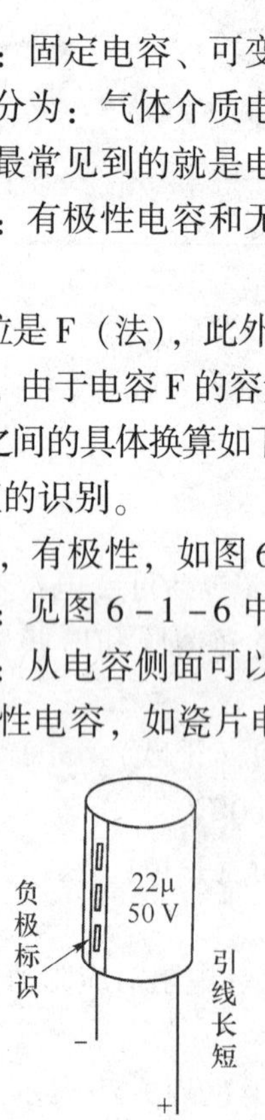

图6－1－6　电解电容

图6－1－7　瓷片电容

标称值的判别：直接标称法。如果数字是 0.001，那它代表的是 0.001 μF；如果是 10 n，那么就是 10 nF，同样 100 p 就是 100 pF。

不标单位的直接表示法：用 1～3 位数字表示，容量单位为 pF，如 103 pF = 10×10^3 pF。

色码表示法：类似电阻的色码。

2）组装前的准备工作

(1) 参照元器件清单清点元器件的种类和数目，并用万用表检查各元器件的参数是否正确及是否损坏。

电阻的检查：通过电阻的色环读出各电阻的电阻值并用万用表进行验证，检查其数量与参数是否与清单一致。

电容及双连的检查：用万用表的欧姆挡检查电容有无短路、断路。好的电容在用万用表检查时有明显的充电过程。

二极管的检查：检查单向导电性是否存在，并判别其极性。

三极管的检查：检查三极管各 PN 结单向导电性是否存在。

天线线圈、中周、输入及输出变压器的检查：检查天线线圈、中周、输入及输出变压器各电感线圈是否存在开路。

(2) 对照原理图检查印刷电路板布线及各元器件位置是否正确。要求能清楚地将原理图和印刷电路的元器件和连线对应起来。

(3) 处理元器件各管脚（去氧化层）并镀锡。在处理过程中可用小刀刮掉各管脚氧化物到管脚发亮（处理管脚也可在焊接过程中进行）。

特别注意：天线线圈、中周、输入及输出变压器需要处理时应小心，一般情况下，它们的引线均已镀锡，可不处理。

6.1.2　实验内容

1. 组装、焊接

(1) 工具及消耗品：烙铁、镊子、楔口钳、尖嘴钳，螺丝刀、焊锡等。

(2) 组装焊接注意事项。

① 注意安全：烙铁电源线是否存在漏电隐患。烙铁在焊接中温度较高，严禁烫伤他人和自己。也不要碰到其他任何可燃物，特别是导线。

② 烙铁放置：烙铁头向外，导线向自己。

③ 注意各中周及振荡线圈的位置不能互换。

④ 电解电容、二极管极性，以及三极管 e、b、c 不能出错。

⑤ 各元器件高度应适当，所有元器件高度均不能超过中周的高度。否则收音机外壳将无法合拢。

(3) 组装顺序。

① 原则：方便焊接。

② 顺序：从左到右，从上到下，从中央到四周，从大到小。

本次实验由于所有元器件高度均不应该超过中周，组装顺序可按下执行：

① 双连；② 振荡线圈、中周；③ 输入变压器、输出变压器；④ 电位器；⑤ 电阻、电容、二极管、三极管；⑥ 天线线圈；⑦耳机；⑧喇叭导线、电源线及其他导线。

实际组装顺序自己可根据实际情况进行。

(4) 焊接过程及方法。

正式焊接前应练习，掌握焊接方法后再正式焊接，参考图 6－1－8。在焊接前，烙铁应充分加热，达到焊接的要求。用内含松香助焊剂的焊锡进行焊接，焊接时锡量应适中。

焊接时两手各持烙铁、焊锡，从两侧先后依次各以 45°角接近所焊元器件管脚与焊盘铜箔交点处。待融化的焊锡均匀覆盖焊盘和元件管脚后，撤出焊锡并将烙铁头沿管脚向上撤出。待焊点冷却凝固后，剪掉多余的管脚引线。

每次焊接时间在保证焊接质量的基础上应尽量短（5 s 左右）。时间太长，容易使焊盘铜箔脱落；时间太短，容易造成虚焊。

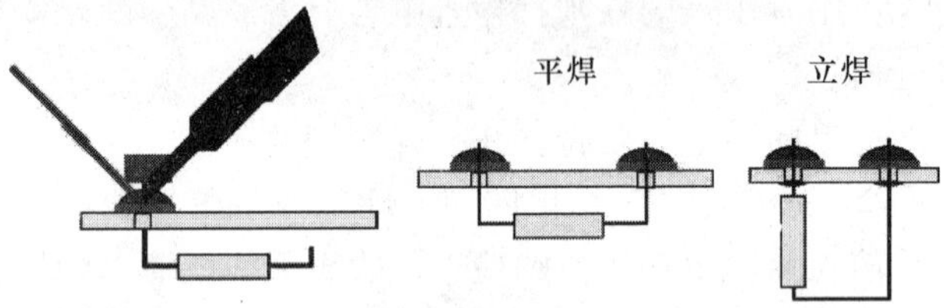

图 6－1－8　焊接图

2. 检查与调试

(1) 检查电路。

收音机装配完毕后，应先对照电路图按顺序检查一遍，检查项目有：

① 每个元器件的规格型号、数值、安装位置以及管脚接线是否正确。

② 中频变压器的安装次序和一、二次绕组的接线位置是否正确。

③ 每一个焊点是否有漏焊、假焊和搭锡现象，线头和焊锡等杂物是否残留在印制电路板上。

④ 分段绕制的磁性天线线圈的安装方向是否正确。

⑤ 用万用表 R×100 挡，测量整机电阻，阻值应大于 500 Ω。如阻值较小，则应检查电路是否短路，晶体管电极是否接错，阻容元件是否合格。

(2) 调试。

在收音机焊接完成后，为了验证电路的工作是否正常，需要对收音机进行必要的测试，在本次组装过程中，主要的测试工作有（测试数据在验收时一并上交）：各晶体管 e、b、c 三极静态工作电压测量；收音机整机电流及断点电流测量（在测量断点电流前，断点电流测试点不应连接上）。

如收音机在通电情况下无法正常接收信号，或上述测量数值与原理电路图给出的数值相差较大，则检查焊接过程是否出现错误，自行检查并改正。如自己无法解决，请指导教师协助解决。

任务 6.2　抢答器的制作

【任务要点】

(1) 掌握组合电路、时序电路、编程器件和任意集成电路的综合使用和设计方法。

（2）熟练掌握优先编码器、触发器、计数器、单脉冲触发器、555 电路、译码/驱动电路的应用方法，熟练掌握时序电路的设计方法。

（3）掌握焊接技术及整机安装工艺。

【任务准备】

（1）所需设备：万用表、统调装置、电源。

（2）所需物品：电烙铁、焊锡丝、烙铁架、螺钉旋具（一字形和十字形）、偏口钳、尖嘴钳、镊子、小刮刀、吸锡器、74LS279（RS 锁存器）、74LS48（4 线－7 段译码驱动器）、74LS148（8 线－3 线优先编码器）、74LS192（十进制可逆计数器）、74LS121（单稳态触发器）、74LS00（二输入与非门）、74LS20（四输入与非门）、七段数码管（共阴极）、扬声器等电子器件。

【任务实施】

6.2.1　相关理论知识

1. 优先编码器 74LS148

编码器在同一时刻内只允许对一个信号进行编码，否则输出的代码会发生混乱。优先编码器即在同一时间内，当有多个输入信号请求编码时，只对优先级别高的信号进行编码的逻辑电路。常用的集成优先编码器有 74LS148（8 线－3 线）和 74LS147（10 线－4 线）两种。

优先编码器是较常用的编码器，下面以 74LS148 为例介绍它的逻辑功能。此芯片为 8 线－3 线优先编码器。图 6－2－1（a）为其功能简图，图 6－2－1（b）为其管脚引线图，表 6－2－1 为其真值表。

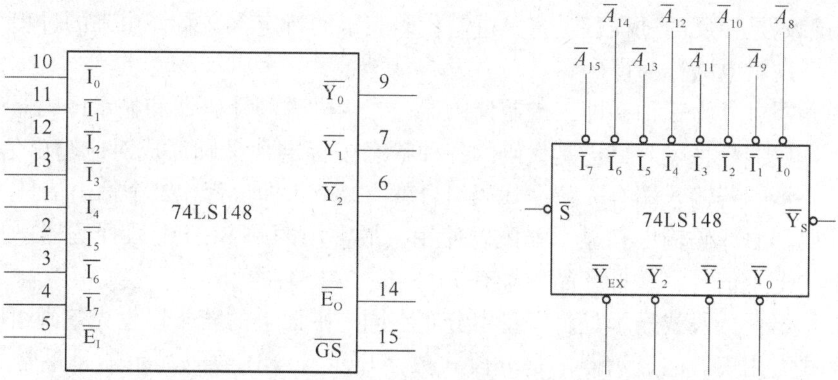

(a)功能简图　　(b)管脚引线图

图 6－2－1　优先编码器 74LS148 功能简图和管脚引线图

表 6－2－1　优先编码器 74LS148 真值表

输入									输出				
$\overline{E_I}$	$\overline{I_0}$	$\overline{I_1}$	$\overline{I_2}$	$\overline{I_3}$	$\overline{I_4}$	$\overline{I_5}$	$\overline{I_6}$	$\overline{I_7}$	A_2	A_1	A_0	S	E_O
1	×	×	×	×	×	×	×	×	1	1	1	1	1

续表

输入									输出				
$\overline{E_1}$	$\overline{I_0}$	$\overline{I_1}$	$\overline{I_2}$	$\overline{I_3}$	$\overline{I_4}$	$\overline{I_5}$	$\overline{I_6}$	$\overline{I_7}$	A_2	A_1	A_0	S	E_0
0	1	1	1	1	1	1	1	1	1	1	1	1	0
0	0	1	1	1	1	1	1	1	1	1	1	0	1
0	×	0	1	1	1	1	1	1	1	1	0	0	1
0	×	×	0	1	1	1	1	1	1	0	1	0	1
0	×	×	×	0	1	1	1	1	1	0	0	0	1
0	×	×	×	×	0	1	1	1	0	1	1	0	1
0	×	×	×	×	×	0	1	1	0	1	0	0	1
0	×	×	×	×	×	×	0	1	0	0	1	0	1
0	×	×	×	×	×	×	×	0	0	0	0	0	1

功能说明：74LS148 的输入端和输出端均为低电平有效。在管脚引线图中，电源和接地未画，$\overline{I_0}\sim\overline{I_7}$是输入信号，$\overline{Y_2}\sim\overline{Y_0}$为三位二进制编码输出信号。当$\overline{I_S}=1$时，编码器禁止编码；当$\overline{I_S}=0$时，允许编码。$\overline{Y_S}$是使能输出端，只有在$\overline{I_S}=0$，而$\overline{I_0}\sim\overline{I_7}$均无编码输入信号时为 0。$\overline{Y_{EX}}$为优先编码器输出端，在$\overline{I_S}=0$而$\overline{I_0}\sim\overline{I_7}$的其中之一有信号时，$\overline{Y_{EX}}=0$。$\overline{I_0}\sim\overline{I_7}$各输入端的优先顺序为$\overline{I_7}$级别最高，$\overline{I_0}$级别最低。如果$\overline{I_7}=0$（有信号），则其他输入端即使有输入信号也不起作用，此时输出只按$\overline{I_7}$编码，即$\overline{Y_2}\,\overline{Y_1}\,\overline{Y_0}=000$。优先编码器被广泛用于计算机控制系统中，当有多个外设申请中断时，优先编码器总是给优先级别高的设备先编码。

2. 译码器及其应用

译码与编码是相反的过程，是将二进制代码表示的特定含义翻译出来的过程。能实现译码功能的组合逻辑电路称为译码器。

集成译码器可分为三种，即二进制译码器、二－十进制译码器和显示译码器。

二进制译码器是将输入二进制代码的各种状态按特定含义翻译成对应输出信号的电路，又称变量译码器。若输入端有 n 位，代码组合就有2^n个，即可译出2^n个输出信号。

显示译码器由译码输出和显示器配合使用，最常用的是 BCD 七段译码器。其输出是驱动七段字形的七个信号，常见产品型号有 74LS48、74LS47 等。

字符显示器：分段式显示是将字符由分布在同一平面上的若干段发光笔画组成。电子计算器、数字式万用表等的显示器都是分段式数字显示。LED 数码显示器是最常见的，通常有红、绿、黄等颜色。LED 的死区电压较高，工作电压约为 1.5～3 V，驱动电流为几十毫安。图 6－2－2 为七段 LED 数码管的引脚图和七段字形组合。

74LS147 译码驱动器的输出是低电平有效，所以配接的数码管须采用共阳极接法；而 74LS48 译码驱动器的输出是高电平有效，所以配接的数码管须采用共阴极接法。数码管常用型号有 BS201、BS202 等。图 6－2－3（a）为共阴极 LED 数码管的原理图，使用时，共阴极接地，7 个阳极 a～g 由相应的 BCD 七段译码器来驱动。驱动电路如图 6－2－3（b）所示。

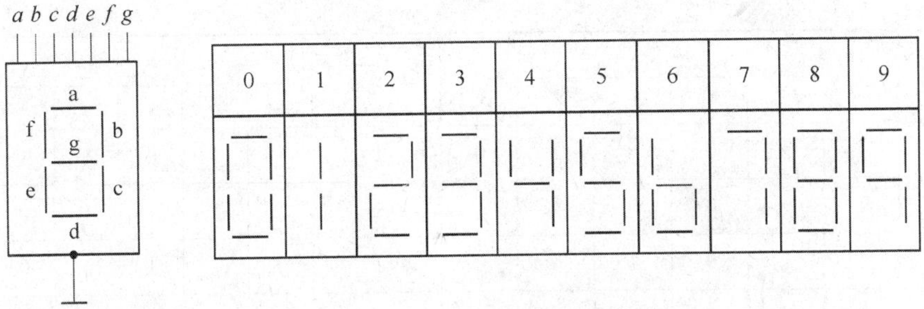

(a)引脚图　　(b)七段字形组合

图6－2－2　七段 LED 数码管

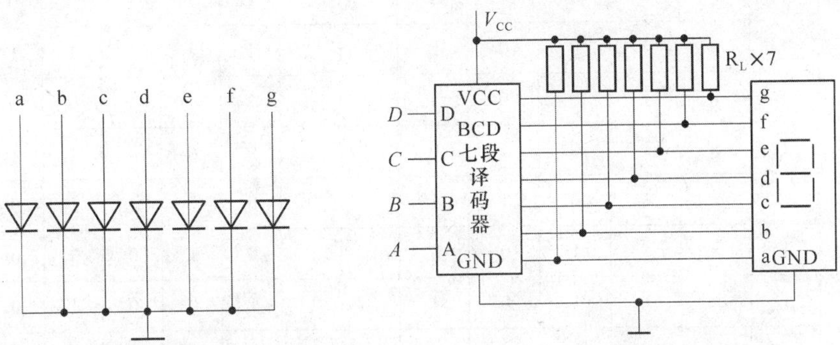

(a)共阴极LED数码管原理图　　(b)驱动电路

图6－2－3　共阴极 LED 数码管的原理图和驱动电路

3. 中规模集成 BCD 七段显示译码驱动器

前面提到，74LS48 是输出高电平有效的中规模集成 BCD 七段显示译码驱动器，它的功能简图和管脚引线图如图 6－2－4 所示，其真值表见表 6－2－2。

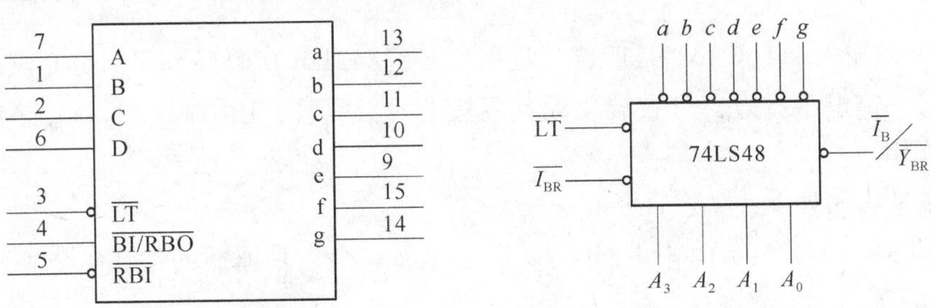

(a)74LS48功能简图　　(b)74LS48管脚引线图

图6－2－4　74LS48 功能简图和管脚引线图

表 6－2－2　真值表

十进制数或功能	输入						$\overline{I_B}/\overline{Y_{BR}}$	输出						
	$\overline{LT}$	$\overline{I_{BR}}$	A_3	A_2	A_1	A_0		a	b	c	d	e	f	g
0	1	1	0	0	0	0	1	1	1	1	1	1	1	0
1	1	×	0	0	0	1	1	0	1	1	0	0	0	0

续表

十进制数或功能	输入						$\overline{I_B}/\overline{Y_{BR}}$	输出						
	$\overline{LT}$	$\overline{I_{BR}}$	A_3	A_2	A_1	A_0		a	b	c	d	e	f	g
2	1	×	0	0	1	0	1	1	1	0	1	1	0	1
3	1	×	0	0	1	1	1	1	1	1	1	0	0	1
4	1	×	0	1	0	0	1	0	1	1	0	0	1	1
5	1	×	0	1	0	1	1	1	0	1	1	0	1	1
6	1	×	0	1	1	0	1	0	0	1	1	1	1	1
7	1	×	0	1	1	1	1	1	1	1	0	0	0	0
8	1	×	1	0	0	0	1	1	1	1	1	1	1	1
9	1	×	1	0	0	1	1	1	1	1	0	0	1	1
10	1	×	1	0	1	0	1	0	0	0	1	1	0	1
11	1	×	1	0	1	1	1	0	0	1	1	0	0	1
12	1	×	1	1	0	0	1	0	1	0	0	0	1	1
13	1	×	1	1	0	1	1	1	0	0	1	0	1	1
14	1	×	1	1	1	0	1	0	0	0	1	1	1	1
15	1	×	1	1	1	1	1	0	0	0	0	0	0	0
灭灯	×	×	×	×	×	×	0	0	0	0	0	0	0	0
灭零	1	0	0	0	0	0	0	0	0	0	0	0	0	0
试灯	0	×	×	×	×	×	1	1	1	1	1	1	1	1

74LS48 的输入端$A_3A_2A_1A_0$是四位二进制信号（8421BCD 码）；$a\sim g$ 是七段译码器的输出驱动信号，高电平有效，可直接驱动共阴极七段数码管；$\overline{\mathrm{LT}}$、$\overline{\mathrm{I_{BR}}}$、$\overline{\mathrm{I_B}}/\overline{\mathrm{Y_{BR}}}$是使能端，起辅助控制作用。

使能端的作用如下：

（1）$\overline{\mathrm{LT}}$是试灯输入端，当$\overline{\mathrm{LT}}=0$，$\overline{I_B}/\overline{Y_{BR}}=1$ 时，不管其他输入是什么状态，a ~ g 七段全亮。

（2）灭灯输入端$\overline{\mathrm{I_B}}$，当$\overline{I_B}=0$ 时，不论其他输入状态如何，a ~ g 均为各段熄灭。

（3）动态灭零输入端$\overline{\mathrm{I_{BR}}}$，当$\overline{\mathrm{LT}}=1$，$\overline{I_{BR}}=0$ 时，如果$A_3A_2A_1A_0=0000$ 时，a ~ g 均为各段熄灭。

（4）动态灭零输出端$\overline{\mathrm{Y_{BR}}}$，它与灭灯输入端$\overline{\mathrm{I_B}}$共用一个引出端。当$\overline{I_B}=0$ 或$\overline{I_{BR}}=0$ 且$\overline{\mathrm{LT}}=1$，$A_3A_2A_1A_0=0000$ 时，输出才为 0。片间$\overline{\mathrm{Y_{BR}}}$与$\overline{\mathrm{I_{BR}}}$配合，可用于熄灭多位数字前后所不需要显示的零。

4. RS 触发器

（1）保持状态。当输入端接入$\overline{R}=\overline{S}=1$ 的电平时，如果基本 RS 触发器现态为 $Q=1$，

$\overline{Q}=0$，则触发器次态为 $Q=1$，$\overline{Q}=0$；若基本 RS 触发器的现态为 $Q=0$，$\overline{Q}=1$，则触发器的次态为 $Q=0$，$\overline{Q}=1$。即$\overline{R}=\overline{S}=1$ 时，触发器保持原状态不变。

（2）置 0 状态。当$\overline{R}=0$，$\overline{S}=1$ 时，如果基本 RS 触发器的现态为 $Q=1$，$\overline{Q}=0$，因为$\overline{R}=0$会使 $Q=1$，而 $Q=1$ 与$\overline{S}=1$ 共同作用使$\overline{Q}$端反转为 0；如果基本 RS 触发器的现态为 $Q=0$，$\overline{Q}=1$，同理会使 $Q=0$，$\overline{Q}=1$。只要输入信号$\overline{R}=0$，$\overline{S}=1$，无论基本 RS 触发器的输出现态如何，均会使输出次态置为 0。

（3）置 1 状态。当$\overline{R}=1$，$\overline{S}=0$ 时，如果触发器的现态 $Q=0$，$\overline{Q}=1$，因$\overline{S}=0$，会使G_1的输出端次态反转为 1，而$\overline{Q}=1$ 和$\overline{R}=1$ 共同使G_2的输出端 $Q=0$；同理当 $Q=1$，$\overline{Q}=0$，也会使触发器的次态输出 $Q=1$，$\overline{Q}=0$；只要$\overline{R}=1$，$\overline{S}=0$，无论触发器现态如何，均会使触发器置 1。

（4）不定状态。当$\overline{R}=\overline{S}=0$ 时，无论触发器的原状态如何，均会使 $Q=1$，$\overline{Q}=1$。当脉冲去掉后，$\overline{R}$和$\overline{S}$同时恢复高电平后，触发器的新状态要看G_1和G_2两个门翻转速度的快慢，所以称$\overline{R}=\overline{S}=0$ 是不定状态，在实际电路中要避免此状态的出现。基本 RS 触发器的逻辑图、逻辑符号和波形图如图 6－2－5 所示。

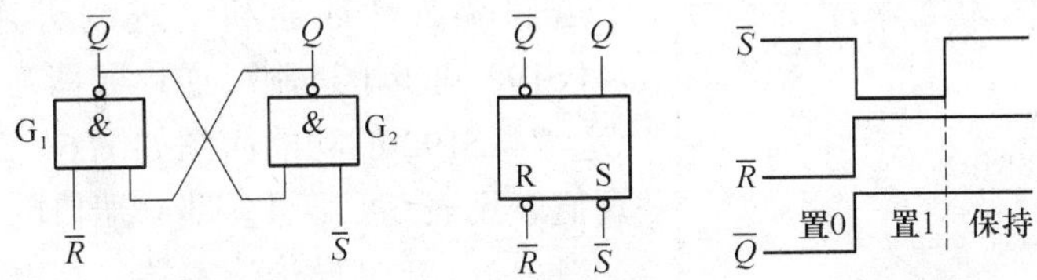

(a) 逻辑图　(b) 逻辑符号　(c) 波形图

图 6－2－5　基本 RS 触发器

表 6－2－3 所示为基本 RS 触发器的功能真值表，用它来描述 RS 触发器的逻辑功能。

表 6－2－3　功能真值表

$\overline{S}$	$\overline{R}$	$\overline{Q}$	功能
0	0	×	不定
0	1	1	置 1
1	0	0	置 0
1	1	Q	保持

由表 6－2－3 化简得到逻辑功能表达式（又称为特性方程）如下所示，其中$\overline{S}\cdot\overline{R}=0$ 为约束条件。图 6－2－6 为 74LS279 的管脚引线图。

$$\begin{cases}\overline{Q}^{n+1}=\overline{S}+\overline{R}Q^{n}\\ \overline{S}\cdot\overline{R}=0\end{cases}$$

式中：Q^n 表示现态，即原态；$\overline{Q}^{n+1}$表示次态，即新状态。

综上所述，基本 RS 触发器具有置 0、置 1、保持功能且不允许$\overline{S}$与$\overline{R}$同时为 0，集成产品 74LS279 就是这种 RS 触发器。

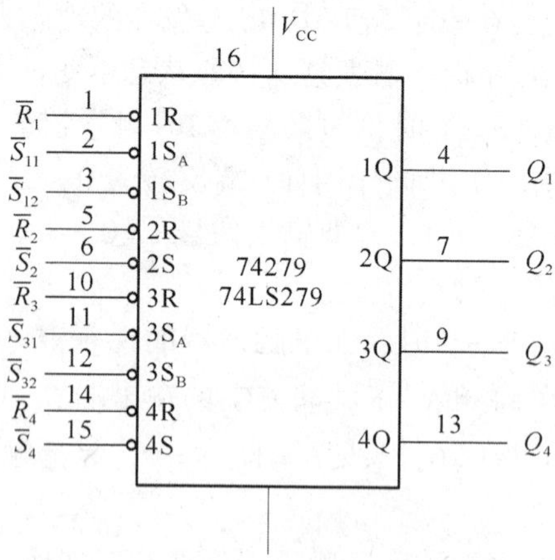

图 6-2-6　74LS279 的管脚引线图

5. 计数器

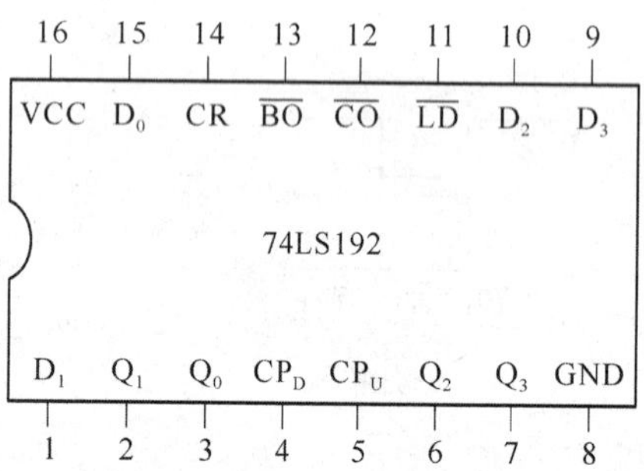

图 6-2-7　74LS192 的功能简图

十进制计数器品种很多，有十进制加法计数器、十进制减法计数器和十进制可逆计数器，下面以 74LS192 同步十进制可逆计数器为例介绍它的功能特点。74LS192 的功能简图如图 6-2-7 所示，其功能真值表见表 6-2-4。部分端口的功能如下。

（1）CR 是异步清零端，高电平有效。

（2）$\overline{LD}$是并行置数端，低电平有效，且在 CR =0 时有效。

（3）CP_U和CP_D是两个时钟脉冲，当CP_D =1 时，时钟脉冲由CP_U端接入，并且 CR =0，LD =1 时，74LS192 处于加法计数状态；当CP_U =1 时，脉冲从CP_D输入，且 CR =0，LD =1 时，74LS192 处于减法计数状态；当CP_D =CP_U =1 时，计数器处于保持状态。

（4）$\overline{CO}$是进位端，$\overline{BO}$是借位端。

表 6-2-4　74LS192 功能真值表

CR	$\overline{LD}$	CP_U	CP_D	D_3	D_2	D_1	D_0	Q_3^{n+1}	Q_2^{n+1}	Q_1^{n+1}	Q_0^{n+1}
1	×	×	×	×	×	×	×	0	0	0	0
0	0	×	↑	d_3	d_2	d_1	d_0	d_3	d_2	d_1	d_0
0	1	↑	1	×	×	×	×	加法计数			
0	1	1	↑	×	×	×	×	减法计数			
0	1	1	1	×	×	×	×	保持			

6.2.2　实验内容

1. 8 路抢答器的设计

（1）总电路框图设计。

（2）抢答器各部分之间逻辑关系的设计。

（3）抢答号显示电路设计。

（4）延时显示电路设计。

（5）秒脉冲电路设计。

（6）蜂鸣器电路设计。

（7）逻辑控制电路设计。

抢答器电路各部分间的逻辑关系如图6-2-8所示。其中，秒脉冲信号发生电路为整个系统提供基本时钟，系统在基本时钟驱动下完成各部分时序动作；抢答号显示电路的功能是在特定的时间之内显示出第一个按下的按键号码。电路中设计了自锁电路，使得当第一个键按下后，其他按键不起作用。

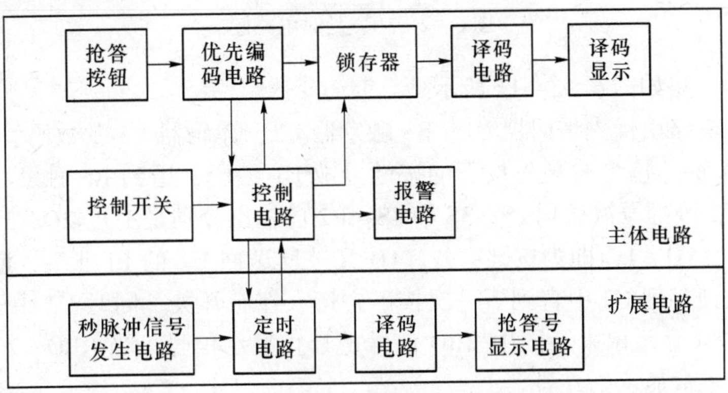

图6-2-8 抢答器电路各部分间的逻辑关系

逻辑控制电路（如图6-2-9所示）完成各个电路间的信号逻辑更换。

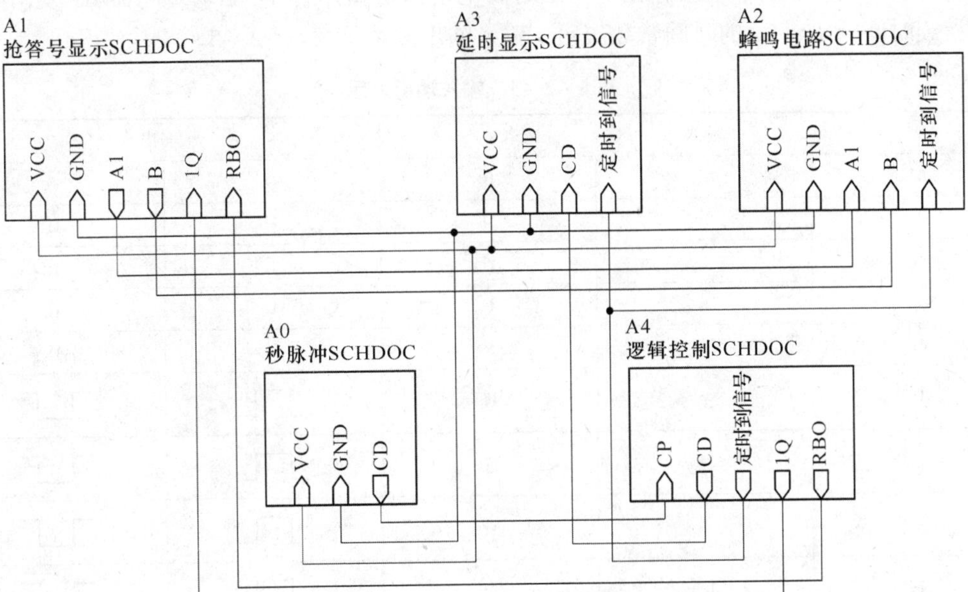

图6-2-9 逻辑控制电路

延时显示电路（如图6－2－10所示）的功能是当开关按下后开始显示计时时间。蜂鸣器电路控制蜂鸣器在适当的工作时段发出声音提示。

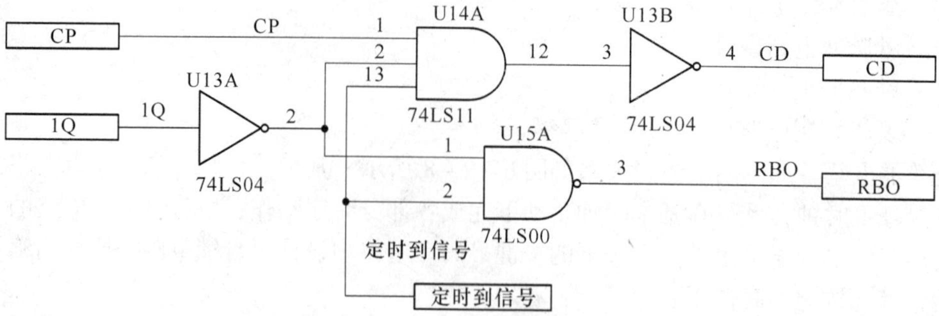

图6－2－10　延时电路图

抢答号显示电路如图6－2－11所示。

抢答号显示电路由优先编码器U1、RS触发器U2、译码器U3及数码管U4组成，S1～S8是8个抢答按键。抢答时最先按下的按键号被U1编码，送到RS触发器U2的输入端，Y_{EX}非被送到1S，按键号被送到2S、3S和4S。U2的输出分别是1Q、2Q、3Q和4Q。其中，1Q锁存了Y_{EX}非，1Q＝1，即为按键有效。1Q又被反送回U1的EI非端，使U1禁止编码。此时，按键号被锁存到U2中直到下一次按下主持人控制开关。同时U2中的按键号又被送到译码器U3经U4显示出来。图中RBO信号是禁止显示信号。当RBO＝1时，禁止显示；当RBO＝0时，正常显示抢答号。

秒脉冲电路如图6－2－12所示。

蜂鸣器电路如图6－2－13所示。主电路由74121单稳态触发器组成，当输入端3、4、5引脚符合表6－2－5时，Q端输出一个延时高电平，由晶体管T1驱动蜂鸣器B1发出响声。声音持续时间由R_1、C_1的时间常数决定。输入输出显示见表6－2－5。

表6－2－5　输入输出显示

输入			输出	
A1	A2	B	Q	$\overline{Q}$
L	×	H	L	H
×	L	H	L	H
×	×	L	L	H
H	H	×	L	H
H	↓	H	⊓	⊔
↓	H	H	⊓	⊔
↓	↓	H	⊓	⊔
L	×	↑	⊓	⊔
×	L	↑	⊓	⊔

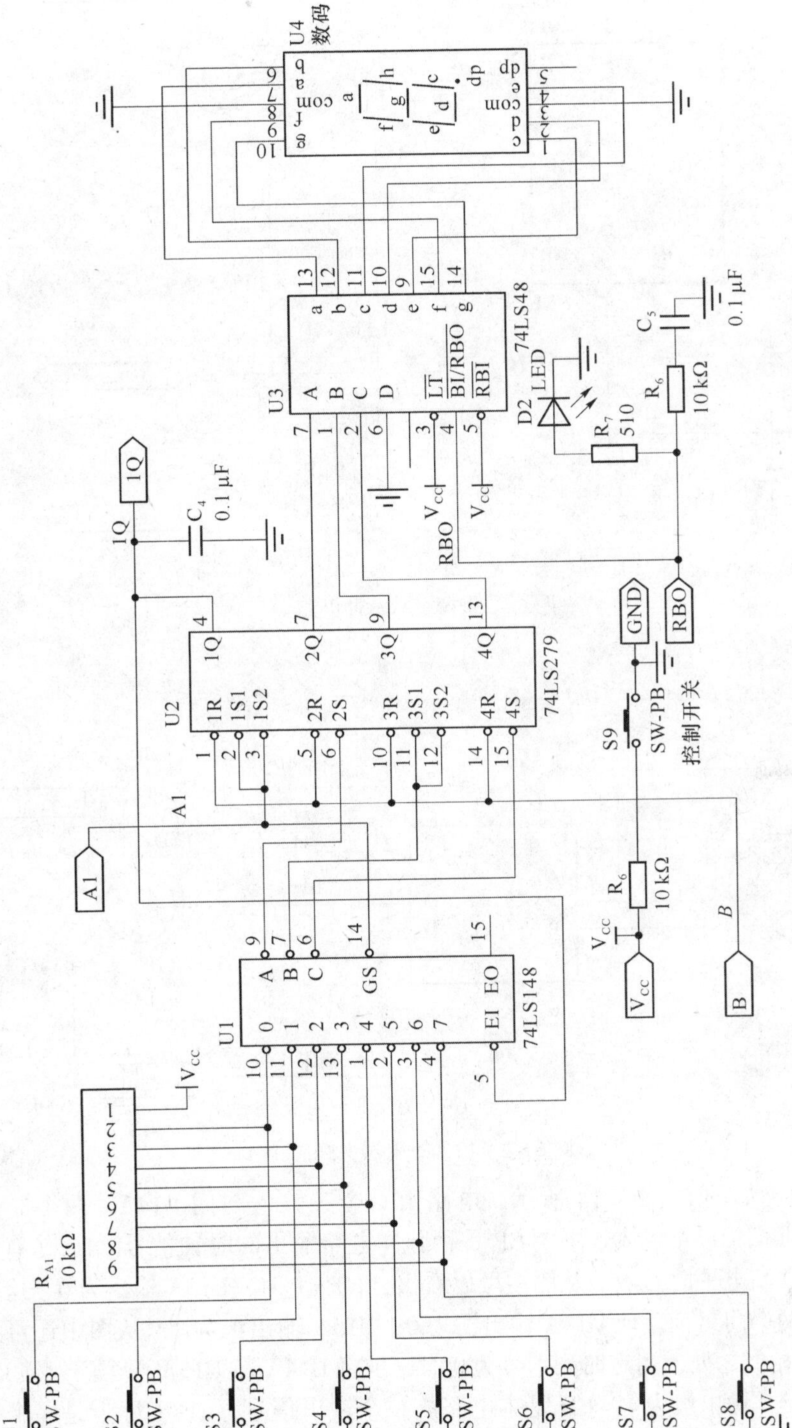

图6-2-11　抢答号显示电路

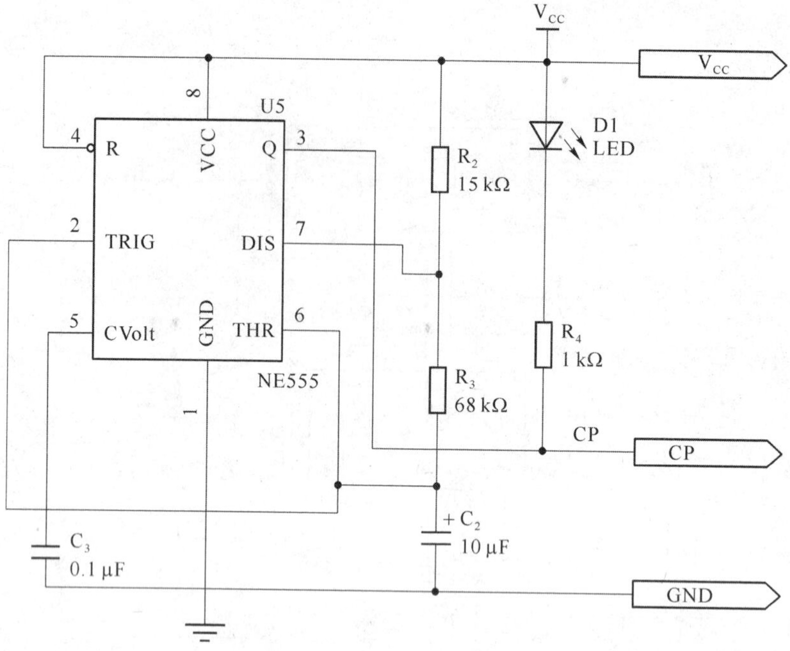

图 6－2－12　秒脉冲电路

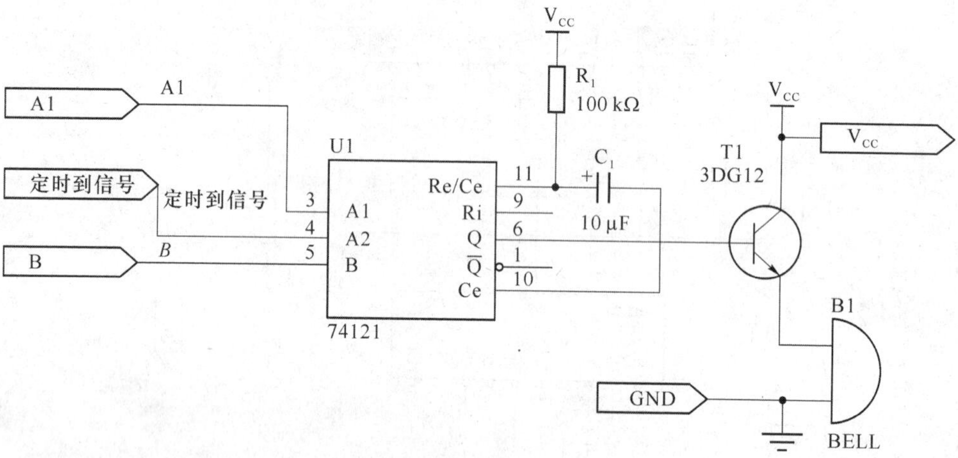

图 6－2－13　蜂鸣器电路图

逻辑控制电路如图 6－2－14 所示。电路由一个三输入与门 U14A，两个非门 U13A、U13B 和一个与非门 U15A 组成。图中 CP 是秒脉冲电路输出的时钟信号。1Q 是有键按下时的锁存信号。1Q 高电平时有效。从图中可以看出，1Q＝1 时，U13A 输出为 0，这个信号将 U14A 与 U15A 两个门封锁。使 U14A 输出恒为 0，U15A 输出恒为 1。从图中还可发现定时到信号与 1Q 有相似之处。当定时到信号为 0 时，也将 U14A 与 U15A 两个门封锁，使 U14A 输出恒为 0，U15A 输出恒为 1。CD 是本电路的一个输出信号，CD 实际上是一个受控的时钟信号。当定时到信号为 1，1Q＝0 时，CD 是一个与 CP 反相位的方波脉冲。当上述条件不成立时，CD 恒为 1。RBO 是本电路的另一个输出端，它控制抢答号的显示。RBO＝1 时，抢答号可以显示；RBO＝0 时，抢答号不显示。

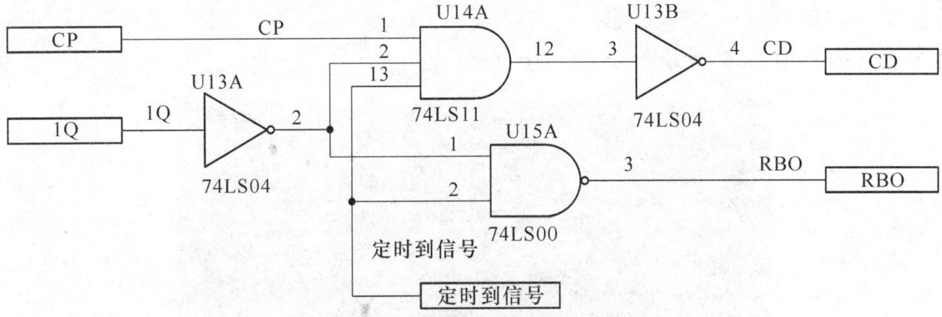

图6－2－14　逻辑控制电路图

按下开关，74LS279的R端为零，1Q～4Q为零，74LS148的使能端EI为零，启动该芯片。无论哪位抢答者按下任何一个抢答开关，74LS148有对应输出，同时GS输出为零，使1Q＝1，通过EI封锁74LS148，此时，其他抢答者再按下抢答开关均不起作用。

2. 8路抢答器PCB图和安装图的设计

（1）PCB图的设计。

抢答器电路PCB图如图6－2－15所示。

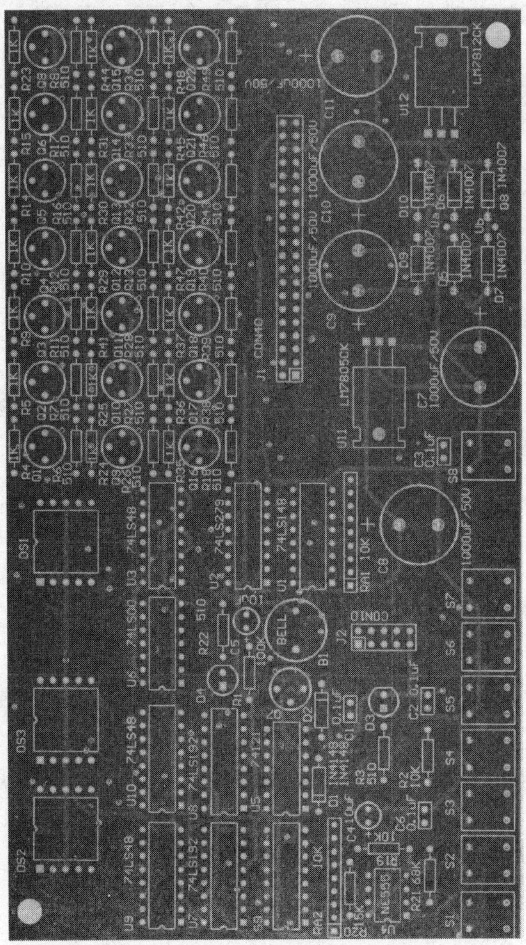

图6－2－15　抢答器电路PCB图

(2) 安装图的设计。

抢答器电路 PCB 效果图如图 6－2－16 所示。

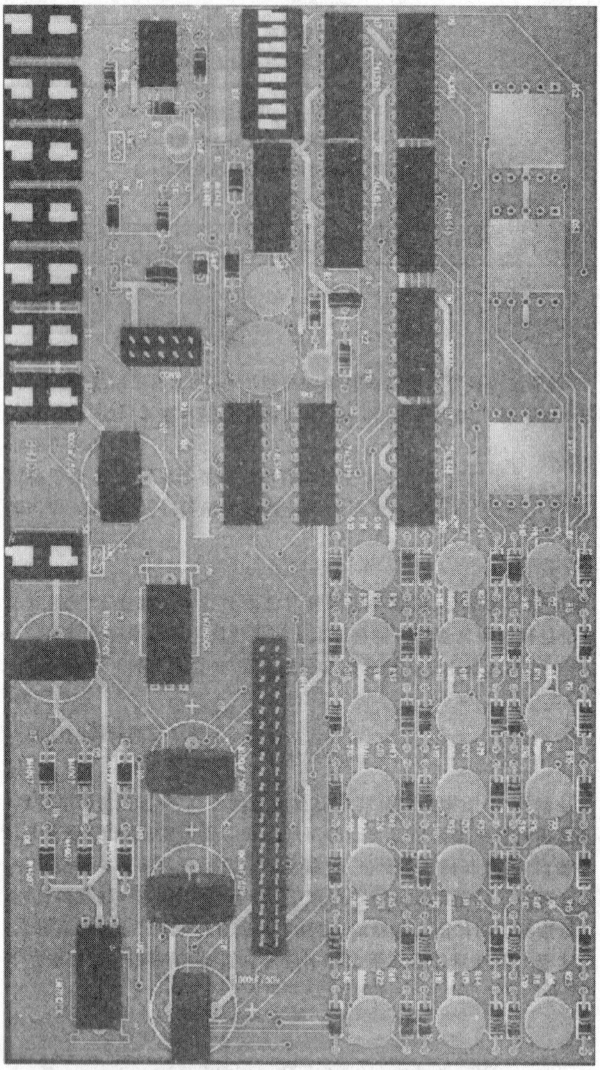

图 6－2－16　抢答器电路 PCB 效果图

3. 8 路抢答器的焊接与调试

1）焊接

通过实验原理图进行实物焊接，焊接时深刻体会焊接工艺的重要性。各个芯片的引脚功能不能混淆，必须了解各个芯片的使用方法、内部结构以及使用时的注意事项。该接电源的一定要接电源，该接地的一定要接地，且不能有悬空。同时在电路板上要预先确定电源的正负端，便于区分及焊接。正确焊接各芯片的管脚，查阅各种资料并记录，以确保在焊接和调试过程中芯片不被烧坏，同时确保整个电路的正确性。在焊接完毕后每块芯片都要用万用表检测，看是否有短接等。另外，焊接时要尽量使布线规范清晰明了，这样有利于在调试过程中检查电路。

2）调试中出现的问题及解决方法

（1）显示电路不稳定。

在完成电路的焊接进入调试阶段时，若发现抢答器数码管显示选手编号不稳定（主要表现在当选手按下抢答键后数码管显示的不是选手当前号码），需要对电路进行检查。首先检查数码管是否焊接错误，然后检查电路各个芯片管脚是否接错，若均未发现问题，应检查是否出现虚焊。

（2）控制开关无法控制电路。

若按下开关时电路断电，松开后数码管显示始终为某一选手号，应用万用表逐个检查，若发现是开关处焊接错误，通过改正焊接后电路便能正常工作。

（3）数码管不能正常倒计时。

在进入定时电路调试时，发现数码管不能正常倒计时、出现乱码。首先检查芯片是否完好，电路界限是否正确，若均未发现问题，应检查焊接时焊线处是否出现短接。

任务6.3 直流稳压电源的设计、安装与调试

【任务要点】

（1）熟悉直流稳压电源各组成部分和电路元件的作用原理。

（2）能识别、检测直流稳压电源所用的元器件。

（3）掌握焊接技术及整机安装工艺。

（4）掌握电路的仿真与调试技术。

【任务准备】

（1）所需设备：万用表、统调装置、电源。

（2）所需物品：变压器、二极管、电容、电阻、集成三端可调稳压器 LM317、电烙铁、焊锡丝、烙铁架、螺钉旋具（一字形和十字形）、偏口钳、尖嘴钳、镊子、小刮刀、吸锡器。

【任务实施】

6.3.1 相关理论知识

1. 直流稳压电源的组成

本设计可采用变压器降压、整流、滤波和集成三端可调稳压器 LM317 组成电路，其组成框图如图 6-3-1 所示。

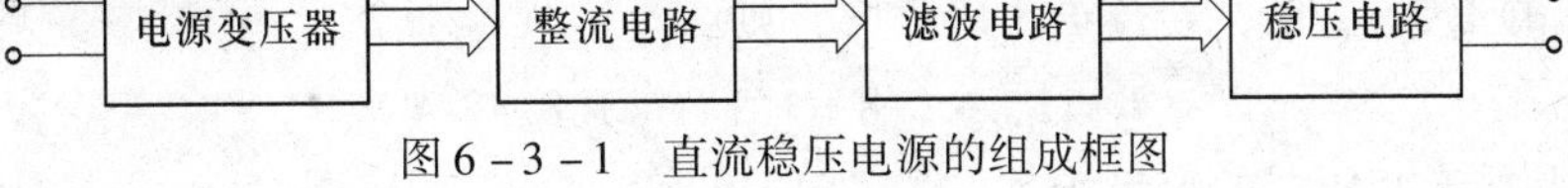

图 6-3-1 直流稳压电源的组成框图

由直流稳压电源框图可以看出，该电路由 4 部分组成，各部分功能如下。

（1）电源变压器。

电源变压器的任务是把电源交流电压 220 V 变压为适合的大小，如果变压器二次绕组电压 U_2 的值太大，会造成集成三端可调稳压器 LM317 功耗大、温升高且浪费电能。反之，如果 U_2 的值太小，三端可调稳压器 LM317 不能正常工作，甚至失去稳压作用。因此，U_2 值的大小应合适，这个值应该使三端稳压器在交流电网电压最低和输出电流最大时均能正常工作。而且在正常前提下三端稳压器的压降尽可能小，以减少功耗。

（2）整流电路。

整流电路的任务是将交流电压变成直流电压，一般采用桥式整流电路实现，即用 4 个二极管组成，也可用整流桥堆来完成。

（3）滤波电路。

滤波电路的任务是将整流电路输出的脉动直流电压，通过电容滤波变成平坦的直流电压，但由于电容的充电作用，在电源刚接通时，整流管中流过的电流瞬时值要比平均值大得多，这一点要引起注意。

（4）稳压电路。

由于课题要求输出直流电压 1.5 ~ 15 V，输出电流 1 A，所以选用一片 LM317 来实现。

2. 设计电路原理

根据图 6 – 3 – 2 所示，进行各元器件选择与电路参数计算。

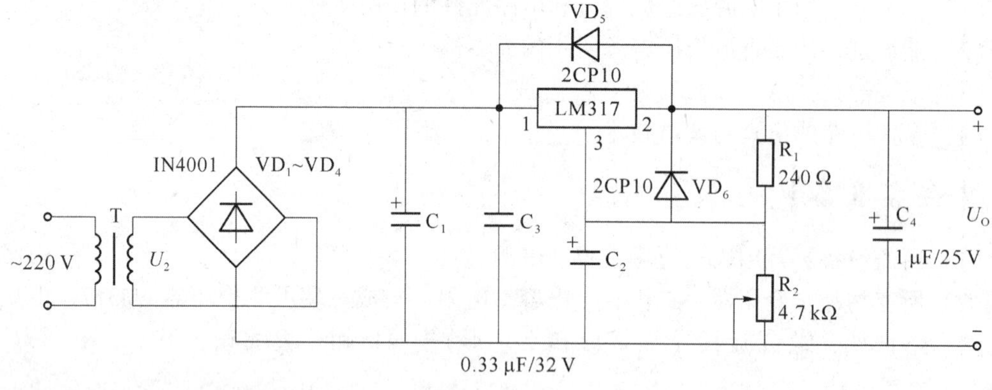

图 6 – 3 – 2　直流稳压电源原理图

（1）计算选择整流变压器二次绕组的 U_2 和 I_2。

整流变压器的原边一次绕组接 220 V 交流电压，下面计算变压器副边二次绕组的电压 U_2 和变压器容量 P。查阅三端可调稳压器资料可知，该器件输入端的电压一般要比其输出端电压高 5 V 左右，因此可选 U_{DC} 为 23 V，U_{DC} 是变压器二次绕组整流滤波后的直流电压，整流变压器二次绕组的 U_2 可选 20 V。

在有电容滤波的整流电路中，整流管的电流不是正弦波，变压器二次绕组的有效值 I_2 是输出电流 I_{OM} 的 1.5 ~ 2 倍，若按 1.8 倍考虑，则：

$$I_2 = I_{OM} \times 1.8 = 1.1\ \text{A} \times 1.8 \approx 2\ \text{A}$$

由此可得整流变压器的容量为：

$$P = U_2 I_2 = 20\ \text{V} \times 2\ \text{A} = 40\ \text{VA}$$

（2）整流元件的选择。

桥式整流电路采用4个整流二极管组成，整流二极管在电路中承受的最高反向峰值电压为：

$$U_{RM} = \sqrt{2}U_2(1+10\%) = \sqrt{2} \times 20\ \text{V} \times (1+10\%) = 31.1\ \text{V}$$

为安全可靠，整流二极管选择时，其额定反向电压参数U_{RMN}考虑留有2倍以上的裕量，则：

$$U_{RMN} \geqslant 31.1\ \text{V} \times 2 = 62.2\ \text{V}$$

在桥式整流电路中，每个整流二极管的正向电流平均值是输出电流的一半，其最大值为：

$$I_{DM} = \frac{1}{2}I_{OM} = 0.55\ \text{A}$$

由于整流二极管在接通电源瞬间有相当大的冲击电流，因此，整流二极管的电流参数I_F应是上述值1.5～2倍，若按1.8倍考虑，则：

$$I_F = 0.55 \times 1.8 \approx 1\ \text{A}$$

由以上计算，可以选择2CZ55C（$I_F = 1$ A，$U_{RMN} = 100$ V）的整流二极管。

（3）滤波电容C_1和C_3的选择。

从滤波效果考虑，C_1的容量要足够大，但也不能太大，否则整流元件的瞬时电流太大，而且容量越大，电容器的体积越大，价格越贵，根据经验综合各方面的情况，则取$C_1 =$ 3 300 μF电解电容，耐压大于32 V；为滤除高频谐波，取$C_3 = 0.33$ μF涤纶电容，耐压大于32 V。

（4）选择集成稳压器。

依据课题要求输出1.5～15 V，输出电流1 A，可选用LM317（最大输出电流1.5 A，电压1.25～18 V）。

（5）R_1和R_2的选择。

R_1是稳压器的外接取样电阻，由于LM317的最小负载电流是1.5 mA，为了能保证这一点，R_1最大值为U_{REF}/5 mA = 250 Ω，实取$R_1 = 240$ Ω。

R_2是稳压器的外接取样电阻，当R_1确定以后，为了使输出电压U_0在1.5～15 V之间连续可调，R_2变化范围应在0～4.7 kΩ，可选用4.7 kΩ的电位器。

（6）滤波电容C_2和C_4的选择。

C_2是减小纹波电压的滤波电容，容量可取10 μF电解电容，耐压大于50 V。

C_4的作用是用来防止输出端呈容性负载时可能会出现的自激现象，当稳压器发生自激时，会失去稳压能力。C_4滤波电容一般用1 μF的钽电容或25 μF的电解电容，耐压大于50 V。

（7）VD_5和VD_6的选择。

VD_5是保护二极管，可选用2CP10，用来防止当输入端发生短路时，因C_4放电而造成稳压管内部调整管的损坏。如果输入端不会出现短路也可不用VD_5。

VD_6也是保护二极管，当接上电容C_2后，可以减小输出端的波纹电压。

当外接取样电阻R_2上的电压超过7 V时，一旦输出端出现短路，电容C_2就会通过稳压器的调整端向输出端放电，稳压器中的放大管的BE结有可能会遭到损坏，而在调整端与输出端之间接上了VD_6后，在正常情况下，VD_6反偏，不起作用。当输出端出现短路时，VD_6因正偏而导通，为C_2提供了放电回路，从而保护了放大管。

VD_6可选用与VD_5性能相近的二极管。如果C_2的容量比较小，也可不用VD_6。

6.3.2 实验内容

1. 安装与调试

首先根据电路原理图设计印制电路板，这里考虑到电源变压器体积较大，不宜安装在印制电路板上，因此将其单独放设。印制电路板最好采用电子电路设计Protel软件绘制。由于本电路元器件不多，也可手工绘制制作。印制电路板尺寸为70 mm。图6-3-3为软件绘制好的直流稳压电源的印制电路板图。

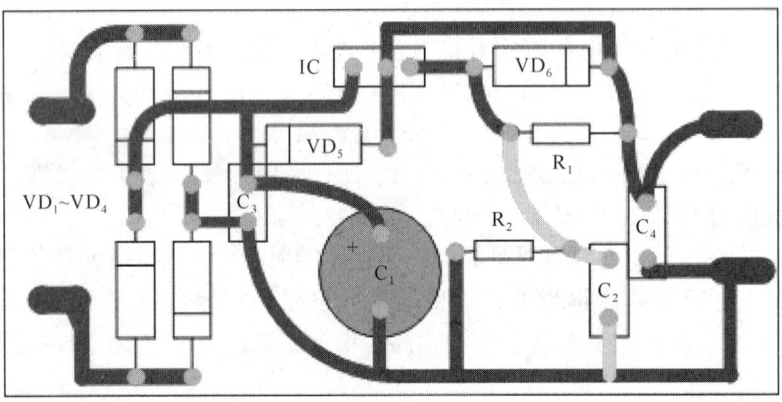

图6-3-3　直流稳压电源的印制电路板图

印制电路板制好后，即可选择元器件，并进行检查测试，然后对元器件整形、刮脚、镀锡，焊接在正确的位置上。最后将安装好的印制电路板和变压器固定在100 mm×100 mm的基板上，或直接组装在机壳底座上。

在直流稳压电源左侧的交流输入端接变压器的二次端线，右侧直流输出端通过引线或接线柱与外部负载相接，注意引线与壳体之间的绝缘。

2. 注意事项

用LM317三端可调集成稳压器制作稳压电源时，要注意以下几点。

（1）为了使集成稳压器的优良性能得到充分的发挥，保证稳压器正常工作，要将稳压器安装在适当的散热片上，如LM317的散热面积一般不应小于100 mm^2，而且不可使稳压器输入与输出的压差超过允许值，以免造成稳压器的损坏。

（2）要正确连接好取样电阻R_1和R_2。因为稳压器是靠外接取样电阻来给定输出电压，所以R_1和R_2的连接是否正确会直接影响稳压性能。在焊接电路时，应让R_1尽可能接近稳压器的调整端与输出端之间。否则，当输出端流过大电流时，将会在线路上产生附加的电压降，使输出电压不稳定。

R_2的接地点应该和负载电流返回的接地点相同，否则，R_2上的电压降附加的地线上的电压降，也会引起输出电压的不稳定。R_1和R_2应选用阻值精度高、材料相同的电阻，以保证输出电压的稳定度和精确度。

（3）应特别注意4个整流二极管和电容 C_1 的极性不能接反，整流二极管如果接错可能会烧毁集成稳压器甚至烧毁电源变压器。电容 C_1 的极性如果接反有可能会使电容爆裂。

（4）在外接电路全部接好后，应首先检查各个元器件本身是否完好，连接是否正确，有无虚焊、错焊或短路之处。在上述各点都检查正确之后，方可通电，进行下一步的检查与调试。

项目 7　车载电器的检查与维护

任务 7.1　塞拉门的检查与维护

【任务要点】

(1) 熟悉塞拉门各部件名称及工作原理。

(2) 掌握塞拉门检查保养的相关操作流程。

【任务准备】

(1) 所需设备：塞拉门、电源。

(2) 所需物品：润滑枪、锂基脂、乐泰胶、安全帽、手套、防夹工具。

【任务实施】

7.1.1　相关理论知识

客室车门系统由电子门控器（EDCU）控制。其中，每辆车 1/3 门和 2/4 门的门控器为主电子门控器（MDCU），其余门的门控器为本地电子门控器（LDCU）。主电子门控器与 MVB 列车总线相连，本地电子门控器与 RS485 车辆总线相连。通过 MVB 总线和 RS485 总线，电子门控器与列车控制系统进行信息交换。电子门控器可传送门的不同状态信息（例如“紧急装置工作”）和诊断信息（例如“门位置传感器失灵”）。

1. 客室车门组成

客室车门主要由接口部件、承载驱动机构、电子门控器、内部和外部解锁装置、隔离开关、平衡轮组件、门扇、运动导向装置组成，如图 7－1－1 所示。

1）接口部件

接口部件是车门系统与车体连接的机械过渡部件，包括安装架（3 件）、上压条、左右侧压条和嵌块、门槛。

安装架用于承载驱动机构与车体之间的连接，安装架分为安装架（两侧）和安装架（中），如图 7－1－2 所示。通过安装架的连接，承载驱动机构被固定在车体上。

在客室车门的门框上装有上压条和左右侧压条。在车门关闭的情况下，压条与门扇的周

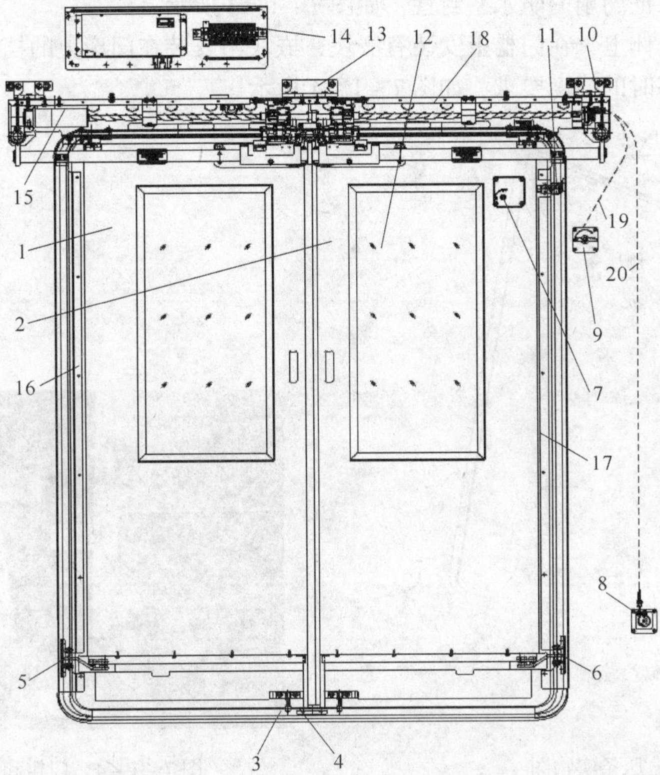

图7-1-1 客室车门系统组成图

1—左门扇；2—右门扇；3—嵌块；4—门槛；5—摆臂组件（左）；6—摆臂组件（右）；7—门隔离开关；8—外操作装置；9—内操作装置；10—安装架（两侧）；11—平衡轮组件；12—门玻璃；13—安装架（中）；14—电子门控器；15—门驱电机；16—左侧压条；17—右侧压条；18—丝杆机构；19—内操作钢丝绳组件；20—外操作钢丝绳组件

图7-1-2 安装架（中）实物图

边胶条配合，以保证门扇的防水密封性，如图 7－1－3 所示。

门槛安装在车体上，在门槛上安装有嵌块，嵌块与安装在门扇上的挡销相配合，可以实现门处于关闭状态时的挠度要求，如图 7－1－4 所示。

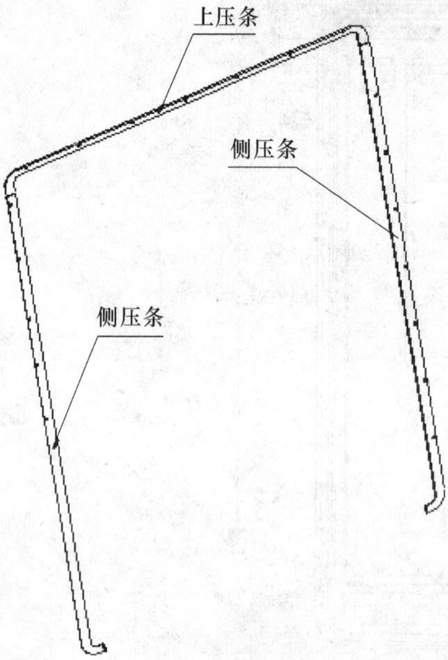

图 7－1－3　压条实物图

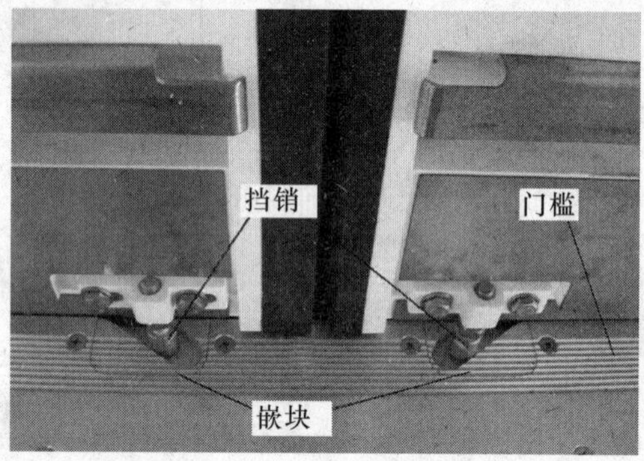

图 7－1－4　门槛和嵌块实物图

2）承载驱动机构

承载驱动机构是车门系统的核心部件，是车门的驱动机构和执行机构，它由基架、驱动部件、丝杆、长导柱、短导柱、携门架、LS 型螺母锁闭装置、端面解锁装置和各行程开关组成，如图 7－1－5、图 7－1－6 所示。

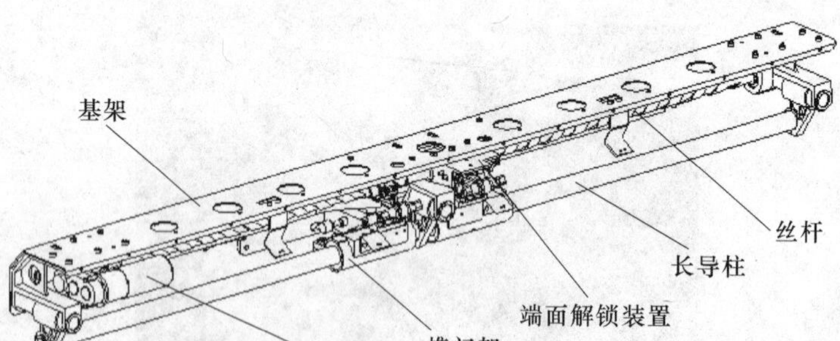

图 7－1－5　承载驱动机构

（1）基架。

基架直接与安装架连接，被固定安装在车体上，其作用是为承载驱动机构其他部件的安装提供基础。

（2）驱动部件。

驱动部件作为车门实现开关动作的动力来源，安装在承载驱动机构上，如图 7－1－7 所

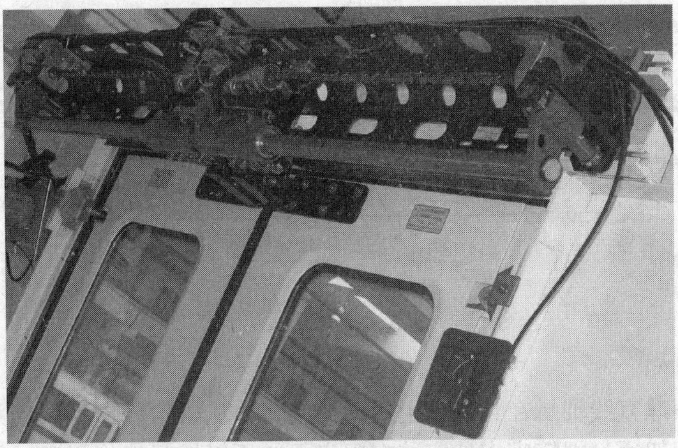

图7－1－6　承载驱动机构实物图

示。驱动装置包括一个直流电机和一个齿轮减速装置，电机受电子门控器的控制。通过一个齿轮箱减速装置，电机的旋转运动传递到丝杆并最终带动门扇运动。

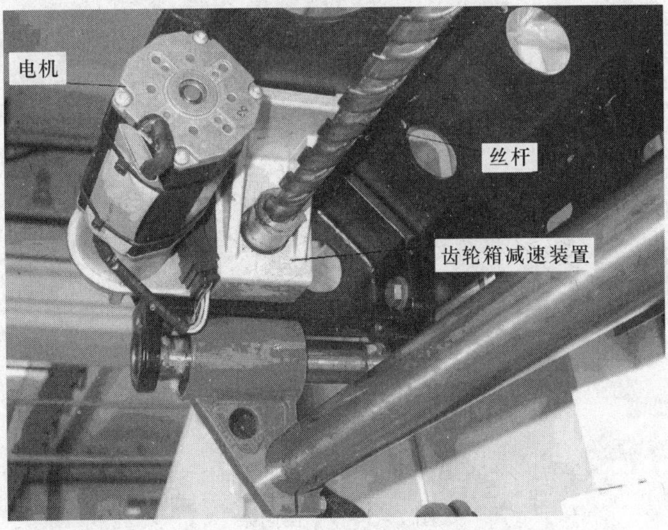

图7－1－7　驱动部件实物图

(3) 丝杆。

丝杆是车门系统能实现开关门动作的动力传递部件（参见图7－1－7）。通过三个支承（前支承、后支承和中间支承），丝杆被安装在基架上。

(4) 长导柱和短导柱。

长导柱安装在3个挂架上，3个挂架分别在3根短导柱上移动，3根短导柱通过整个机构的一个基架安装在车体结构上。

长导柱为门的纵向移动提供自由度并保证在开/关门过程中，门板与车体平行，短导柱承受门板的重量并为门提供横向移动自由度，见图7－1－8。

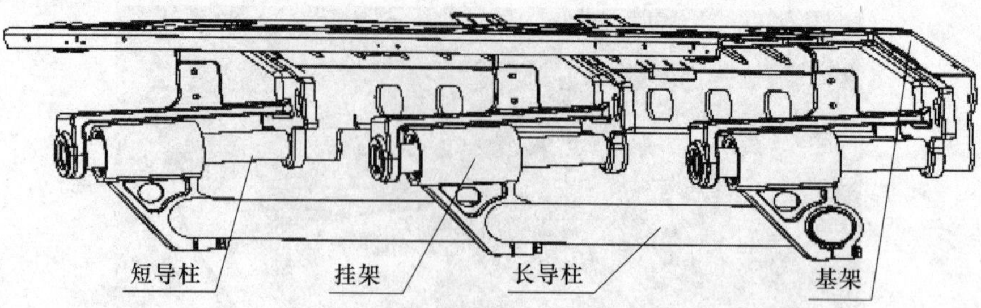

图 7-1-8　长导柱和短导柱

(5) 携门架。

携门架通过滚珠直线轴承在长导柱上滑动。它将力从机构传送到门扇并且也将力从门扇传送到机构。携门架通过螺钉牢牢地安装在门扇上。所以携门架将门扇的所有重量和动力传送给长导柱。

在携门架与门板连接处，提供了一个偏心调节装置（图 7-1-9 中偏心轮 1），该装置用来调节门扇的“V”形。在携门架内部，还提供了一个偏心调节装置（图 7-1-9 中偏心轮 2），该装置用来调节门扇与车体之间的平行度。

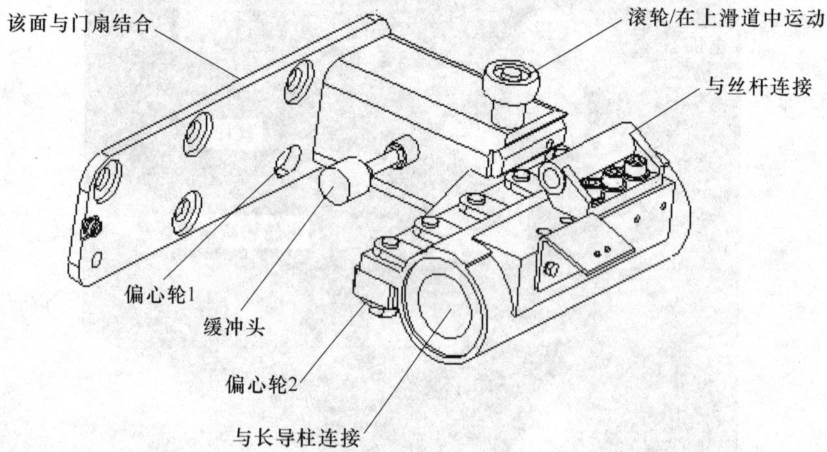

图 7-1-9　携门架

(6) LS 型螺母锁闭装置。

丝杆的螺旋槽分为三段：一段是螺旋升角大于摩擦角的工作段，一段是螺旋升角小于摩擦角的锁闭段，以及介于这两者之间的过渡段。在过渡段，丝杆的螺旋升角由非自锁逐渐过渡到自锁；当螺纹的螺旋升角小于摩擦角时，螺纹具有自锁功能，LS 型螺母锁闭装置应用的就是该原理。在丝杆的锁闭段，依靠自锁的原理，丝杆将螺母锁闭装置锁紧，即可靠地锁住了门；当电机使丝杆正、反双向转动时，使 LS 型螺母锁闭装置和门产生与丝杆轴线相平行方向同步移动，通过使螺母锁闭装置进入与退出丝杆的锁闭段来实现门机的锁闭与无源自解锁。具体原理及示意图见图 7-1-10。

(7) 端面解锁装置。

端面解锁装置安装在驱动承载机构上，由轮叉、拨杆、行程开关、内操作钢丝绳组件和

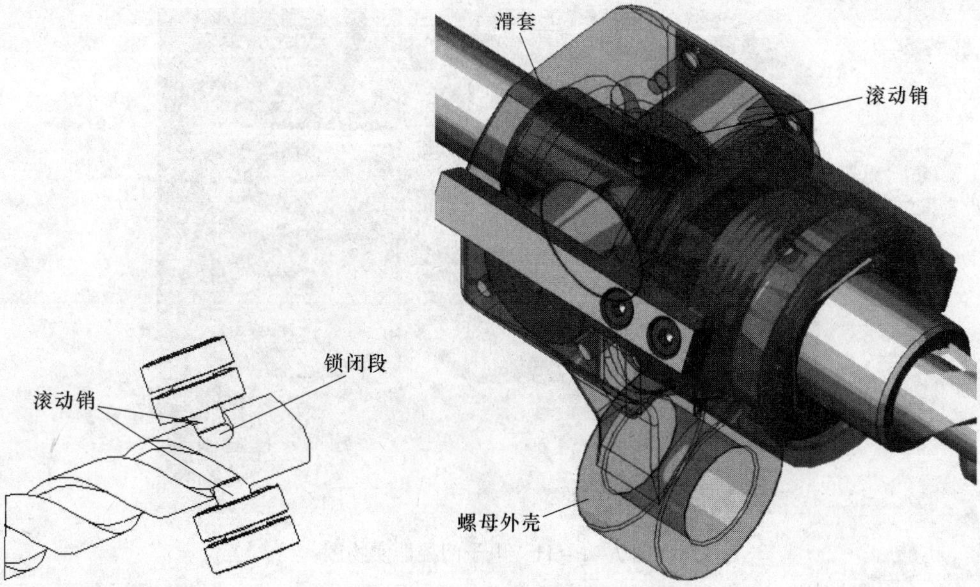

图7-1-10　LS型螺母锁闭装置原理图及示意图

外操作钢丝绳组件组成。通过操作内外紧急解锁开关，钢丝绳带动轮叉。

（8）行程开关。

每个车门系统有四个行程开关，分别是锁到位开关S1、门隔离开关S2、紧急解锁开关S3和关到位开关S4。其中，门隔离开关S2安装在右侧门框立柱隔离开关组件盒中，其余三个行程开关均安装在驱动承载机构上。四个行程开关的信息与来自列车控制系统的指令一起控制车门的开与关。

3）电子门控器

每个客室车门配置有一个电子门控器，电子门控器安装在客室车门左侧（由内往外看）相邻的第一个侧顶板内。其中，每辆车的1/3门和2/4门的门控器为主电子门控器（MDCU），其余门的门控器为本地电子门控器（LDCU）。实物见图7-1-11。

根据列车控制信号（"开/关门列车线""再关门列车线""零速列车线"）和门驱动机构上元件（关到位开关、锁到位开关、隔离开关、紧急解锁开关）发出的信号，电子门控器控制车门的开启和关闭。

4）解锁装置

（1）紧急出口装置——内操作装置。

实物如图7-1-12所示。为了能够在紧急情况下解锁并打开车门，在内侧墙上装有一根手柄。操作该手柄，将会：启动一个电动限位开关，并发出"紧急操作"信号；通过牵拉钢丝绳，端面解锁装置被释放；如果车辆处于静止状态时，可以手动将门打开；如果车辆处于运动状态时，电机将作用于关门方向300 N、可持续3 min的力，以阻止门被打开。紧急手柄可复位，在紧急手柄复位后，门的开关回到正常操作状态。

（2）紧急入口装置——外操作装置。

实物如图7-1-13所示。在A车的18/20门的外侧，以及B、C车的1/3门、18/20门的外侧（也就是说，每列车共有10个外部紧急解锁装置），各设置了一个紧急入口装置，

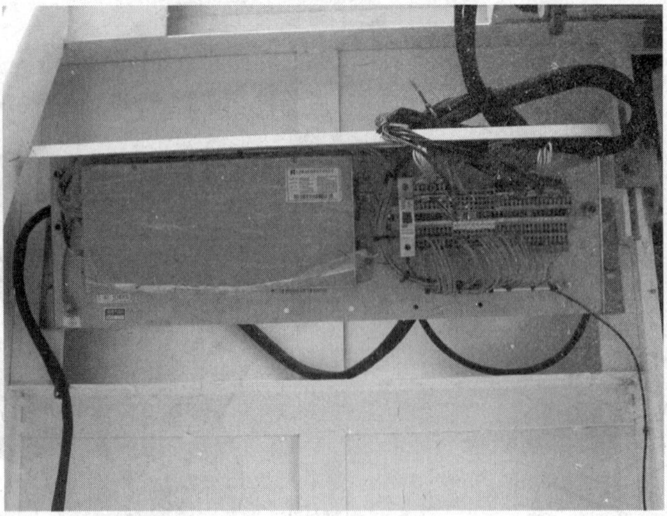

图 7-1-11　电子门控器实物图

图 7-1-12　内操作装置实物图

紧急情况下乘务员可以利用四方钥匙操作该装置以进入车内。该装置激活的原理与内操作装置相同。

5）隔离开关

在每套门系统的右门扇（从内往外看）上装有隔离开关（实物见图 7-1-14），以实现门的机械隔离。隔离开关 S2 位于右侧门框立柱隔离开关组件盒中，如图 7-1-15 所示。

6）平衡轮组件

在每扇门板上部的后沿，与一个安装在机构上的平衡轮组件在关门位置上啮合，以防止由于任何可能的垂直向上的力使门板偏移。平衡轮组件安装在车体上，实物如图 7-1-16 所示。

图7－1－13　外操作装置实物图

图7－1－14　隔离开关实物图

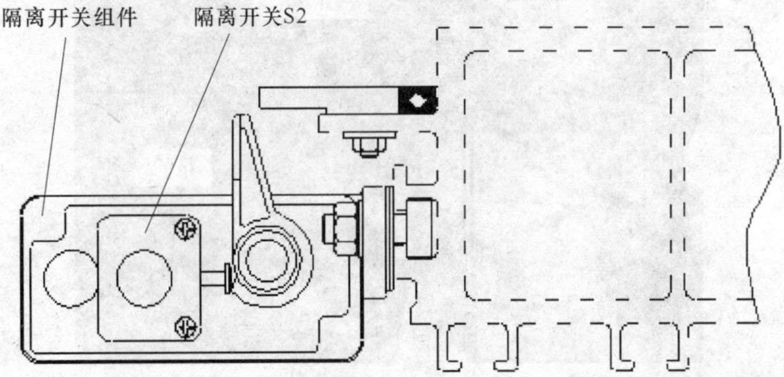

图7－1－15　门隔离开关

图7－1－16　平衡轮组件实物图

7）门板

门板为铝蜂窝复合结构，具有铝框架、铝蒙板和铝蜂窝芯，采用热固化。为加强机械强度，蒙板的周边都包在铝框架上。

除了一些用于支撑门板和实现门板导向运动的部件外，门板内表面是平的。窗玻璃粘接到门板上并与门板的外表面平齐。门板周边装有胶条，与门框上的压条配合，以实现门的周边密封。门板前沿装有一个特殊的中空胶条，以防夹住障碍物。胶条的烟火特性符合NFF16－101 标准。

8）运动导向装置

运动导向装置包括上滑道及滚轮（见图 7－1－17）、下滑道及摆臂组件（见图 7－1－18、图 7－1－19）。通过滑道（呈一定的形状，实现相关的横向和纵向运动），门扇可以实现沿设定的轨迹运动。

上滑道安装在驱动承载机构上，携门架上有一滚轮在上滑道里运动。下滑道安装在门扇上，一个安装在车体结构上的滚轮摆臂装置与该滑道啮合，以提供所要求的导向运动。该导向部件仅承受横向力，不承受纵向或垂向力。

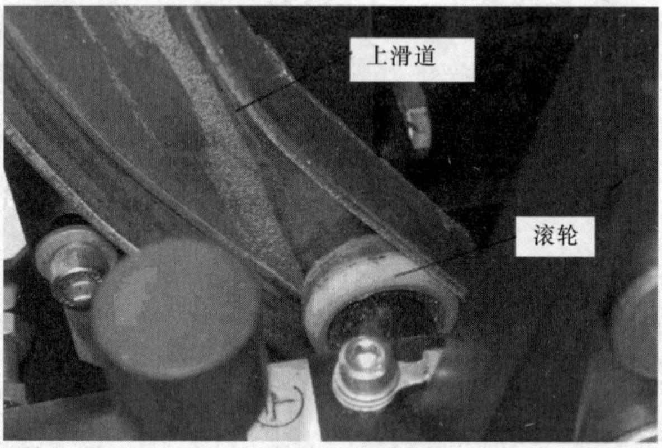

图 7－1－17　上滑道及滚轮实物图

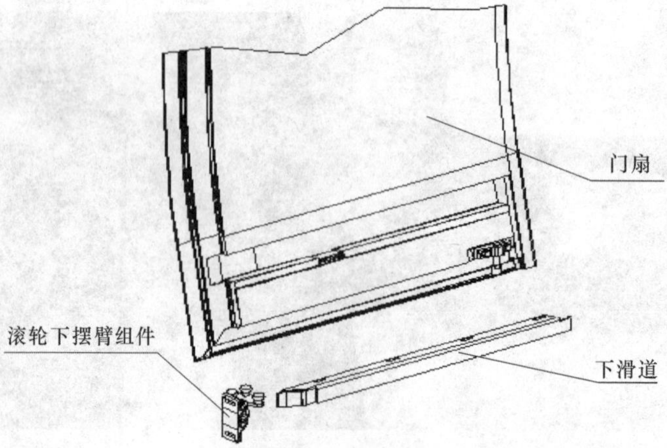

图 7－1－18　下滑道及摆臂组件

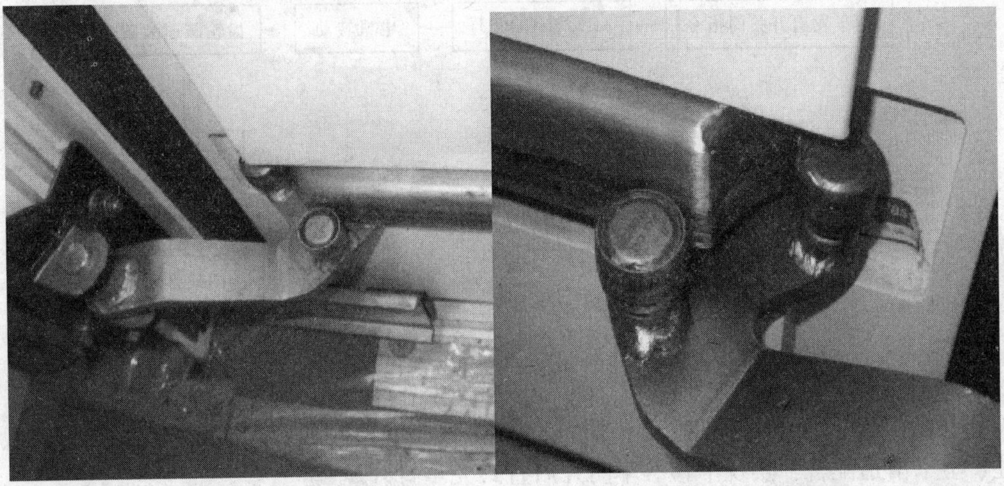

图7－1－19　摆臂组件实物图

2. 客室车门系统的工作原理

当门完全关闭时，门扇与车辆的外表面平齐。开门时，门扇一开始就进行横向与纵向的合运动，然后沿着车体侧面滑动直到完全打开的位置。

客室车门系统的工作原理示意图及框图如图7－1－20、图7－1－21所示。

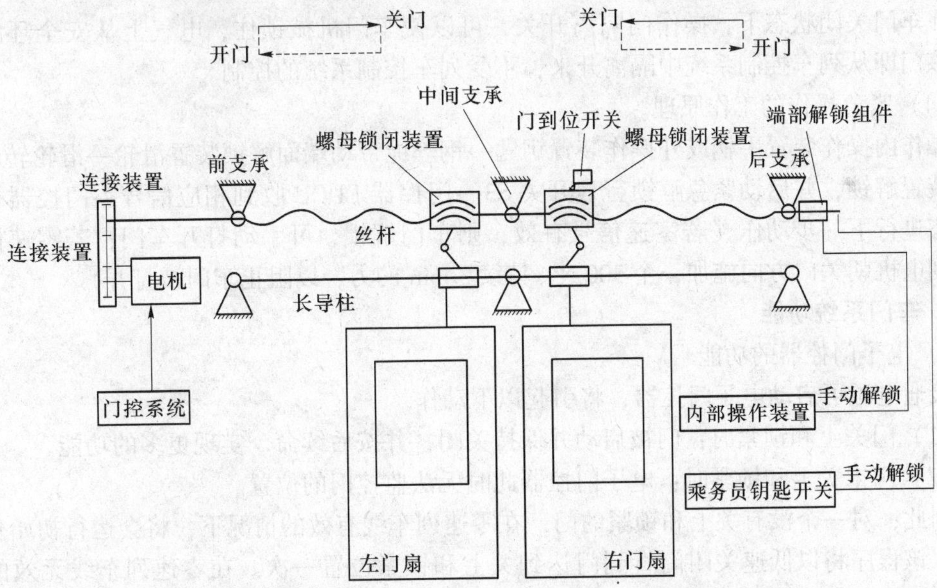

图7－1－20　客室车门系统工作原理示意图

(1) 开门的工作原理。

车门打开需要满足两个条件：一是列车发出开门指令，二是列车处于停止状态。

客室车门的开门过程如下：列车控制系统发出开门指令（按压开门按钮或者自动运行模式下的自动开门指令）→列车控制系统检测列车状态→EDCU接收到开门指令→EDCU控制电路接通电机电源→电机通电并工作→端面解锁装置解锁（螺母锁紧装置退出丝杆的锁

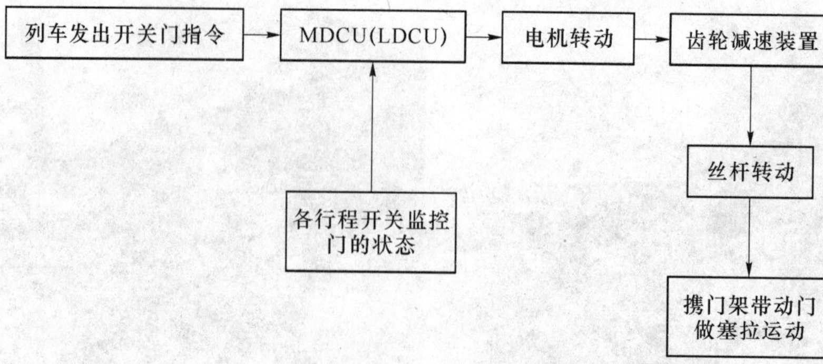

图 7-1-21　客室车门系统工作原理框图

闭段）→携门架上的滚轮、上滑道、摆臂、下滑道及短导柱配合，实现塞拉→携门架、长导柱、上下滑道配合，实现平移→车门开启直到完全打开。

（2）关门的工作原理。

客室车门的关门过程如下：列车控制系统发出关门指令（按压关门按钮或者自动运行模式下的自动开门指令）→EDCU 接收到关门指令→EDCU 控制电路接通电机电源→电机通电并工作→车门开始关闭并检测列车状态（由关到位开关 S4 和锁到位开关 S1 检测、障碍检测等）→进行下一步动作直到门完全关闭。

（3）门隔离的工作原理。

在车门关闭状态下，操作门隔离开关，可以使车门机械锁住，电气上从安全环路上隔离。该门即从列车控制系统中隔离开来，不受列车控制系统的控制。

（4）紧急操作的工作原理。

操作内操作装置手柄或外操作装置钥匙→钢丝绳带动端面解锁装置滑轮→滑轮转动带动解锁装置解锁，并启动紧急解锁行程开关 S3→门控器 EDCU 收到相应信号→门控器根据列车状态进行下一步动作（若零速信号有效，则车门解锁，可手动打开车门；若零速信号无效，则电机朝关门方向施加一个 300 N、持续 3 min 的力，以阻止车门被打开）。

3. 车门系统功能

1）电子门控器的功能

接通电源可启动电子门控器，将引起以下动作。

（1）门关上和锁紧时：门被启动并保持关闭，并按后续命令实现更多的功能。

（2）门未关上和锁紧时：电子门控器此时无法监控门的位置。

因此，对一个没有关上和锁紧的门，在零速列车线有效的情况下，将会运行初始化例行程序，该程序将以低速关闭门直到门达到关上和锁紧位置一次。在零速列车线无效的情况下，门不动作。

在第一次上电初始化关门的过程中，障碍检测系统正常工作。通过 USB 服务接口可以将电子门控器的状态信息和诊断信息传送给使用康尼公司诊断软件的便携式计算机。

2）零速列车线

只有零速列车线有效才有可能打开门，在这种情况下内部安全继电器（位于电子门控器中）直接由此信号（硬连线）激活。安全继电器的电流消耗约为 10 mA。激活的安全继电器将接通到电机电源的接线，从而使软件可以在开门方向上驱动门机构。

零速列车线无效时，开启的门将立即开始关闭。

3）开关门功能

门的开启和关闭是由表7－1－1中零速列车线、开/关门列车线的电平决定的。在门的整个关闭过程中，内部报警灯闪亮报警（1 Hz）。

表7－1－1 门状态受列车线控制的逻辑关系

零速列车线	开/关门列车线	门的状态
0	0	保持
0	1	保持
1	0	关
1	1	开

（1）开门。

① 通过激活开门列车线开门。

激活开/关门列车线，延时设定的时间后，车门开始开启。可以使用车门维护软件将延迟时间（出厂时为0 s）在0～4 s之间进行调节。

门开启到开门终点位置后保持在这一位置，直到再接收到关门指令。如果在开门过程中开/关门列车线无效，开门顺序转变为关门顺序，门将关闭到关门终点位置。

② 通过维护按钮开门。

在开/关门列车线电平没有变化时，维修人员可通过操作维护按钮打开相应的门，再次操作维护按钮时，开门顺序会转变为关门顺序。

（2）关门。

① 通过激活开/关门列车线关门。

开/关门列车线由有效转变为无效后，通知车门关闭；在提醒声响3 s后，车门开始关闭。可以使用车门维护软件将延迟时间（出厂时为3 s）在0～4 s之间进行调节。

如果在关门过程中关门列车线无效，同时开门列车线也无效，门仍然会关闭到关门终点位置。

如果在关门过程中开/关门列车线和零速列车线有效，门将执行开门动作。

② 通过维护按钮关门。

在开门列车线无效时，可通过操作维护按钮将门关闭，门立即开始关闭。再次操作维护按钮时，关门顺序会转变为开门顺序。

③ 通过零速列车线无效的方式关门。

如果零速列车线变为无效，门立即开始关闭。再要打开门已不可能。

（3）再开门列车线。

在发出关门指令后，发现安全互锁回路信号没有给出，可通过按压“再开门”按钮以激活再开门列车线，使没有关到位的车门重新打开后再关闭，关到位的车门不动作。

4）车门状态指示功能

（1）指示灯。

① 开/关门状态指示灯。

在每个客室侧门的上方均设有一个橙黄色的指示灯。

（a）当指示灯亮时表示该门开启；

（b）当指示灯闪烁时（1 Hz），表示已发出关门指令，相关的车门尚未关上或尚未锁住；

（c）车门全部关好后橙黄色指示灯灭；

（d）在连续 3 次关门过程中均检测到障碍物，指示灯持续明亮，直到开门或关门指令重新将门启动。

② 车门切除指示灯。

在每个客室侧门内侧上方均设有红色指示灯。该灯亮表示相关车门已切除，不能操作。

（2）蜂鸣器。

在每个客室侧门的上方均设有一个蜂鸣器，当蜂鸣器鸣响时（1 Hz），表示已发出关门指令，有关的车门尚未关上或尚未锁住。

如果操作了紧急解锁装置，蜂鸣器将持续鸣响，复位后蜂鸣器停止鸣响。

5）紧急解锁功能

为了在紧急状态下手动开门，设有紧急解锁装置。操作该装置使锁闭装置解锁，并使锁闭装置处的限位开关动作。

操作紧急解锁装置后，装置将被定位在操作状态。如果操作了紧急解锁装置，必须在列车重新启动之前将该装置复位以激活门的操作。

（1）当零速列车线有效时（速度 <1 km/h），操作紧急解锁装置将会引起：

① 通过钢丝绳手动操作制动装置，从而对门进行解锁；

② 门驱动单元上制动装置处的紧急解锁开关将发生动作；

③ 向电子门控器发出信号；

④ 蜂鸣器持续鸣响；

⑤ 门可通过手动在开门和关门方向上移动。

（2）当零速列车线无效时（速度 >1 km/h），操作紧急解锁装置将会引起：

① 紧急解锁开关被触动，门机械解锁。这将会使一扇门板推向打开方向的力至少 300 N，“安全互锁回路”由紧急解锁开关的 NC 触头断开。

② 电机作用在门板关门方向 300 N 的力持续时间为 3 min，3 min 后电机电流变小，反向作用力变小。

6）障碍检测功能

（1）关门过程的障碍检测。

关门过程中障碍由下列系统检测。

① 电机电流检测：每次关门过程中，电机正常关门电流曲线已被存储并自动调整。如果电机的实际电流超过额定值，障碍检测被激活。

最大电流值并不恒定，由门的位置和前几次关门运动的电流决定。即使当电子门控器的电源关闭时，最大电流值也会被存储下来。所以，如果电子门控器换到其他任何门上，必须要通过揿下维护按钮的方式对其进行初始设置，揿下时间要不少于 1.5 s（从接通电源开始计算）。

② 路程/时间检测：通过门位置传感器的检测，将门的运动分成距离段，如果在给定的时间内门未通过这些距离段，障碍检测被激活。

如果障碍检测被激活，将会施加一个持续0.5 s的最大关门力（≤150 N）。之后车门将自动打开200 mm（打开距离可调）左右，停止2 s后，再次关闭，以便清除障碍物。

这个循环将重复3次（循环次数可调），且在3次连续关门顺序中如果障碍检测都被激活，门将运动到开门终点位置并停留在这一位置。

（2）开门过程的障碍检测。

在开门过程中有障碍检测功能。障碍检测可被激活6次。开门时若有障碍会使开门循环停止1 s，在6次开门动作之后门将会停在此位置并且电子门控器会认为此位置是最大可达开门位置，此时任何关门指令都可将门关闭。

7）门隔离功能

对关闭的门使用乘务员钥匙可操作门隔离装置，该操作将触动门隔离开关。隔离开关的NC触点向电子门控器发出一个信号，电子门控器会关闭门所有运动功能，保留故障诊断及通信功能，并使车门切除指示灯持续点亮。门隔离开关的NO触点优先于安全互锁回路，门已被机械锁住。

8）单个车门电源切断功能

为了进行维修工作，可通过关闭位于内部驱动机构的电源开关来切断一扇门区域的电源。

9）安全互锁回路

安全互锁回路是由下列触点串联连接而成的：关到位开关、锁到位开关上的NC触点和紧急解锁开关上的NC触点。只有当安全互锁回路闭合时列车才能牵引，如果车门被隔离，则安全互锁回路将被忽略。

7.1.2　实验内容

1. 塞拉门检查保养

（1）客室门各装配部件的螺钉应紧固良好、无松动，防松线标记明显。如果螺钉松动，那么必须拆除、清洁，再涂上乐泰胶进行紧固，并重新补划防松线。

（2）上下导轨清洁无异物，无变形。丝杆螺母、导柱与轴承间配合良好。

（3）门叶外观整洁，玻璃无破损，密封良好，门叶胶条无异常磨损。门叶无变形、损伤。开门后门叶上下部摆出尺寸满足52～58 mm（左右门叶的摆出距离最大相差±2 mm），如图7－1－22所示。

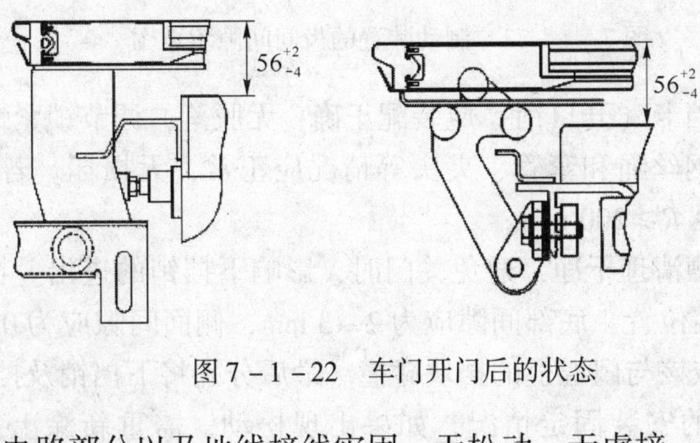

图7－1－22　车门开门后的状态

（4）检查车门电路部分以及地线接线牢固，无松动、无虚接。电线表面无破损。

（5）检查门控器各插头是否安插到位，通信插头紧固螺栓是否松动。连接控制线是否紧固良好，无松动。

（6）使用手动润滑枪，用锂基脂3#对下列部位进行润滑。

① 润滑导柱和2个携门架中的直线轴承。用量：每个直线轴承及导柱用4～6 g润滑油。

② 对整个丝杆和3个短导柱进行润滑：将润滑脂均匀地涂抹在丝杆和短导柱的表面上，完成后需手动开关门2～3次。

③ 对上滑道圆弧处、下滑道内侧、平衡压轮周边进行润滑。

（7）用甲基硅油对门周边胶条进行润滑，在润滑后，需用一块干净的布擦干护脂胶条。

注意：在涂任何新润滑剂前，必须擦干净部件上原来的润滑剂和灰尘。

2. 客室车门的测试与调整

（1）检查测量客室车门的净开度，净开度标准：1 300±10 mm。

（2）检查车门的V形情况：在门全关闭后，即两页门叶下部紧密接触，两门扇上部存在2～5 mm的间隙。若出现V形，需松开两个下滑道，保证门叶没有被滚轮摆臂组件夹持着，通过转动每个携门架安装板上的偏心轮进行调整。

（3）操作各门的紧急解锁装置后，确认制动装置的齿间间隙满足1.5～2 mm。如图7－1－23所示。

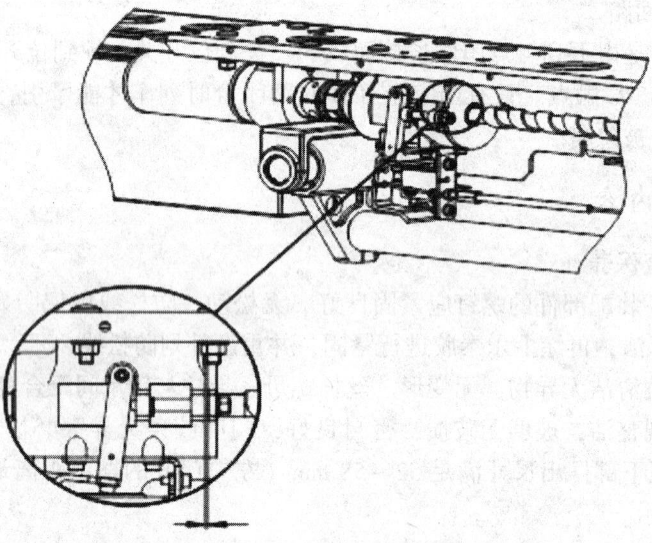

图7－1－23　制动装置的齿间间隙示意图

（4）检查铰链板上挡卡（开口销）应装配正确，无脱落，调节锁紧螺母无松动。

（5）检查紧急解锁钢丝绳和套管、夹头等情况应正常，无损坏。若更换，则要求钢丝绳每个拐角处的半径满足$R \geqslant 200$ mm。

（6）将门槛下挡销槽清理干净，避免关门时，影响下挡销的进出。在门关闭且锁紧后，检查门板下部挡销与门槛位置，底部间隙应为2～3 mm，侧面间隙应为0.5～1 mm，并且在门开关过程中，挡销不应该与门槛上的挡块碰撞。最后分别将下挡销及挡销固定螺栓打上防松线。检查挡块及门槛的安装固定情况，如果出现松动，需重新涂上乐泰胶，然后将其紧固。

(7) 将所有客室门下摆臂滚轮拆下，然后重新涂上乐泰胶，将其紧固。将所有下摆臂滚轮的防松线进行重新标记。

(8) 检查及调整门到位开关位置。

① 当门处于关闭位置时，该开关处于松开的状态。测量门处于关闭位置时，左右携门架组件中运动小车之间的距离 X，手动开门，再手动慢慢地使门板位于关闭位置，关门限位开关应在距尺寸 X 还有 3.5 mm 时动作。若不能满足上述要求，需通过调整限位开关组件安装板的位置来完成。在门关闭后，手动门到位开关可以移动，如图 7－1－24 所示。

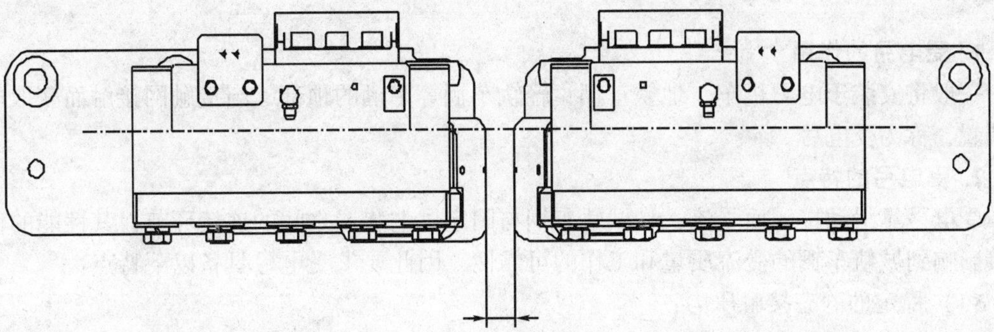

图 7－1－24　限位开关调整图

② 手动将门叶打开，将门到位开关用力扳到最大行程位置，检查其是否能平滑复位，是否有卡滞现象。如果出现卡滞时，需对门到位开关进行更换。

(9) 检查平衡压轮：检查压轮轴的台阶与门扇上压轮槽的台阶之间的间隙满足 1～2 mm，并且门关闭后，门板相互平行，滚轮接触压板，很难转动。

(10) 障碍检测功能：关门时，用 30 mm×60 mm/直径 30 mm 的测试物进行检查，出现三次防挤压后，门处于完全打开状态。

(11) 检查隔离锁功能：通过方形钥匙操作门右下角隔离锁，门隔离指示灯亮，并且手动可以开门。

(12) 手动开关门时，检查门机构是否有卡滞现象，是否有异响；电动开关门时，门机构是否有异响。如有需要，应对门机构进行调整。

(13) 检查客室门下部门槛固定螺栓是否有松动。如有松动，需重新涂上乐泰胶，然后将其紧固。

任务 7.2　受电弓的检查与维护

【任务要点】

(1) 掌握受电弓的基本结构及工作原理。

(2) 熟练掌握受电弓维护保养的基本操作要求。

【任务准备】

（1）所需设备：受电弓、电源、弹簧秤。

（2）所需物品：钢板尺、抹布、锉刀。

【任务实施】

7.2.1 相关理论知识

1. 受电弓的作用

一般将安装于电力机车、地铁车辆、轻轨车辆等车辆的顶部，与接触网接触而获取电能的装置，称为受电弓。

2. 受电弓的特点

受电弓靠滑动接触而受流，是城轨车辆与固定供电装置之间的连接环节，其性能的优劣直接影响到城轨车辆的受流质量和工作的可靠性，因此要求受电弓具备以下特点：

（1）稳定的静态接触压力；

（2）升、降弓时要“先快后慢”；

（3）运行中平稳、动态稳定性好。

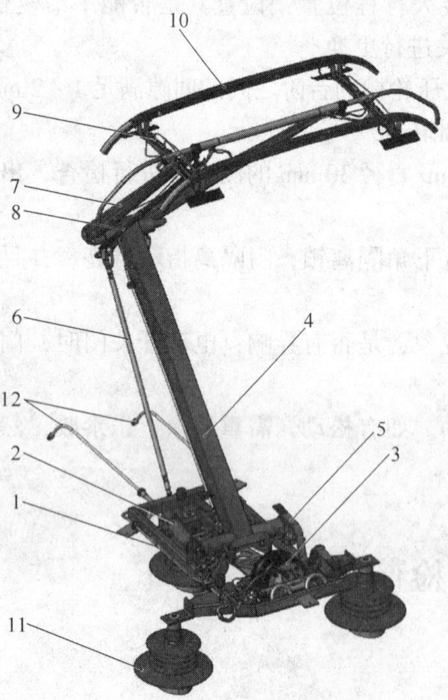

图 7 -2 -1　受电弓基本结构图

1—底架；2—阻尼器；3—升弓装置；4—下臂；5—弓装配；6—下导杆；7—上臂；8—上导杆；9—弓头；10—碳滑板；11—绝缘子；12—绝缘软管

3. 受电弓的类型和型号

受电弓可按结构形式、速度、驱动方式和降弓方式等进行如下分类：

（1）按结构形式，受电弓分为双臂受电弓和单臂受电弓两种。

（2）按速度，受电弓分为高速受电弓和常速受电弓。

（3）按驱动方式，受电弓分为钢丝弹簧弓和空气弹簧弓。

（4）按降弓方式，受电弓分为气动式、电动式、自重降弓式等几种。

4. 受电弓的基本结构及各部件主要作用

受电弓的基本结构如图 7 -2 -1 所示。

底架：由一个矩形钢管焊接而成的口字形钢结构，在受电弓升降弓过程中，底架是不运动的，它不但作为整个受电弓体的底部支撑，还提供机械、电气和气路接口。

阻尼器：装在底架和下臂之间，它使得机车运行速度变化大时受电弓和接触网压力变化不大。

升弓装置：升弓装置是受电弓的动力装置，由气囊式气缸和导盘组成，其导盘通过钢索连接在下臂钢索轨道上，进气时气囊胀大，推动导盘向其前方运动，导盘和钢索轨道间拉紧的钢索带动下臂绕轴向上转动，受电弓升起。排气时气囊式气缸回缩，受电弓降弓。

下臂：为钢管支撑受电弓重量，传递升弓力矩，其长度决定了受电弓的工作高度。其一端固定在底架上，另一端通过铰链和上臂相连。其上设有钢索导轨，通过钢索和升弓装置相连，升弓装置带动下臂绕轴转动。其内有空气管路，通过管接头和软管连接，作为自动降弓装置的气路。

弓装配：在受电弓落弓时起防护弓头的作用。

下导杆：分别接在上臂一端和底架上，用于调整最大升弓高度和滑板运动轨迹。

上臂：为铝合金框架，用于支承弓头重量，传递向上压力，保证受电弓工作高度。

上导杆：一端接在下臂，另一端接在弓头支架的幅板下方，其作用是调整滑板在各运动高度均处于水平位置。

弓头：弓头安装在受电弓框架的顶端，直接与接触网接触，汇集电流。它主要由滑板座、幅滑板、4个拉伸弹簧、2个横向弹簧及其附属装置组成。两个滑板座与两个幅板相连，组成相对坚固的弓头支架。弓头支架垂悬在4个拉簧下方，2个横向弹簧安装在弓头和上臂间，滑板安装在弓头支架上。这种结构使滑板在机车运行方向上移动灵活，而且能够缓冲各方向上的冲击，达到保护滑板的目的。

碳滑板：其中有气腔，储有压缩空气，如果碳滑板出现磨损到限或断裂时，自动降弓装置发生作用，受电弓会迅速自动降下。更换碳滑板后，要重新启动自动降弓装置。

绝缘子：采用环氧树脂材料，具有较高的绝缘等级和机械强度。具有对带电的受电弓与相连接的车顶进行电隔离及使受电弓同车顶进行机械连接的功能。

7.2.2　实验内容

受电弓检查作业标准具体如下。

(1) 检查受电弓底架、阻尼器、升弓装置、下臂、弓装配、下导杆、上臂、上导杆、绝缘软管配件齐全，状态良好，升弓装置胶囊无裂损。

(2) 检查软铜编织线完整，连接无松动，无磨损，断股不得超过10%。

(3) 检查气路连接良好，绝缘软管清洁。

(4) 检查碳滑板，出现以下情况更换碳滑板：

① 剩余碳条高度不符合规定；

② 出现较大的碳结块；

③ 边缘处发现碳结块及裂缝；

④ 大裂纹延伸到支座上，同时电气部件因腐蚀发生损坏。

(5) 检查出现碳结块，用粗锉刀锉平锐利的边缘。

(6) 两块碳滑板之间的高度差不超限。

(7) 检查弓角无变形，弓角弹簧及拉杆无折损。

(8) 通知司机室维修组人员升弓，检查升弓风管路无漏泄。

(9) 检查接触压力。弹簧秤匀速向下运动时，接触压力的最大值不得超过95 N；向上运动时，接触压力不得小于65 N。否则，应按下列步骤调整接触压力（见图7-2-2）。

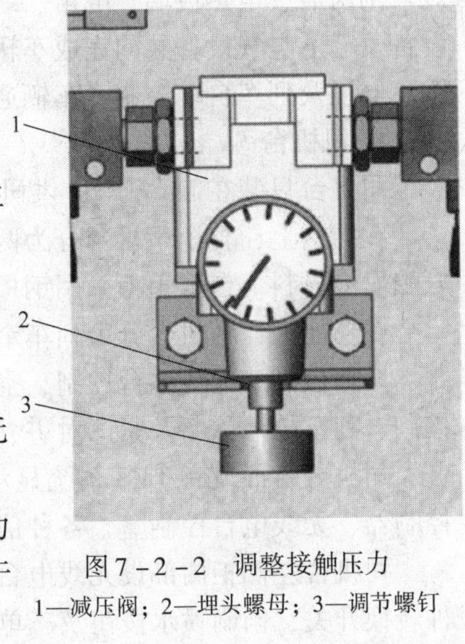

图7-2-2　调整接触压力

1—减压阀；2—埋头螺母；3—调节螺钉

① 旋松减压阀 1 的埋头螺母 2。

② 顺时针旋转调节螺钉 3，降低接触压力。逆时针旋转调节螺钉 3，增大接触压力。

③ 调试接触压力之后，拧紧调节螺钉 3 上的埋头螺母 2，使调节螺钉无法再转动。

（10）检查各绝缘子安装牢固无变形，本体无裂纹，破损不超限：

① 同一绝缘子的损伤在 7 处以下。

② 同一褶边的损伤在 2 处以下，存在 2 处时任何一处的损伤在 30 mm 以下，存在 1 处时沿着周长长度在 60 mm 以下。

（11）绝缘瓷瓶（包括喷涂防污闪涂料的瓷瓶）、硅胶绝缘子清洁。

任务 7.3　静调实验

【任务要点】

（1）熟悉司机室相关仪器的名称及使用方法。

（2）掌握车辆静调的相关操作流程。

【任务准备】

（1）所需设备：模拟驾驶设备、电源。

（2）所需物品：手套、螺丝刀、点检锤等。

【任务实施】

7.3.1　相关理论知识

司机室电气设备主要包括司机台、配电柜、微机柜、司机室照明、司机室电热、前照灯、刮雨器、电热玻璃、电笛、终点站显示器及司机室线槽等。这些电气设备与客室内电气设备及车下电气设备共同完成车辆的牵引、制动、开关门、空调、照明、广播、紧急对讲、客室监视及列车自动控制、车辆通信、车辆与地面通信等。司机室设备布置见图 7－3－1。

1. 司机台

司机台只装在 Mc 车上，供司机驾驶列车用。

在结构上，整个司机台分为两大部分：台面设备、台下箱柜。司机台台面采用钢骨架聚氨酯发泡材料。台下箱柜采用钢板材料，台下箱柜分为三部分：左柜、中柜及右柜。

在功能上，司机台分为列车牵引控制、制动控制、照明控制（机室及客室照明）、门控制、广播控制、无线电台控制、空调控制、自动列车控制、前照灯控制、刮雨器控置、电热控制、列车故障诊断及紧急对讲、视频监视等功能。

司机台台面设有 TMS 系统显示屏、广播控制盒、ATC 系统显示器、双针压力表、司机控制器、无线电台控制盒、各种信号指示灯、各种按钮开关、扳键开关等。

司机台左侧柜内部设无线电台主机，柜门设 ATC 辅助板，柜前设无线电台扬声器、各种转换开关、雨刷喷水按钮及三单相插座，中柜设有接线端子排（共计 310 片）。

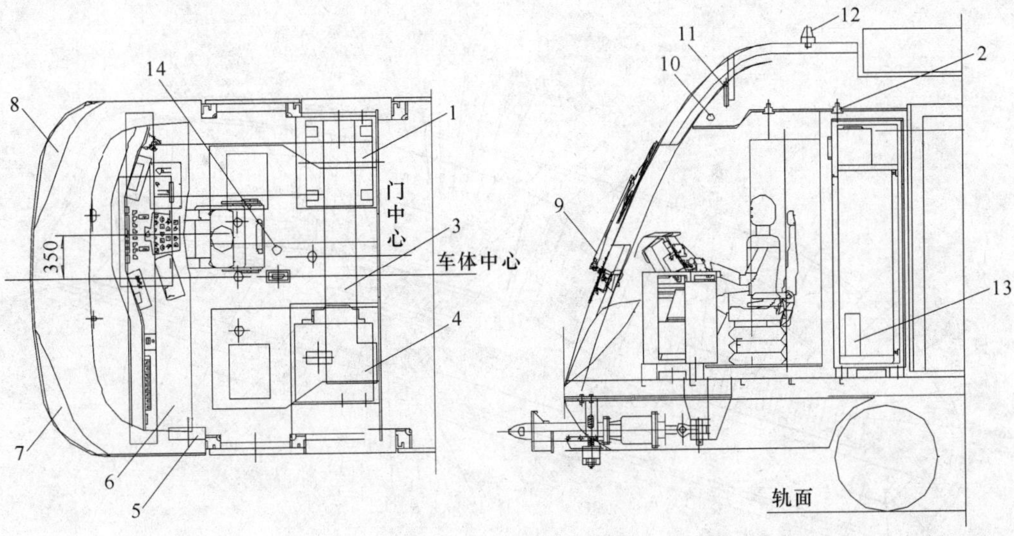

图7-3-1　司机室设备布置

1—配电柜；2—司机室顶灯；3—司机室地板线槽；4—微机柜；5—司机室电热；6—司机台；7—左前照灯组成；8—右前照灯组成；9—刮雨器组成；10—遮阳帘；11—终点站显示器；12—无线电台天线；13—灭火器组成；14—GPS天线组成

司机台台面集中了与驾驶操作有关的大部分功能，见图7-3-2。

司机台台下主要操作设备有：无线电台主机、空调控制开关、前灯控制开关、门控制开关、雨刷控制开关、电热控制开关、窗加热控制开关、ADU辅助板及ATO选择开关。布置简图见图7-3-3。

2. 配电柜

配电柜设在司机室后面的右侧，负责本车低压配电、列车牵引制动等逻辑控制、广播系统控制中心及车辆电气节点。

在结构上，配电柜为框架式结构，从下到上分为三部分：广播主机柜、低压配电及列车逻辑控制柜、接线箱。低压配电及列车逻辑控制柜、接线箱分别设前后设备板，在司机室和客室两侧分别设检查门。其中，司机室侧大检查门上设小门，带透明窗，可以清楚地看到柜内各空气开关及转换开关的位置。其中，接线箱前板设三排端子排，代号为JX11、JX12、JX13，共计225片；后板设三排端子排JX14、JX15、JX16，共计225片。低压配电及列车逻辑控制柜的电气元件有：空气开关、接触器、继电器、转换开关等。广播主机柜内设广播系统控制主机，负责全列车的广播信息服务。

配电柜的外形如图7-3-4所示。

机柜框架下设4个长圆孔，用于将机柜固定在地板配电柜安装座上，侧面设两个长圆孔，用于将机柜固定在侧墙。

3. 微机柜

微机柜设在司机室后面的左侧。微机柜负责列车监控、自动驾驶及自动列车防护、24 V电源供电、PWM牵引指令的发出等。

在结构上，采用框架式结构，分为三部分：列车监控柜、ATC机柜及侧面设备板。列

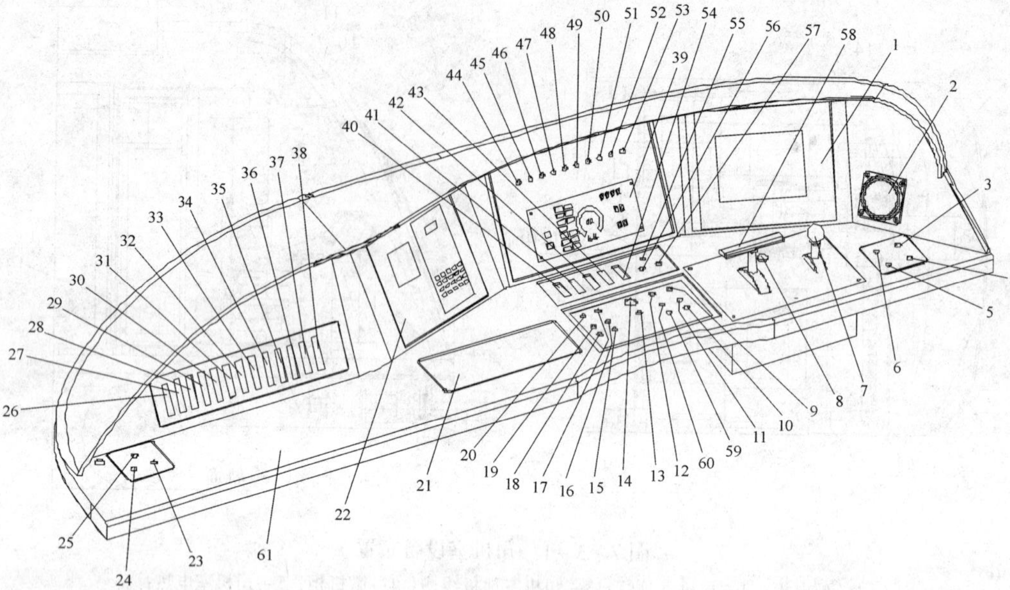

图7－3－2　司机台台面

1—监控显示屏；2—双针压力表；3—发车按钮；4—开右门按钮；5—开右门按钮；
6—关右门按钮；7—方向手柄；8—司机钥匙；9—高加速按钮；10—开右门按钮；
11—关右门按钮；12—坡挺起车按钮；13—电笛；14—紧急制动按钮；15—开左门按钮；
16—仪表灯按钮；17—切除按钮；18—开左门按钮；19—开左门按钮；20—复位按钮；
21—无线电台控制盒；22—广播控制盒；23—开左门按钮；24—开左门按钮；25—关左门按钮；
26—电池供电；27—司机室电热；28—洗车；29—强泵；30—司机室灯；31—客室灯1路；32—客室灯2路；
33—门旁路；34—零速旁路；35—紧急制动旁路；36—电制动切除；37—停放制动；38—停放制动缓解；
39—ADU；40—空压机启动；41—本车升弓；42—本车降弓；43—他车升弓；44—发车指示；
45—牵引就绪指示；46—门关好指示；47—左门开指示；48—右门开指示；49—紧急旁路指示；
50—本车主控指示；51—他车主控指示；52—强迫缓解指示；53—应急通风指示；54—他车降弓；
55—弓升好指示；56—本车升弓指示；57—他车升弓指示；58—主控手柄；59—关右门按钮；
60—强迫缓解按钮；61—聚氨酯发泡司机台台面

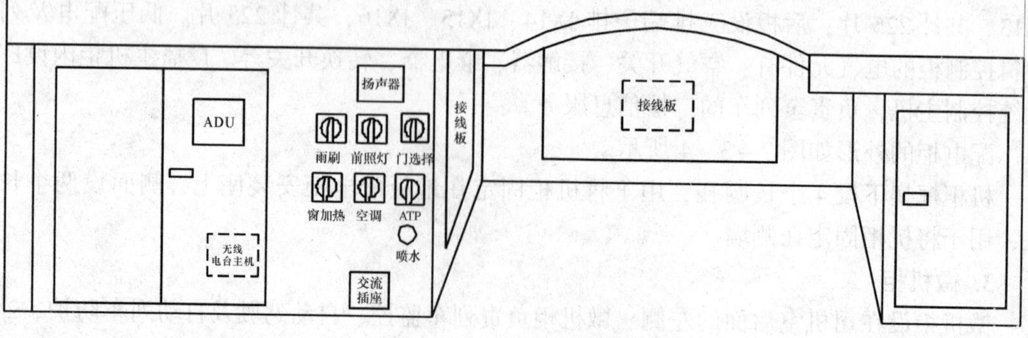

图7－3－3　司机台台下布置简图

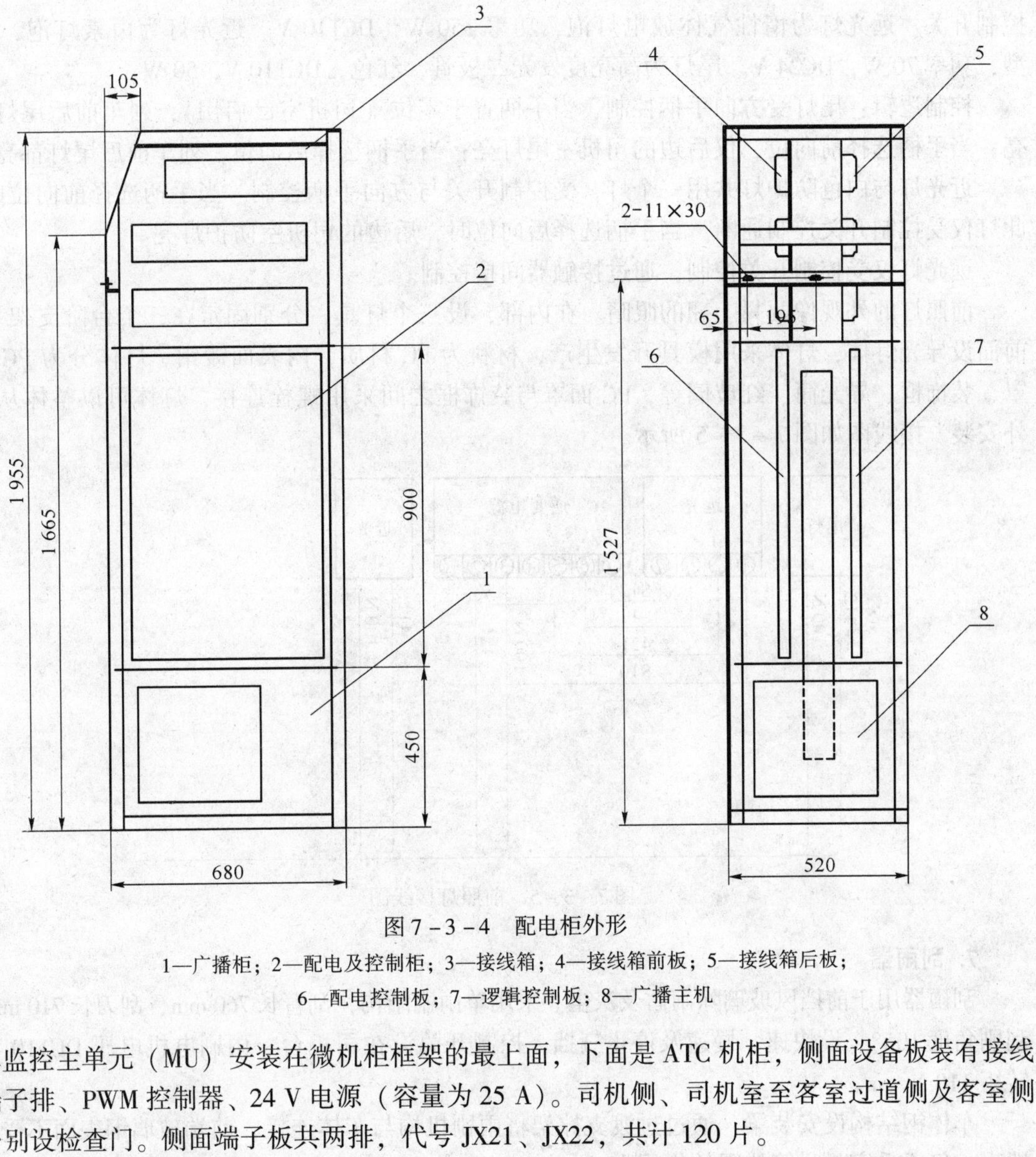

图7－3－4　配电柜外形

1—广播柜；2—配电及控制柜；3—接线箱；4—接线箱前板；5—接线箱后板；
6—配电控制板；7—逻辑控制板；8—广播主机

车监控主单元（MU）安装在微机柜框架的最上面，下面是ATC机柜，侧面设备板装有接线端子排、PWM控制器、24 V电源（容量为25 A）。司机侧、司机室至客室过道侧及客室侧分别设检查门。侧面端子板共两排，代号JX21、JX22，共计120片。

机柜框架下设4个长圆孔，用于将机柜固定在地板配电柜安装座上，侧面设两个长圆孔，用于将机柜固定在侧墙。

4. 司机室照明

司机室照明为LED冷光源，共四个射灯，型号为HTD8－60－WDA110 V，设在司机室顶板上，司机台设有控制按钮。

5. 司机室电热

司机室电热共两个，一个设在司机台中柜的右侧面，另一个设在司机室左侧侧墙。两个电热同时控制，功率总计为800 W，单相交流220 V电源，司机台扳键开关组设控制开关。

6. 前照灯

前照灯在功能上满足线路照明和防护灯，设远光灯、近光灯和尾灯（红色），司机台设控制开关。远光灯为惰性气体放电灯泡，功率 150 W，DC110 V。近光灯为卤素灯泡，H1 型，功率 70 W，DC24 V。尾灯为高亮度发光二极管，红色，DC110 V，50 W。

控制逻辑：尾灯受方向手柄控制，当手柄置于零位（司机室已启用），列车前后尾灯都亮；当手柄选择前向位，仅后边的司机室尾灯亮；当手柄选择后向位，列车前后尾灯都亮。

近光灯与白色防护灯共用一个灯，受控制开关与方向手柄控制。当手柄选择前向位时，此灯仅受控制开关控制通断。当手柄选择后向位时，后边的司机室防护灯亮。

远光灯仅受控制开关控制，通过接触器间接控制。

前照灯的外观像两只上翘的眼睛。在内部，设三个灯具，分别固定在三个台阶支架上。前面设导光灯体，灯体采用模具开发生产，材料为 PC 材质，内表面镀钼。灯体分为 PC 面罩、装饰框、导光筒、红玻璃等，PC 面罩与装饰框之间采用螺栓连接，灯体可以整体从车外安装。接线图如图 7－3－5 所示。

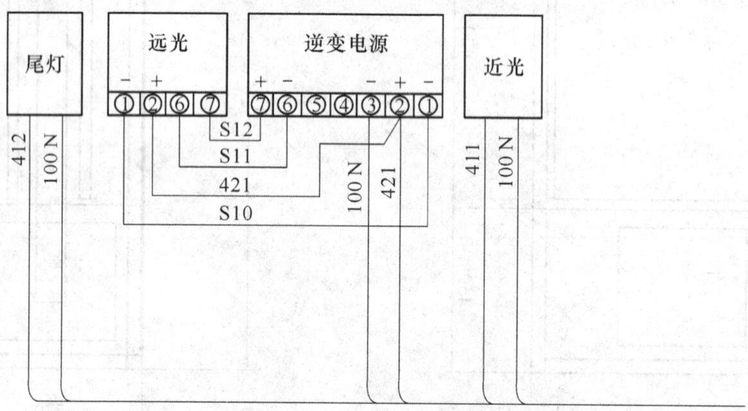

图 7－3－5　前照灯接线图

7. 刮雨器

刮雨器用于前挡风玻璃除雨雪及灰尘。采用单雨刷结构，刮臂长 760 mm，刮刀长 710 mm，刮刷角度 105°，设快速、慢速及停止三挡，控制开关设在司机台。雨刷电机电压 DC110 V，转矩 110 N · m。

车体钢结构设安装梁，通过过渡支撑架将雨刷机构与车体连接，前端玻璃钢表面不受支撑力，仅承受密封弹簧垫圈的作用力。

8. 电热玻璃

前挡风玻璃采用电热玻璃，用于除霜。控制开关设在司机台。玻璃电热功率为 1 500 W，三相四线制。

9. 电笛

车下设两个电笛，司机台设控制按钮，电笛电压 DC24 V，负极打铁。正极线号为 2431。

7.3.2　实验内容

1. 确定送电成功后在静调前的检查

（1）司机室内的检查。

① 确认配电柜锁闭良好。

② 司机室灭火器齐全，不过期，取用方便，安装牢固。

③ 手动塞拉门玻璃无破损，开闭正常。

④ 扶手安装牢固。

⑤ 逃生门良好。

⑥ 间壁门安装牢固，干净无污渍。

⑦ 司机座椅无破损，活动正常。

(2) 客室的检查。

① 车窗座椅挡板玻璃无破损，无刮伤。

② 紧急锤齐全。

③ 动态显示屏、电子地图车内液晶屏屏幕无破损。

④ 侧顶板、侧墙板安装牢固，干净无污渍。

⑤ 确认司机台无损伤、刮伤，表面无异物。

⑥ TIMS 显示屏屏幕表面无破损。

⑦ 主手柄、方向手柄在零位。

⑧ 列车广播显示屏屏幕表面无破损。

⑨ 指示灯全部在灭状态。

⑩ 网压表 110 V、24 V 电压表显示为零。

⑪ 各脱扣开关在正常状态，BOUN、FRBN、ATOFN、QF16、QF25 为不闭合脱扣。

2. 静调

① 确认网压表在直流 500 ~ 925 V 之间。

② 闭合蓄电池电源按钮，用手触摸 TIMS 显示屏，激活接入程序。

③ 闭合 SIV 开关，将 TIMS 调至辅助界面，确认 SIV 有 380 V 输出。

④ 将 TIMS 调至运行界面，客室门无隔离。

⑤ 将 TIMS 调至空调界面，显示正常。

⑥ 将 TIMS 调至制动界面，安全环旁通开关、制动缸压力开关闭合，制动缸隔离开关闭合，制动电气控制单元保持制动缓解。

⑦ 闭合空压机扳键开关，从 TIMS 制动界面确认空压机启动工作。

⑧ 闭合司机台仪表灯、控制开关，闭合司机台应急照明控制开关，客室应急灯亮。

⑨ 按下司机台指示灯按钮，列车指示灯均应点亮。

⑩ TIMS 调至牵引界面，确认高速断路器必须断开。

⑪ 将主控手柄拉至电紧急位，建立紧急回路，此时，制动表压力值由 4 bar 逐渐减少至 2 bar。将主控手柄由电紧急位逐级推至零位，TIMS 制动界面制动级位逐渐减少。主控手柄由缓解位推至牵引 1 位，制动压力表值由 2 bar 缓解至 0。将主控手柄由牵引 1 位拉至缓解位，制动压力值为零。主手柄逐渐拉至最大常用制动，TIMS 显示制动级位逐级增大。主手柄逐渐推至缓解位，TIMS 显示制动级位逐渐减少至零。主手柄由零位拉至电紧急位，制动压力值由 4 bar 缓解至 2 bar。按下紧急制动按钮，制动压力值由 2 bar 升至 4 bar。主手柄由零位拉至电紧急位后，将紧急制动按钮释放，制动压力值由 4 bar 缓解至 2 bar。将头尾开关由头位打至尾位，制动压力值由 2 bar 升至 4 bar。

⑫ 按下停放制动施加按钮，并且停放指示灯灭。

⑬ 按下停放制动缓解按钮，停放制动缓解，并且停放制动指示灯亮。

⑭ 开左门，将门选择开关扳到手动左位置，门允许指示灯亮，按下左侧屏上的开关。

⑮ 关左门，按下左侧屏上关门按钮，TIMS 显示左门关，司机台门全关闭指示灯亮。

⑯ 开右门，将门选择开关扳到手动右位置，门允许指示灯亮，在右侧屏上的开门按钮，TIMS 显示右门全开。

⑰ 关右门，按下右侧屏上关门按钮，司机台门全关闭指示灯亮，TIMS 显示右门关。

⑱ 司机台前灯控制开关分为近光灯、远光灯和停止挡位，静调试验时将转换开关转换近光灯位置时近光灯亮，将转换开关转换至远光灯位置时远光灯亮，停止挡位时前灯不亮。

⑲ 先按下喷水开关，再将右侧屏上刮雨器开关放在低速位置，刮雨器喷水，并以低速摆动，刮雨器不能在无水状态下干刮。

⑳ 使用右侧屏上遮阳帘操作开关，使遮阳帘上升或者下降。

㉑ 按下电笛按钮，车下电笛发出鸣叫声。

㉒ 播放列车广播，确认列车广播播放正常。

㉓ 前端司机室静调完毕后去后端司机室进行静调。

㉔ 静调完毕。

任务 7.4　电气部件的检查与维护

【任务要点】

（1）熟悉常用电气部件的基本结构。

（2）熟练掌握电气部件的拆卸、组装、检测及进行简单检修。

【任务准备】

（1）所需设备：万用表、绝缘电阻表、断路器、电动机等。

（2）所需物品：常用电工工具一套（螺钉旋具、镊子、钢丝钳、尖嘴钳等）。

【任务实施】

7.4.1　相关理论知识

1. 牵引电动机

直流牵引电动机具有优良的牵引和制动性能，通过调节端电压和励磁，就可以方便地进行调速。随着电力电子器件发展，交流电动机可调压调频，具有结构简单、维修方便、体积小、重量轻、转速高、功率大等优点，在城市轨道交通领域正逐步取代直流牵引电动机。

（1）直流牵引电动机。

结构如图 7－4－1 所示。

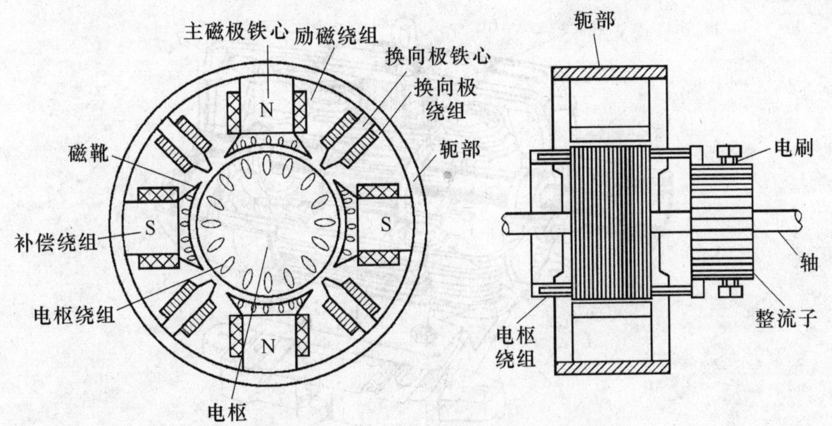

图7－4－1 直流牵引电动机结构图

部件名称及作用见表7－4－1。

表7－4－1 部件名称及作用

部位	名称	部件组成	使用材料	主要作用
定子	主极	主磁极铁心	热轧软钢板叠制	产生磁通，建立主磁场
		励磁绕组	漆包线或绝缘扁铜线	
	换向极	换向极铁心	热轧软钢板叠制	改善换向
		换向极绕组	绝缘扁铜线	
	补偿绕组		绝缘扁铜线	改善负载特性，改善换向
	（磁）轭部		铸钢或热轧软钢板叠制	提供磁路
	电刷		石墨粉压制	连接电枢绕组与外电路
转子	电枢	电枢铁心	硅钢片叠成	产生电磁转矩，实现机电能量转换
		电枢绕组	漆包线或绝缘扁铜线	
	换向器（整流子）	换向片	含少量银的铜合金	提供电流、整流、换向
		云母片	云母层压板	
	轴		碳素钢	传递转矩

（2）交流牵引电动机。

结构如图7－4－2所示。

2. 低压断路器

自动空气断路器是低压断路器的一种，又称自动开关，是一种结构较为复杂，动作性能较为完善的配电保护电器。它能自动切断短路、严重过载、电压过低等故障电路，有效地保护接在它后面的电气设备；同时亦可用它来手动非频繁地接通和分断正常电路。其工作原理如图7－4－3所示。

根据各类自动开关的共同功能，它们在结构上必然具备以下几个基本部分。

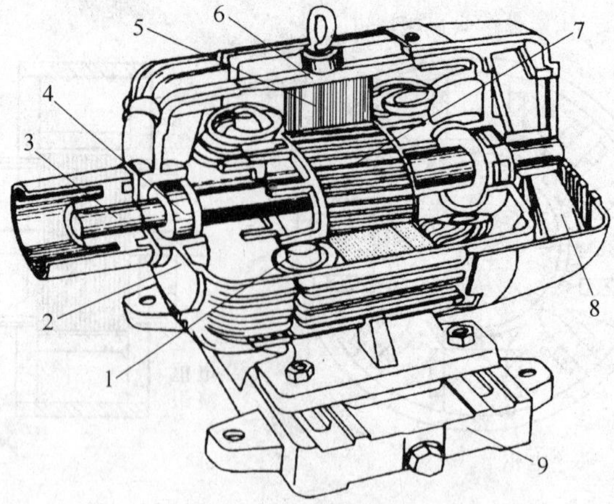

图7-4-2　交流牵引电动机结构图

1—定子绕组；2—轴承盖；3—轴；4—轴承；5—定子铁心；6—定子外壳；7—转子铁心；8—冷却风扇；9—机座

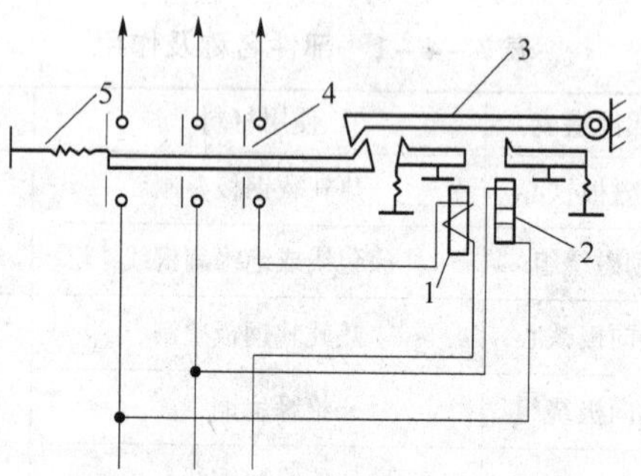

图7-4-3　自动开关工作原理图

1—过电流脱扣器；2—失压脱扣器；3—自由脱扣机构的锁钩；4—主触头；5—开断弹簧

(1) 触头系统。

触头系统是自动开关的重要部件，主要承担电路的接通、分断任务。

(2) 灭弧系统。

主要有纵窄缝灭弧装置和去离子栅灭弧装置两种。各类灭弧装置的灭弧方法可概括为长弧熄弧法（将电弧拉长、冷却）和短弧熄弧法（将电弧分割成串联短弧，利用直流电弧的极旁压降或交流电弧的近阴极效应来熄弧）等。

(3) 传动机构。

用于操纵触头的闭合和断开。传动机构有手操纵直接传动式、手操纵弹簧传动式、电磁铁传动、电动机传动、压缩空气传动等几种。

(4) 自由脱扣机构。

它是与触头系统和保护装置相联系的，通过自由脱扣机构的作用可使触头自动断开。“自由脱扣”是指人为操纵手柄处于闭合位置，当手还未离开手柄就发生短路、过载和欠电压等故障时，保护装置作用于自由脱扣机构，自动开关也能自动断开，起保护作用。

(5) 脱扣器。

用于检测故障并作用于操作机构，使其脱扣，带动自动开关的触头断开。自动开关通常采用电磁脱扣器和热脱扣器两种。电磁脱扣器分为欠电压脱扣器和过电流脱扣器，它们实际上是一个小型电磁机构：欠电压脱扣器装有电压线圈，过电流脱扣器装有电流线圈。

3. 继电器

（1）中间继电器。

JZ15－44Z型中间继电器用在直流控制电路中，用来控制各种控制电器的电磁线圈，以使信号放大或用一个信号控制几个电器，主要由传动装置和触头（接点）装置组成。结构如图7－4－4所示。

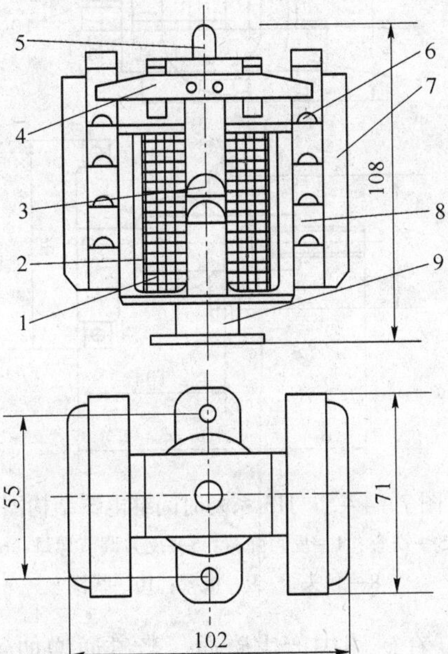

图7－4－4　JZ15－44Z型中间继电器结构图

1—线圈；2—磁轭；3—铁心；4—衔铁；5—按钮；6—触头组；7—防尘罩；8—反力弹簧；9—支座

传动装置：由直流螺管式电磁铁构成（螺管直动式），铁心和线圈布置在继电器中央。为了获得较平坦的吸力特性和足够的开距，铁心采用锥形止铁。继电器的反力特性依靠动触头支架上的一对拉伸弹簧调节，衔铁上还装有一个手动按钮，以供检查及故障操作使用。

触头装置：为8对双断点桥式触头，分别布置在磁轭两侧。可根据需要任意组合成2开6闭、4开4闭、6开2闭的方式，但必须注意两个触头盒中的常开常闭接点数应对称布置。为了防尘和便于观察接点，继电器带有透明的防尘罩。

（2）时间继电器。

时间继电器作为控制电路中的时间控制环节元件，作衔铁延时释放用。

结构如图7－4－5所示。该型继电器的铁心和磁轭采用圆柱整体电工钢，使铁心与磁轭成为一体，再用铝基座浇铸而成，从而减小了装配气隙，降低了磁阻，有利于提高继电器的灵敏度。衔铁制成板状，装在磁轭端部，可绕棱形支点转动，形成拍合式动作。铁心端部套有圆环状的极靴。在衔铁内侧与铁心相接触处，装有一磷铜皮制成的非磁性垫片，此垫片使衔铁闭合时与铁心间保持一定的距离，即衔铁与铁心间有一定数值的磁阻，以防止衔铁在闭合状态下，当吸引线圈断电时，剩磁将衔铁“粘住”，引起继电器不能正常释放而造成事故。时间继电器的延时作用是依靠套装在磁轭上的阻尼套筒来保证的。继电器断电时，可借助于反力弹簧的作用使衔铁打开。

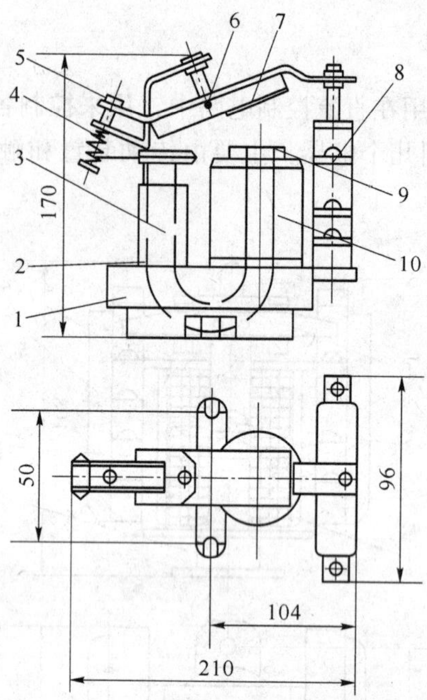

图 7-4-5 JT3 系列时间继电器结构图

1—底座；2—阻尼套筒；3—铁心；4—反力弹簧；5—反力调节螺母；6—衔铁；7—非磁性垫片；8—触头组；9—极靴；10—线圈

当继电器的线圈通电时，在磁路中产生磁通。当磁通增加到能使衔铁吸动的数值时，衔铁开始动作，随着衔铁与铁心之间气隙的减小，磁通也增加。当衔铁与铁心吸合以后，磁通最大（此时的磁通大于将衔铁吸住时所需的磁通）。在线圈通电时，因为磁通的增长和衔铁的动作时间很短，所以联锁触头的动作几乎是瞬时的。当线圈断电时，电流将瞬时下降为零，相应地，电流的主磁通亦迅速减小。但因其变化率很大，根据楞次定律，在阻尼铜套（或阻尼铝套）内部将产生感应电势，并流过感应电流，此电流产生与原主磁通相同方向的磁通以阻止主磁通下降。这样就使磁路中的主磁通缓慢地衰减，直到磁通衰减到不能吸住衔铁时，衔铁才释放，接点才相应地打开（或闭合），这样就得到了所需的延时。

为保证继电器延时的准确性，在使用时间继电器时必须保证有足够的充电时间（即线圈通电时间），使衔铁和铁心中的磁通完全达到稳定值。若充电不足，没有建立起稳定的磁通，延时作用将大大削弱。JT3 系列时间继电器的充电时间不能小于 0.8 s，故继电器通电时间必须大于 1 s。

7.4.2 实验内容

1. 直流电机的维护保养。

(1) 换向器的维护及保养。

观察换向器工作面的氧化膜色泽是否良好；经常用干燥的压缩空气吹扫换向器表面；检查换向器 V 形云母环伸出部分的表面状态，应经常保持该部分的清洁。

（2）电刷装置的维护及保养。

① 检查刷握及连线紧固螺丝是否松动，特别是刷架连线接头是否接触良好。

② 常将电刷在刷盒孔内上下移动几次，除去碳粉及其他杂物，保持电刷活动自如。

③ 用弹簧秤检查电刷压力是否在规定的范围内，同一刷盒其电刷压力不应相差3 N。

④ 检查所使用的电刷牌号和制造厂家规定应一致，更换电刷时同一电机应使用同一厂家、同一牌号的电刷。

⑤ 检查刷盒底面相对换向片的平行度符合技术要求，刷盒底面与换向器表面距离应在2 ~4 mm范围内。

⑥ 换电刷前，应先打磨电刷接触面，使其与换向器圆弧面贴合，以保证良好的换向。

⑦ 检查并调整刷盒，以保证刷盒上的电刷在电枢窜动范围内都在换向器工作面上。

⑧ 经常应用干燥的高压空气吹扫刷握，用干净布擦拭绝缘杆外表面的油污及污物。

⑨ 锉掉连线接头和刷盒上因飞弧而造成的铜瘤或铜毛刺。

⑩ 更换损坏的刷杆时，应重校刷杆等分度。检查刷架圈定位销及撑紧装置的固定情况。

（3）其他部件维护保养。

① 为防止轴承室润滑油外泄，加油量应为轴承室内净空间的1/2 ~2/3。经常检查电枢轴承的温度（允许温升为55℃）。运行中的机车停车后可用手的触觉进行检查，如果手能长时间紧密接触发热体，这时最高温度约为60℃。

② 检查各绕组可见部分的绝缘膜有无变色或损伤现象。

③ 检查主级和换向级的气隙是否均匀，检查磁极的紧固状态。

④ 检查各绕组间连线的固定情况。

⑤ 经常清扫机座上的灰尘和油垢，以保证电机有良好的散热性能。

2. 交流电机的维护保养

（1）定子绕组的维护保养。

定子绕组检查的重点是其绝缘性能，不应有破损、老化和过热现象。

（2）转子的维护保养。

① 转子检修时，若发现转子铸铝导条断裂应更新处理。

② 转轴与铁心之间的装配不应有松弛、位移。

③ 转轴轴径尺寸及表面粗糙度应符合规定。

（3）电机端盖、轴承及轴承盖的维护保养。

① 检查轴承盖是否有裂纹，局部裂纹可焊修。

② 检查轴承表面，若有轻微锈迹，可用细砂纸或擦铜油擦拭。

③ 端盖轴承镶入孔尺寸及表面粗糙度应符合规定要求。

（4）其他方面。

① 检查机座是否有破损、裂纹，定子铁心与机座的压装配合不应有松弛位移。

② 检查接线板有无放电和裂纹，检查引线、接线端子连接是否良好。引线绝缘如有老化、龟裂应更换。

③ 经常清扫机座的灰尘和油垢，以保证电机有良好的散热能力。

3. 低压断路器的维护保养

① 要保证低压断路器外装灭弧室与相邻电器的导电部分和接地部分之间的安全距离，

杜绝漏装断路器的隔弧板现象发生。只有严格按规程要求装上隔弧板后方可投入运行，以防止切断电路时产生电弧，引起相间短路。

② 要定期检查低压断路器的信号指示与电路分、合闸状态是否相符，检查其与母线或出线连接点有无过热现象。检查时要及时彻底清除低压断路器表面上的尘垢，以免影响操作和绝缘性能。停电后，要取下灭弧罩，检查灭弧栅片的完整性，清除表面的烟痕和金属粉末。外壳应完整无损，若有损坏，应及时更换。

③ 要仔细检查低压断路器动、静触头，发现触头表面有毛刺和金属颗粒时应及时清理修整，以保证其接触良好。若触头银钨合金表面烧损并超过 1 mm 时，应及时更换新触头。

④ 要认真检查低压断路器触头压力有无因过热而失效，适时调节三相触头的位置和压力，使其保持三相同时闭合，保障接触面完整、接触压力一致，并用手缓慢分、合闸，检查辅助触点的动断、动合工作状态是否符合规程要求。同时，清擦其表面，对损坏的触头应予及时更换。

⑤ 要全面检查低压断路器脱扣器的衔接和弹簧活动是否正常，动作应无卡阻，电磁铁工作极面应清洁平滑，无锈蚀、毛刺和污垢；查看热元件的各部位有无损坏，其间隙是否符合规程要求。若有不正常情况，应进行清理或调整。还要对机构各摩擦部位定期加润滑油，确保其动作正确，可靠运行。

4. 继电器的常见故障处理

（1）触头故障。

① 由于触头的机械咬合（触头上形成的针状凸起与凹坑相互咬住）、熔焊或冷焊而产生无法断开的现象。

② 由于接触电阻变大和不稳定使电路无法正常接通的现象。

③ 由于负载过大，或触头容量过小，或负载性质变化等引起触头无法分、合电路的故障。

④ 由于电压过高，或触头开距变小而出现触头间隙重新击穿的故障。

（2）线圈故障。

① 由于环境温度的变化（超过技术条件规定值）导致线圈温升超过允许值而引起线圈绝缘的损坏；由于潮湿而引起绝缘水平的严重降低；由于腐蚀而引起内部断线或匝间短路。

② 由于线圈电压超过 110% 额定电压而导致线圈损坏。

③ 在使用维修时，可能由于工具的碰伤而使线圈绝缘损坏，或引起线折断。

（3）磁路故障。

① 棱角和转轴的磨损，导致衔铁转动不灵或卡死的故障。

② 在有些直流继电器中，由于机械磨损，或非磁性垫片损坏，使衔铁闭合后的最小气隙变小，剩磁过大，导致衔铁不能释放的故障。

（4）其他。

如各种零件产生变形或松动，机械损坏，镀层裂开或剥落，各带电部分与外壳间的绝缘不够，反力弹簧因疲劳而失去弹性，各种整定值调整不当，产品已达额定寿命等。